新郑坡赵一号墓

河南省文物考古研究院　编著

中国社会科学出版社

图书在版编目（CIP）数据

新郑坡赵一号墓 / 河南省文物考古研究院编著. —北京：中国社会科学出版社，2016.5
ISBN 978-7-5161-8082-2

Ⅰ.①新… Ⅱ.①河… Ⅲ.①东汉墓—发掘报告—新郑市 Ⅳ.①K878.85

中国版本图书馆 CIP 数据核字（2016）第 084269 号

出 版 人	赵剑英
责任编辑	郑 彤
责任校对	董晓月
责任印制	李寡寡

出　　版	中国社会科学出版社
社　　址	北京鼓楼西大街甲 158 号
邮　　编	100720
网　　址	http://www.csspw.cn
发 行 部	010－84083685
门 市 部	010－84029450
经　　销	新华书店及其他书店

印刷装订	北京君升印刷有限公司
版　　次	2016 年 5 月第 1 版
印　　次	2016 年 5 月第 1 次印刷
开　　本	787×1092　1/16
印　　张	11
字　　数	315 千字
定　　价	138.00 元

凡购买中国社会科学出版社图书，如有质量问题请与本社营销中心联系调换
电话：010－84083683
版权所有　侵权必究

NO. 1 TOMB AT POZHAO IN XINZHENG CITY

HENAN PROVINCIAL INSTITUTE OF CULTURAL RELICS
AND ARCHAEOLOGY

CHINA SOCIAL SCIENCES PRESS

目　　录

第一章　绪论 ………………………………………………………………………… 1
　第一节　自然地理概况与历史沿革 ………………………………………………… 1
　第二节　发掘经过 …………………………………………………………………… 6

第二章　M1 墓葬概况 ………………………………………………………………… 11
　第一节　M1 周围遗迹 ……………………………………………………………… 11
　第二节　M1 墓葬结构 ……………………………………………………………… 15
　第三节　M1 墓内堆积 ……………………………………………………………… 20
　第四节　M1 葬具、人骨 …………………………………………………………… 23
　第五节　M1 出土的建筑材料 ……………………………………………………… 24
　第六节　水井 J1 出土器物 ………………………………………………………… 30

第三章　M1 出土遗物 ……………………………………………………………… 32
　第一节　陶器 ………………………………………………………………………… 32
　第二节　瓷器 ………………………………………………………………………… 54
　第三节　铜器 ………………………………………………………………………… 54
　第四节　铜钱 ………………………………………………………………………… 68
　第五节　铁器 ………………………………………………………………………… 98
　第六节　石器 ………………………………………………………………………… 107
　第七节　其他 ………………………………………………………………………… 113

第四章　M1 出土遗物研究 ………………………………………………………… 118
　第一节　M1 出土人骨研究 ………………………………………………………… 118
　第二节　M1 出土动物遗存研究 …………………………………………………… 120

第三节　M1出土木炭遗存研究 …………………………………………… 122
第四节　M1出土瓷器、玻璃器研究 ……………………………………… 128
第五节　M1出土部分遗物的成分分析 …………………………………… 136
第六节　M1出土铜钱研究 ………………………………………………… 145

第五章　结语 …………………………………………………………………… 149
第一节　M1的年代 ………………………………………………………… 149
第二节　M1的墓葬等级与墓主人身份分析 ……………………………… 152
第三节　M1其他值得注意的现象 ………………………………………… 154

附录　新郑市龙王乡马岭岗汉代墓葬清理简报 ……………………………… 157

英文提要 ………………………………………………………………………… 162

后　记 …………………………………………………………………………… 164

插图目录

图一　坡赵墓地位置示意图 ··· 2
图二　坡赵墓地周边汉代遗存分布图 ··· 7
图三　坡赵墓地实测地形图 ·· 9
图四　M1 地形剖面图 ·· 10
图五　坡赵墓地遗迹分布平面图 ··· 11
图六　J1 平、剖面图 ··· 12
图七　H1 平、剖面图 ·· 14
图八　TG1 内 G1 平、剖面图（局部） ······································· 14
图九　M1 平、剖面图及封门正视图 ··· 插页
图一〇　M1 北前侧室底部遗物分布平面图 ·································· 18
图一一　M1 墓室填土堆积剖面图（E-E'） ································· 21
图一二　M1 北前侧室填土堆积剖面图 ·· 22
图一三　M1 出土墓砖拓片 ··· 25
图一四　M1 出土石门楣（M1∶145） ··· 26
图一五　M1 出土筒瓦 ··· 27
图一六　M1 出土筒瓦、板瓦 ·· 28
图一七　M1 出土瓦当拓片 ··· 30
图一八　J1 出土陶器 ·· 31
图一九　M1 出土矮直领陶罐 ·· 33
图二〇　M1 出土矮直领罐肩部纹饰拓片 ····································· 34
图二一　M1 出土矮直领陶罐 ·· 36
图二二　M1 出土矮直领陶罐肩部纹饰拓片 ·································· 38
图二三　M1 出土矮直领陶罐肩部纹饰拓片 ·································· 39
图二四　M1 出土陶器 ··· 40

图二五	M1 出土小陶罐	41
图二六	M1 出土陶壶	42
图二七	M1 出土大陶壶纹饰拓片	44
图二八	M1 出土大陶壶腹部纹饰拓片	45
图二九	M1 出土陶瓮	46
图三〇	M1 出土陶瓮（M1:64）纹饰拓片	47
图三一	M1 出土陶瓮（M1:154）纹饰拓片	48
图三二	M1 出土陶瓮纹饰拓片	49
图三三	M1 出土陶器	49
图三四	M1 出土陶器	51
图三五	M1 出土陶模型	53
图三六	M1 出土青瓷盘口壶（M1:15）	55
图三七	M1 出土铜镜	56
图三八	M1 出土铜镜拓片	57
图三九	M1 出土铜器	58
图四〇	M1 出土 A 型铜泡钉	60
图四一	M1 出土 B 型铜泡钉	61
图四二	M1 出土 C 型铜泡钉	62
图四三	M1 出土铜器	64
图四四	M1 出土铜器	66
图四五	M1 出土铜器	68
图四六	M1 出土"货泉"铜钱拓片	69
图四七	M1 出土完整五铢铜钱拓片	70
图四八	M1 出土完整五铢铜钱拓片	73
图四九	M1 出土完整五铢铜钱拓片	76
图五〇	M1 出土完整五铢铜钱拓片	78
图五一	M1 出土完整五铢铜钱拓片	81
图五二	M1 出土完整五铢铜钱拓片	84
图五三	M1 出土完整五铢铜钱拓片	86
图五四	M1 出土五铢铜钱拓片（1—3.完整五铢，4—15.磨郭五铢）	88
图五五	M1 出土磨郭五铢铜钱拓片	90
图五六	M1 出土剪轮五铢铜钱拓片	92

图五七	M1出土剪轮五铢铜钱拓片	94
图五八	M1出土綖环五铢铜钱拓片	96
图五九	M1出土五铢冥钱铜钱拓片	97
图六〇	M1出土铁器	99
图六一	M1出土铁器	102
图六二	M1出土铁器	105
图六三	M1出土石黛板	108
图六四	M1出土石器、玻璃器	109
图六五	M1出土印章（M1：110）	113
图六六	M1出土器物	114
图六七	瓷器M1：15胎硅铝化学组成散点图	132
图六八	瓷器M1：15胎硅氧化物化学组成散点图	132
图六九	瓷器M1：15釉硅铝化学组成散点图	133
图七〇	瓷器M1：15釉硅氧化物化学组成散点图	133
图七一	M1：94扫描电镜背散射图像	137
图七二	M1：126扫描电镜背散射图像	137
图七三	M1：94和M1：126红外吸收光谱	138
图七四	M1：94和M1：126产地有关的吸收峰	139
附图一	马岭岗M1平、剖面图	158
附图二	马岭岗M2平、剖面图	159
附图三	马岭岗M2出土空心砖拓片及陶器	160

插表目录

表一　M1出土小石卵尺寸 ……………………………………………………… 111
表二　M1人骨标本的保存状况及性别年龄鉴定 ……………………………… 119
表三　M1人骨标本死亡年龄分布统计 ………………………………………… 119
表四　M1出土动物骨骼鉴定情况 ……………………………………………… 120
表五　M1木炭和木材鉴定结果 ………………………………………………… 122
表六　M1出土样品基本情况 …………………………………………………… 129
表七　瓷器（M1：15）胎及珠子、研子主量化学组成 ……………………… 130
表八　瓷器（M1：15）釉主量化学组成 ……………………………………… 130
表九　M1出土有机质遗物成分分析 …………………………………………… 136
表一〇　M1出土金属样品便携式X荧光分析数据 …………………………… 140
表一一　M1出土M1：15成分测试 …………………………………………… 141
表一二　M1出土石质遗物成分 ………………………………………………… 142
表一三　M1出土石质遗物的检测分析 ………………………………………… 143
表一四　M1出土的铅钡玻璃样品分析 ………………………………………… 144
表一五　M1出土部分陶器成分 ………………………………………………… 144

彩版目录

彩版一　　新郑坡赵墓地
彩版二　　坡赵墓地发掘全景（上为北）
彩版三　　坡赵墓地水井、灰坑和沟状遗迹
彩版四　　坡赵墓地 M1 全景（上为东北）
彩版五　　M1 两次墓道和两次封门
彩版六　　M1 前室部分遗物出土情况
彩版七　　M1 北前侧室顶部结构及遗物出土情况
彩版八　　M1 北前侧室底部遗物出土情况及中室底部堆积
彩版九　　M1 后室底部铜钱出土情况及北后室底部火烧迹象
彩版一〇　M1 北后室过道的 K1 与墓道出土遗物
彩版一一　M1 北后室和南侧室底部堆积情况
彩版一二　M1 前室和北前侧室堆积情况
彩版一三　M1 北后室砖墙火烧痕迹和石门楣
彩版一四　M1 出土筒瓦
彩版一五　M1 出土瓦当
彩版一六　M1 出土矮直领陶罐
彩版一七　M1 出土矮直领陶罐
彩版一八　M1 出土矮直领陶罐的肩部纹饰
彩版一九　M1 出土陶罐、陶钵
彩版二〇　M1 出土陶壶
彩版二一　M1 出土陶壶、陶瓮
彩版二二　M1 出土陶器
彩版二三　M1 出土陶器
彩版二四　M1 出土陶瓷器
彩版二五　M1 出土铜器

彩版二六　M1 出土铜饰件、铜杖首
彩版二七　M1 出土铜泡钉
彩版二八　M1 出土铜器
彩版二九　M1 出土铜环、铜饰件
彩版三〇　M1 出土铜泡、铜饰件
彩版三一　M1 出土铜饰件
彩版三二　M1 出土铜饰件和铜弩机部件
彩版三三　M1 出土铁器
彩版三四　M1 出土铁器和赤铁矿块
彩版三五　M1 出土铁铲
彩版三六　M1 出土铁铲、铁凿
彩版三七　M1 出土铁器
彩版三八　M1 出土铁器
彩版三九　M1 出土铁器
彩版四〇　M1 出土铁棺钉
彩版四一　M1 出土石黛板、石杵
彩版四二　M1 出土石器、玻璃器
彩版四三　M1 出土石器
彩版四四　M1 出土石器
彩版四五　M1 出土骨印章（M1∶110）
彩版四六　M1 出土骨器
彩版四七　M1 出土铅器、海贝
彩版四八　M1 出土器物
彩版四九　M1 出土玻璃珠
彩版五〇　M1 出土动物骨骼
彩版五一　M1 出土动物骨骼
彩版五二　M1 出土木炭的解剖结构图
彩版五三　M1 出土木炭的解剖结构图
彩版五四　M1 出土木炭的解剖结构图
彩版五五　M1 出土器物显微结构图
彩版五六　M1 出土器物显微结构图和钻孔显微特征
彩版五七　M1 出土器物 XRD 衍射谱图

第一章　绪论

第一节　自然地理概况与历史沿革

一　自然地理概况①

新郑市位于河南省中部，地处北纬34°16′—34°39′、东经113°30′—113°54′，北邻郑州市，东邻中牟县和尉氏县，南连长葛市、禹州市，西与新密市接壤。境内交通发达，有京广铁路、京港澳高速公路、107国道等交通主干线贯穿全境（图一）。

在地质构造上，新郑市位于秦岭纬向构造东段。由于尾箱构造和新构造运动的影响，新郑市呈现出南部、西南、西北形成低山，而山前丘陵岗地分布于新郑市中部和东部的格局，褶皱和断裂上大都覆有很厚的第四纪沉积地层。

由于褶皱构造以及断层的广泛发育，除了志留系、泥盆系、侏罗系、白垩系外，新郑市境内太古界至新生界地层均有分布。元古界的震旦系地层为夹2层至3层砾石的灰紫色、肉红色厚层石英岩，节理发育，厚约110米，分布在陉山一带。下古生界的寒武系地层分布于新郑市西南部的辛店、千户寨乡一带，下部为夹砂质页岩的灰色灰岩，中部为夹薄层页岩及细砂岩的灰色鲕状灰岩，上部为灰色泥质条带白云质结晶灰岩。奥陶系地层为浅灰色、蓝灰色白云质灰岩，局部裂隙溶洞比较发育。上古生界的石炭系、二叠系地层是新郑市境内主要的产煤地层。石炭系地层下部为紫灰、青灰、土黄等杂色黏土质页岩，具有鲕状和豆状结构；上部为深灰色石灰岩、青灰色细砂岩夹可采煤层，属于煤系地层。二叠系地层下部为夹可采煤层的泥岩、细砂岩，上部为灰白色、黄绿色中细粒石英砂岩。中生界的三叠系地层主要由金斗山砂岩、紫红色中细粒砂岩组成，分布于小乔乡泰山、梅山和辛店乡贾嘴一带。新

---

① 本节主要参考《新郑县志》第三篇《自然环境》，陕西人民出版社1992年版，第61—88页。

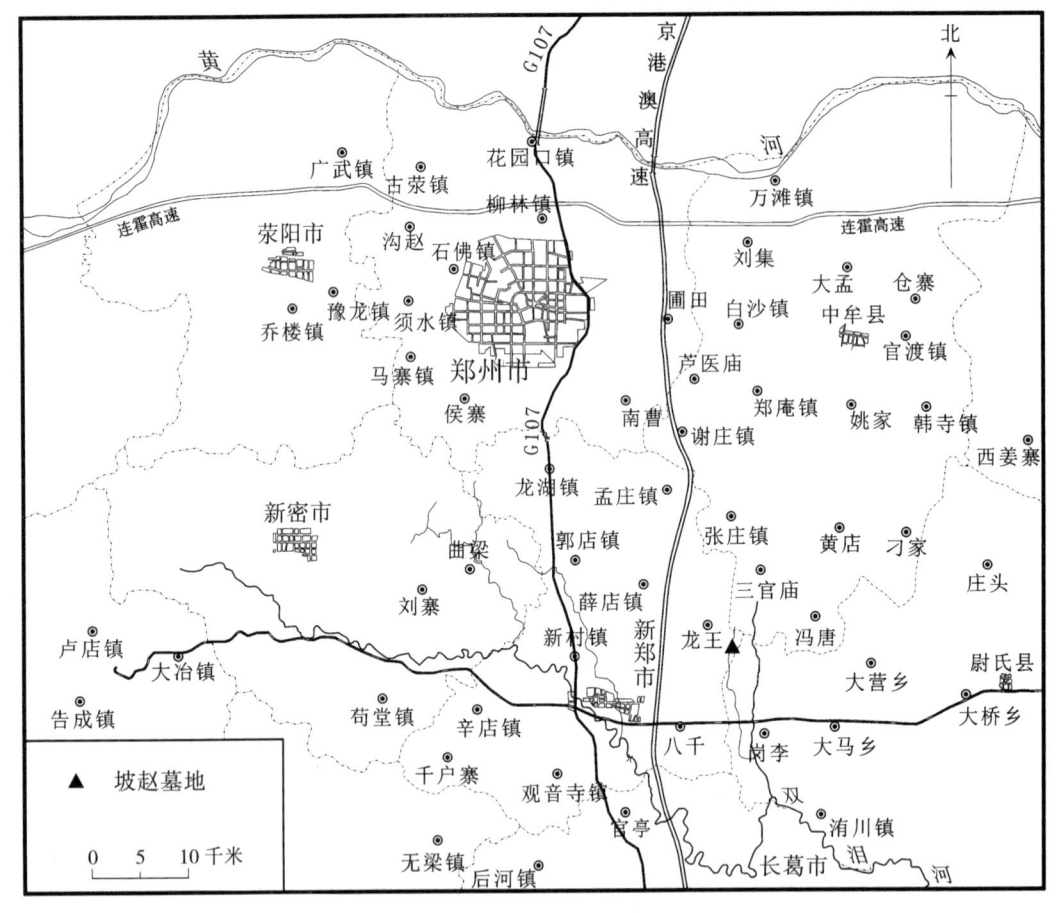

图一　坡赵墓地位置示意图

生界的第三系地层主要分布在双洎河两岸及郭店一带，由紫红色黏土、砾岩、流砂互层组成，其中沙砾石层为含水层。而第四系地层为主要为黄土、沙砾石层，主要分布在山前丘陵岗地及河谷平原。

新郑市的矿产资源比较丰富，主要有煤炭、铁矿石，还有石灰石、滑石、石英石、磷矿、钛矿、铜矿、红石等。

从大的地理格局来看，新郑市处于豫西山区向豫东平原的过渡地带，地势总体上西高东低，中部高而南北低。新郑市西部、南部为侵蚀低山区，面积约占全市总面积的6.5%，由于受流水等外营力的侵蚀作用，形成了峡谷或谷峰相间的地貌景观，相对高差300—500米。低山外围和西北部为山前坡积洪积岗地，京广铁路以东则是沙丘岗地，面积约占全市总面积的79.1%。山前岗地海拔在180—250米之间，相对高差数十米。地面多片蚀、沟蚀，切割深度10—20米。沙丘岗地为黄河古河道的沉积沙砾被风力吹扬、搬运、堆积而成，相对高差1.5—5米，少数可高达10米，岗地的地势起伏较大。自新密市入境，经武岗、郭店、薛店，入中牟县三官庙，有一东西向的带状岗地，长约26千米，这是新郑市地表水和地下水的南北分水岭。分水岭以北的十七里河、十八里河、潮河诸河，均流向东北，属于淮河流域的贾鲁河水系，俗称倒流河；分水岭南面的双洎河、黄水河、梅河诸河，均流向东南，属于淮河流域的颍河水系。京广线以东地区，由于受古黄河水流的侵蚀、切割，与西部岗地分离，形成了多条南北向的条状岗地与古黄河隐流洼地相间的地形特点。新郑市东部河流的流向也如此，或东或南。京广线以东的古黄河阶地和京广线以西的双洎河、黄水河、溱水河两侧为平原，约占全市总面积的14.4%。

新郑市境内主要的山脉有具茨山、陉山、岮嶂山、泰山、梅山等。具茨山属于伏牛山系嵩山余脉，位于新郑市西南的千户寨乡和观音寺镇南部，山体为太古代千枚岩、石英岩、石英片岩及大理岩。位于千户寨乡西部的主峰风后岭（今改名始祖山），海拔793米，是新郑市境内海拔最高的山。

位于新郑市西南观音寺镇南端的陉山，属于伏牛山余脉，山体为震旦系灰紫色、肉红色石英岩。主峰海拔高度329.7米，相对高度170米。山体呈西北—东南走向，宽约1.5千米，长约2.5千米，在岳口与具茨山断开，境内面积约2平方千米。地理位置十分重要，有郑南公路从山体西端岳口村通过。

岮嶂山位于新郑市北约10千米的薛店镇西部，系山前丘陵岗地。山体呈南北走向，长约600米，宽约200米，面积约1平方千米。主峰海拔高度约197.8米，相对高度约47.8米。山体表面较平坦，表层为新生代第四纪黄土覆盖，下有新生代第三纪白色、红色中细砂岩。泰山位于龙湖镇西南部，距新郑市区约22千米，系五指岭余脉，呈东西走向，山体为中生代三叠纪紫红色石英砂岩，主峰海拔312.1米。

丘陵主要分布在新郑市西南部的观音寺、辛店和北部的新村、郭店、小乔及东部的龙王、薛店、八千等乡镇。较大的岗地有马岭岗、万僧岗、走马岗、双岭岗、裴李岗、黄岗和武岗等，大部分为新生代第四纪黄土覆盖，局部水土流失严重。马岭岗位于新郑市东部与中牟县交界处，为南北走向的条形岗地，南起新郑市八千乡李久昌村，向北经龙王乡东部至中牟县张庄街，长约23千米，宽约1千米。岗体土质为新生代第四纪砂土，北高南低。马陵岗最高处位于龙王乡刘庄东北与中牟交界处的清凉寺，海拔高度149米，相对高度约17米。

京广线以东属于东部平原，为岗洼相间的残留黄河古阶地，包括八千乡、龙王乡的大部及薛店镇、孟庄镇部分地区，地表为新生代第四纪黄砂土覆盖。京广线以西的双洎河、黄水河和溱水河两岸为带状冲积平原，主要分布在辛店、观音寺、城关、新村等乡镇，分布面积较小。

新郑市属于暖温带大陆性季风气候，气温适中，四季分明，春季干旱少雨，夏季炎热多雨，秋季天高气爽，冬季干燥寒冷。年均日照时数为2368.4小时，光照充足，太阳辐射年总量为118.1千卡/平方厘米，光合有效辐射年总数为57.9千卡/平方厘米。多年平均温度为14.2℃，1月最低温度在0℃，7月最高温度可达27.3℃。本地区热量资源丰富，多年大于0℃年均积温为5252.1℃，≥10℃的年均积温4607.5℃，≥20℃的年均积温为2926.6℃。新郑市多年平均无霜期约为206天，多年平均霜期为159天，年均初霜日为10月30日，年均终霜日为4月5日。由于市域范围内地形复杂，地面高程相差较大，区域气温有明显差异。例如，东北部孟庄镇沙区一带为高温区，年均气温14.9℃；西南的风后岭、老山坪一带为全市的低温中心，年均气温12℃，同类庄稼成熟期比其他地区迟10天左右。

新郑市多年平均降水量约700毫米，降水季节分布不均，夏季占56%，其中7月、8月占44%，春季占18%，秋季占21%，冬季占5%。境内降雨多是由东向西递增。西南部山顶降水最多，年均降水量777.6毫米；东部和北部的孟庄、八千一带降水最少，年均降水量分别为492.8毫米和474.1毫米，易受干旱威胁。新郑市多年平均蒸发量为1859.7毫米，其中7月、8月、9月三个月蒸发量最大，约占全年总量的36%，而11月至次年2月蒸发量较小。

本市属于季风气候，风向、风力随季节交替而变换，冬季多刮北风，夏季多刮南风。全年平均风速3米/秒，最大风速20米/秒。

新郑市境内河流众多，较大的河流有双洎河、溱水河、黄水河、梅河、十七里河、十八里河、暖泉河、潮河等。这些河流多发源于北部和西部山区，几条较大的河流如双洎河、溱水河、黄水河、梅河都是常年河，属于颖河水系；较小的河流如十七里河、十八里河、潮河均为季节性河流，属于贾鲁河水系。境内还分布有花园湖、黑龙潭、白龙池、暖泉等小型湖沼。

新郑市地下水资源比较丰富，地下水流向有较大差异，其中西部和东部自西向东流，北部郭店以南从西北向东南流，郭店以北从西南向东北流。地下水分为河间高平区、沙岗间洼区、丘陵区、浅山区四个地区。其中河间高平区为浅层富水区，主要分布在双洎河、溱水河和黄水河的冲积平原及二级阶地，面积约占全市总面积的24.5%，属于松散岩类裂隙孔隙水，含水层岩性为中砂卵石。沙岗间洼地为浅层弱富水区，分布于京广铁路线以东地区，占全市面积的24.9%，也属于松散岩类裂隙孔隙水，含水层岩性为粉细砂。丘陵区属于浅层贫水区，分布于新郑市西部、西北部和西南部的丘陵地区，属于松散岩类裂隙空隙水和变质岩类裂隙水及裂隙溶洞水，含水层为中细砂、砾石。浅山区则属于极贫水区，分布于西部和西南部的浅山地带，为变质岩类裂隙水和裂隙溶洞水。

新郑市境内的土壤类型有褐土、潮土、风砂土三个大类。其中褐土类为地带性土壤，分布在京广铁路线以西的低山丘陵缓岗地带，占土地面积的74.8%；潮土类主要分布在京广线以东地区，占土地面积的18.3%；风砂土类主要分布在东部及东北部的局部岗丘地区，占土地面积的6.9%。

本区地带性植被属于暖温带落叶阔叶林。由于历史上长期的人类活动，目前市域范围内大部分地区已无天然植被分布，仅在个别山区存在小面积的次生植被，植被主要分为人工林和经济作物林。市区林木种类有48科、52属，计120余种。主要树种有泡桐、刺槐、枣、杨、榆、楸、臭椿、楝、国槐、柳、松、柏、皂角、梧桐、桑树等。主要的经济林木有苹果、梨、桃、杏、樱桃、枣、葡萄、提子、柿子、核桃等。其中，枣树、泡桐、刺槐是本区林业的三大优势种。

本区农业发展的历史十分悠久，从新石器时代以来就已出现原始农业。但是，长期以来主要的栽培作物品种比较单一。目前主要的农作物品种有小麦、玉米、谷子、红薯及各种豆类作物，经济作物有棉花、油菜、芝麻、烟草和瓜类等。

新郑市境内主要的自然灾害有干旱、雨涝、大风、干热风、冰雹、霜冻和蝗灾等。干旱是主要的灾害性天气，发生次数频繁，对农业生产危害极大，具体又有春旱、初夏旱、伏旱、秋旱等。根据历史文献及气象记录，重大旱灾有10年左右一遇的周期性。

二 历史沿革

新郑市历史悠久，文化底蕴深厚。很早以前，新郑市境内就已经有人类活动了，国内较早的新石器时代文化——裴李岗文化，就是以新村镇裴李岗村遗址命名的。此外，新郑市境内同期的裴李岗文化遗址，还有沙窝李遗址、唐户遗址、西土桥遗址、岭西遗址等。进入仰韶文化时期，这里涌现出来大批的仰韶文化遗址，如唐户遗址、官庄遗址、洪府遗址、古城遗址、大朱庄遗址等。传说中华民族的始祖——黄帝就出生在新郑市的轩辕丘，定都于有熊（今新郑市），因此，新郑市被誉为"中华第一都"。龙山文化时期，新郑市境内的人类活动更加频繁，除了唐户、古城等包含仰韶文化遗存的遗址外，主要的遗址还有人和寨、于寨、大司村、金钟寨等。传说帝喾高辛氏封祝融氏在有熊，为火正，所以，新郑又被称为"祝融氏之墟"。

夏商时期，这里属于夏商王朝的畿内之地。新郑市境内这一时期的遗址数量较多，例如新村镇的望京楼遗址，就是一处夏商时期的城址。另外还有小王庄、下申河、马峒、郭寨沟等遗址。西周初年分封诸侯，新郑属于郐国。春秋早期，郑国先后灭郐国、虢国，建都新郑。春秋早期，郑国是周王室的重要依靠力量，一跃而成为强国。由于地处交通要道，郑国成为各大诸侯国争霸的重要战场，战争不断。进入春秋后期，由于长期战乱，郑国逐渐走向衰落。周烈王元年（前375），韩灭郑，韩哀侯将都城由阳翟迁至新郑。在新郑，韩国传九世，历时145年。秦王政十七年（前230），内史腾率军灭韩，新郑从此失去了国都地位。

公元前221年，秦统一全国，置新郑县、苑陵县，属颍川郡。汉承秦制。新莽时改苑陵县为左亭县，东汉时期又改左亭县为苑陵县。三国时期，河南属于魏国，新郑县、苑陵县属于司州河南尹。西晋废新郑县，将其并入苑陵县。隋朝恢复新郑县，之后废苑陵县，并入新郑县。唐朝初年，分新郑为新郑县和清池县，不久，又将清池并入新郑县。自唐朝之后，新郑的行政建制一直延续到20世纪90年代。

1994年5月，经国务院批准，新郑撤县建市。

第二节　发掘经过

一　坡赵墓地附近的汉代遗存

坡赵墓地位于新郑市东北部龙王乡坡赵村东南的岗地上。资料表明，这一带附近分布有大量的汉代遗存。根据《中国文物地图集·河南分册》及第三次文物普查资料，[①] 在新郑市龙王乡向东到尉氏县大马乡一带之间（还包括中牟县三官庙乡部分地区），分布有大量的汉代遗存，包括城址、遗址和古墓葬，其中尤以墓葬多见（图二）。

其中，距离坡赵墓地最近的汉代城址有新郑市龙王乡北部的苑陵故城、尉氏县岗李乡霍庄城址，距离坡赵墓地稍远一些的还有尉氏县大马乡的小任泽城址、庄头乡的鸡王城址等。

稍远一些的汉代墓葬，在尉氏县境内还有龙王庙墓群、后刘墓地（大营乡），[②] 要庄墓群（大桥乡），刘庄汉墓、尚村汉墓、拐杨村墓群（邢庄乡），朝阳岗墓群、寺前张墓群（城关乡），魏家村墓群、鸡王村墓群（庄头乡），郑岗墓群、郭家墓群（张市乡），新庄墓群（门楼任乡），以及武家墓群（十八里乡），东皇庄墓群（南曹乡），马立厢墓群（小陈乡）等。

[①] 国家文物局主编：《中国文物地图集·河南分册》，中国地图出版社1992年版，第15—20、59—64页；另据河南省第三次全国文物普查资料。

[②] 河南省文物考古研究院：《河南尉氏后刘墓地发掘简报》，《华夏考古》2015年第2期。

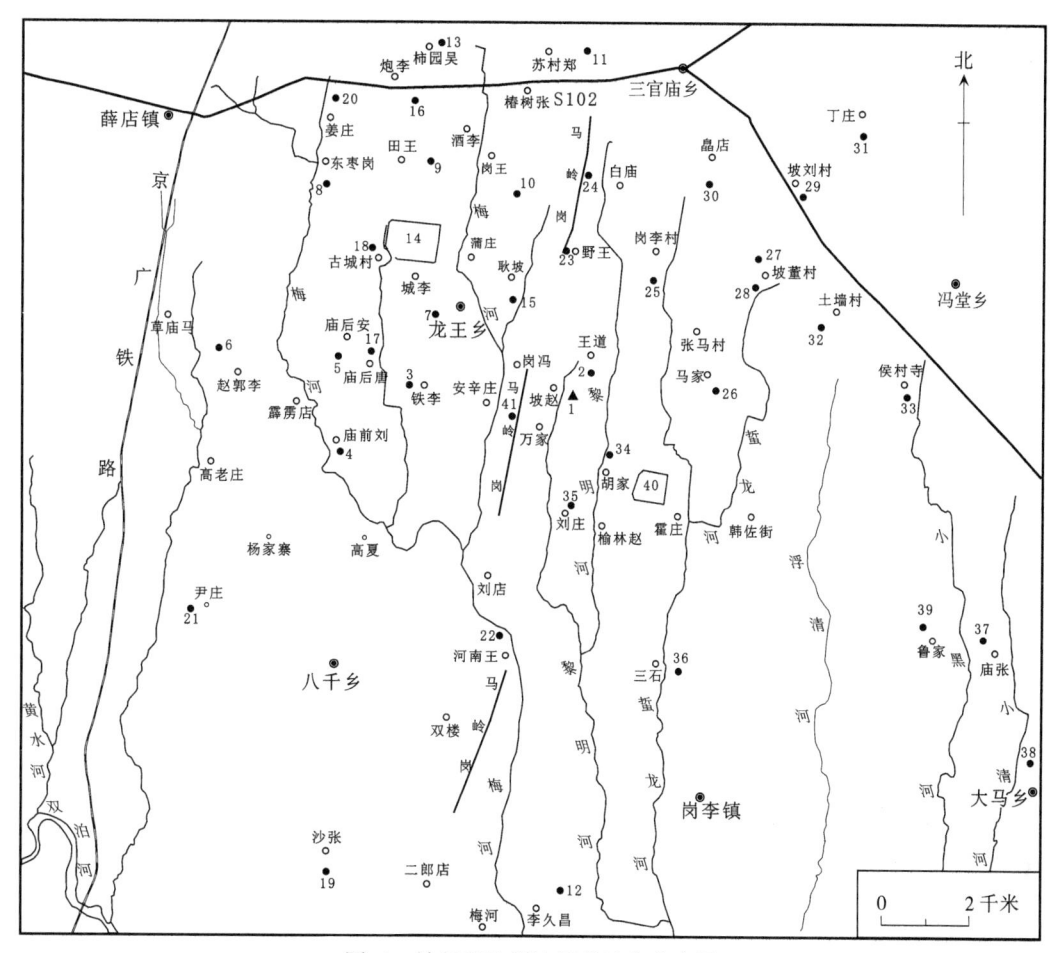

图二 坡赵墓地周边汉代遗存分布图

新郑市：1. 坡赵墓葬 2. 王道墓地 3. 前铁李墓冢 4. 庙前刘墓冢 5. 庙后安墓冢 6. 赵郭李墓冢 7. 龙王墓群 8. 东枣岗墓地 9. 田王墓冢 10. 岗王墓冢 11. 苏村郑墓冢 12. 李久昌墓地 13. 柿园遗址 14. 苑陵故城 15. 耿坡遗址 16. 炮李墓群 17. 庙后唐墓冢 18. 古城师墓冢 19. 沙张无名冢 20. 尹庄村西墓群 21. 河南王无名冢 41. 马岭岗墓群

中牟县：23. 野王墓群 24. 白庙墓群 25. 岗李墓群 26. 马家墓群 27. 坡董墓群 28. 坡董南墓群 29. 坡刘墓群 30. 晶店墓群 31. 丁庄墓群 32. 土墙墓群 33. 侯村寺墓群

尉氏县：34. 胡家墓群 35. 刘庄墓葬 36. 三石汉墓 37. 庙张双冢 38. 大马墓群 39. 鲁家墓群 40. 霍庄城址

二 坡赵墓地概况

坡赵墓地在《中国文物地图集·河南分册》中已有记录，录文如下："坡赵墓葬（龙王乡坡赵村东南，年代不详）：现此处有两冢，一冢高15米，周长90米；另一冢高8米，周长180米，呈扇形。"[①]

---

① 国家文物局主编：《中国文物地图集·河南分册》，中国地图出版社1992年版，第19页。

坡赵墓地属于郑州市文物保护单位龙王墓葬群的组成部分，位于新郑市龙王乡坡赵村东南约 400 米处。目前地表可见两座古墓葬，其中北边的一座地表尚存近方形封土（图三）。为叙述方便，本次发掘的墓葬编号为 M1，北边未发掘的编号为 M2。经走访当地村民得知，在 M1 南边大约 200 米处又有一座古墓葬，编号 M3。M1 与 M2 之间距离较近，而与 M3 距离较远。

在地势上，M1、M2 皆位于坡赵村东南一近南北向的长条状岗地上，岗地东、西两侧地势较低洼，黎明河及其支流从岗地两侧流过，目前已经干涸。

M1 位于一个近圆角长方形的小土台上，土台南北约 54 米，东西约 30 米。土台顶面高于周围地面 0.8—3 米，其中台地北面与周围高差不大，约 1 米；而台地南面与周围地表高差较大，可达 3 米左右（图四；彩版一：1）。据了解，M1 地表原来有封土，后被推平，作为耕地，目前地表已无痕迹。钻探得知，M1 墓室位于小土台的北部，而墓道大部分位于小土台东面地势稍低的地方。

M2 位于 M1 北面约 25 米处，目前地表尚残存近方形的封土。封土底边南北约 24 米，东西 22.5 米，高约 6 米，封土整体形状近似覆斗形。在封土西面，立有龙王墓群的保护牌（彩版一：2）。

M3 位于 M1 南面大约 200 米处，地表已无任何遗留。据了解，20 世纪 50 年代，M3 地表尚存封土，平整土地时被平毁。近几年在耕地时，新发现一个保存完整的石质封门，其中一扇石门上装饰有浅浮雕的朱雀和铺首衔环图案。此外，还发现五铢钱、空心砖等遗物。

三 发掘经过

河南省规划的商登（商丘市—登封市）高速公路，从新郑市龙王乡坡赵村东南的坡赵墓地南部穿过。2014 年 4 月，为配合商登高速公路建设，河南省文物考古研究院进驻新郑市龙王乡坡赵村，对坡赵墓地被商登高速公路的占压部分进行了详细钻探。钻探结果表明，在高速公路路基范围内，有一口水井和一座规模较大的古墓葬。

2014 年 5—7 月，经报请河南省文物局和国家文物局同意，河南省文物考古研究院发掘了坡赵墓地被商登高速公路占压范围内的古墓葬。

由于墓葬所在区域的地形比周围高出 1 米多，又了解得知，墓葬地表原来曾经存在封土。鉴于这种情况，发掘之初，我们在墓葬所在地表布设了两条正方向相交的探沟——TG1、TG2，以确认墓葬的封土形状范围、保存状况等。

揭掉耕土后，通过刮平面寻找墓葬平面范围，我们确认了墓葬已直接开口于现代

图三 坡赵墓地实测地形图

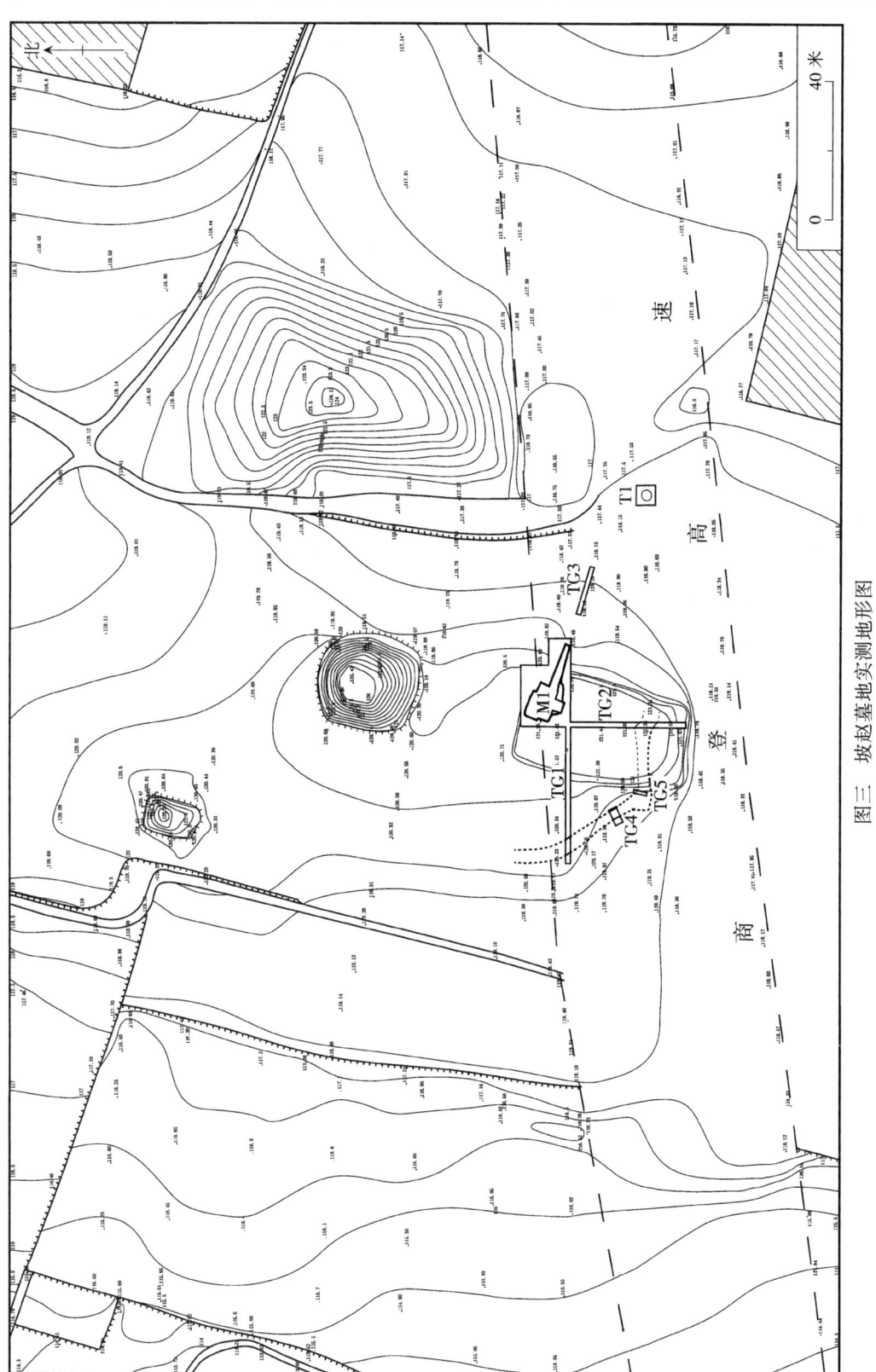

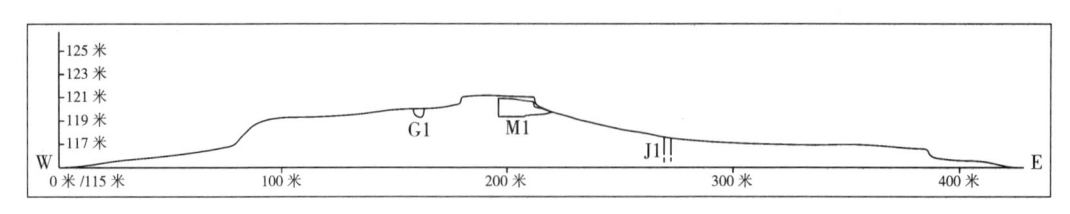

图四　M1 地形剖面图

注：由于地形剖面的比例尺与墓葬比例尺有差异，图上显示的墓葬形状有所变形。

耕土层下，墓葬的封土遭到彻底破坏，地表无任何残留。鉴于这种情况，我们将探沟 TG1、TG2 的北部、东部扩大为探方发掘，以求全面揭露墓葬的平面形状。

为了了解墓葬的建筑过程，我们采用二分之一法，先清理坡赵 M1 的南半部填土。在清理填土接近墓葬底部时，已经达到了了解墓葬填土堆积过程的目的后，我们开始清理墓葬北半部填土，最后统一清理墓葬底部。由于墓葬遭到严重扰乱，墓室中的随葬品大多已失去其原始位置。为了尽可能地不遗漏可能存在的细小遗物，发掘中，我们对墓室底部堆积又使用了过筛的方法，采集到许多细小遗物。

鉴于墓葬规模较大、等级较高，墓葬周围可能还存在附属设施，我们对 M1 周围较大范围内进行了钻探与试掘。结果表明，除了 M1 东面的水井（J1）外，在墓葬西面发现了一个袋状灰坑（H1）。在墓葬西南面发现沟状遗迹（G1），已发现的一段沟状遗迹呈西北—东南走向。

第二章 M1 墓葬概况

坡赵 M1 直接开口于现代耕作层下，墓口平面呈不规则的刀把形，方向 110°，大体呈东西向，为一座带长条形斜坡墓道的多室砖室墓。墓葬东西通长约 24.8 米，南北宽 1.54—10.7 米，墓坑底部距开口深 0.2—3.7 米。我们将分别介绍墓葬情况。

第一节 M1 周围遗迹

除了与墓葬直接关联的封土外，在坡赵 M1 周围还发现了一些可能与其有关的遗迹，如地面建筑、水井、灰坑、沟状遗迹等（图五；彩版二）。

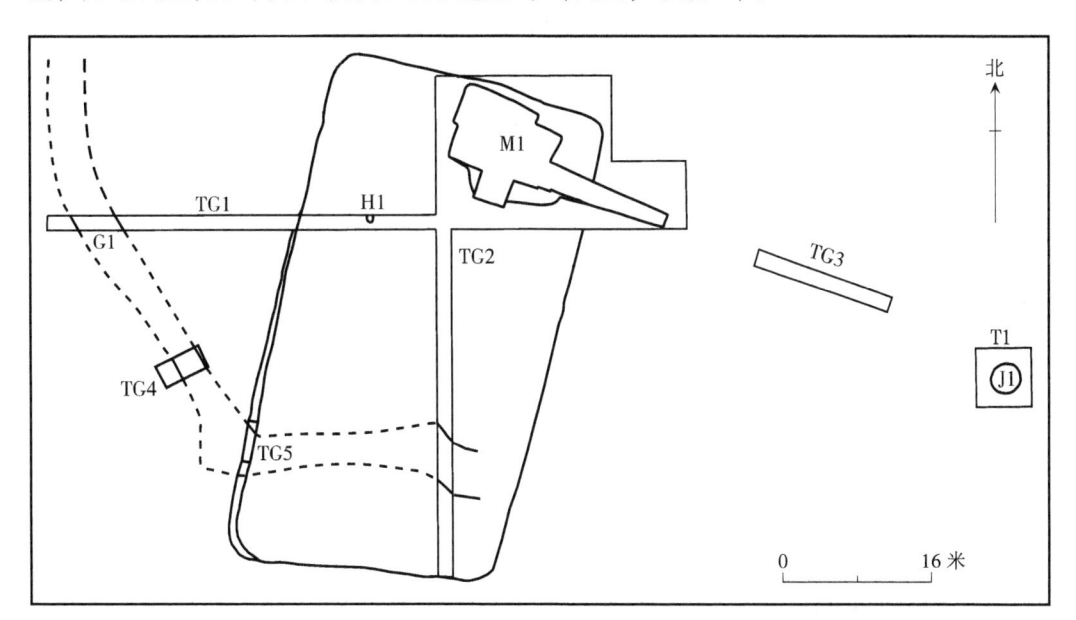

图五 坡赵墓地遗迹分布平面图

一 地面建筑

在发掘区内虽然没有发现建筑遗迹，但是 M1 墓葬填土中出土了数量较多的筒瓦、板瓦、瓦当等建筑材料残块，尤其是筒瓦和板瓦的数量更多。这说明，当时墓葬封土上面或附近，可能存在地面建筑，而墓葬填土中的板瓦、筒瓦等建筑材料，应该是建筑坍塌毁坏后的残留。

二 水井（J1）

在 M1 东南约 39 米处，发现并清理出水井 1 口，编号为 J1（图六；彩版三∶1）。

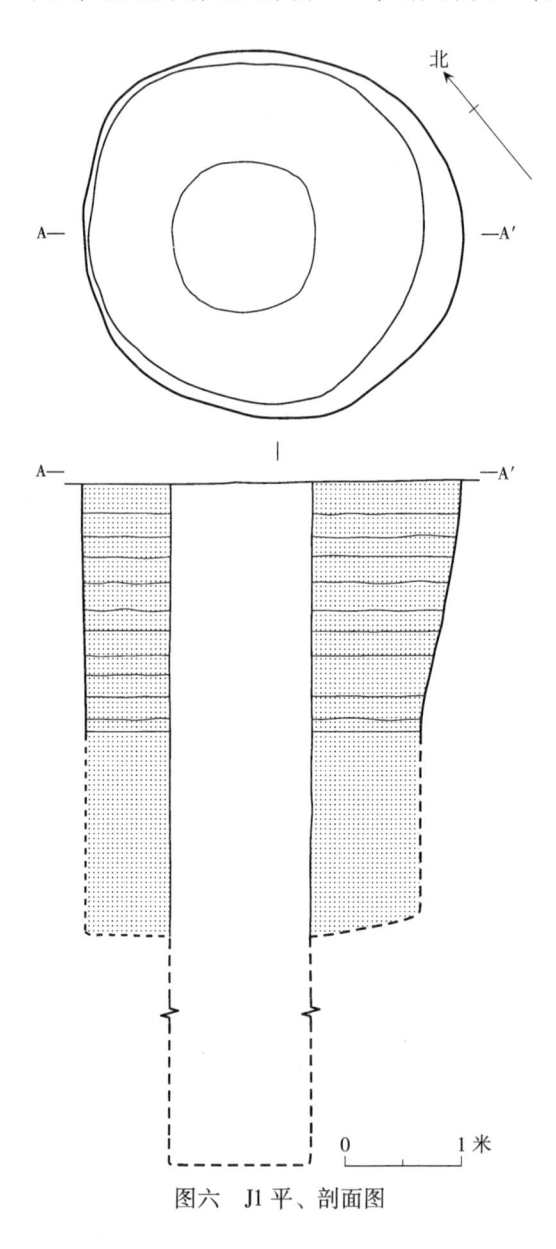

图六 J1 平、剖面图

J1 开口于耕土层下，由井坑和井心两部分组成。井坑平面开口呈近椭圆形，长径 3.22、短径 3.02、底部直径约 2.86 米，深约 3.75 米。直壁略内收，底近圆形，较平。井坑填土为夹杂红褐色土块的黄砂土，土质较硬，结构较致密。经解剖得知，填土经过夯打，为分层夯筑，每层的厚度不一，但差别不大。夯层厚度在 12—20 厘米范围内，夯窝多呈圆形，直径在 5—15 厘米范围内。

井心位于井坑中心位置，平面呈圆形，直壁，井壁较规整，平底。井心直径 1.22 米。出于安全考虑，发掘至深约 4 米后，井心没有继续向下清理。经钻探得知，井心深约 8 米。井心填土为浅灰褐色淤土，土质较软，结构疏松，包含零星的碳屑及红烧土颗粒。勘探结果表明，井底可能铺有一层瓦片，或许用于过滤。

J1 内出土的遗物多为瓦片，具体分为板瓦、筒瓦两种。还有少量泥质灰陶陶片，可辨器形的有罐、盆等。由于本区地质条件属于风沙岗地，土质疏松，容易坍塌，所以，为了适应这种地质条件，先挖一个大的圆形坑，然后层层打夯填满，再在夯土中间挖出圆形水井。

三　灰坑（H1）

在坡赵 M1 西面发现灰坑 1 个，编号 H1，距离 M1 约 8 米（图七；彩版三：2）。

H1 开口于 TG1③层下，椭圆形袋状灰坑，坑壁斜直，比较规整，底部平整。坑口距地表约 0.95 米，口部南北 0.68、东西 0.68 米（已暴露部分），底部南北 1.2、东西 1.5 米（已暴露部分），深约 1.5 米。坑内堆积呈明显的倾斜状，可分为 4 层。

第①层：深灰色细沙土，厚 0—0.4 米。由西向东倾斜堆积，土质疏松，包含较多草木灰及炭屑，无包含物。第②层：浅灰黄色细沙土，厚 0.15—1 米。西部厚而东部薄，土质较疏松，无包含物。第③层：浅黄色细沙土，厚 0.3—0.75 米。西部薄而东部厚，土质较疏松，出土少量泥质灰陶罐残片。第④层：浅红褐色细沙土，厚约 0.2 米。土质较紧密，比较纯净，无包含物。

H1 形制规整，可能是窖穴，废弃后成为垃圾坑。从其所处位置看，H1 与 M1 距离较近，且处于围沟内，所以，H1 可能与 M1 有关。

四　沟状遗迹（G1）

经过勘探和局部试掘，我们发现，在 M1 的西面及南面，存在一条西北—东南走向的弧形沟状遗迹（G1），向东距离 M1 约 36 米，南面距离 M1 约 25 米。沟状遗迹平面呈较为规则的长条状，口大底小，沟壁向内斜收呈弧形，沟壁较规整，圜底。沟在平面上的宽度略有差异，在 2.6—4.1 米之间，局部拐角处宽度可达 6.8 米，沟深在 1.2—1.5 米之间（图五、八；彩版三：3）。

图七　H1 平、剖面图

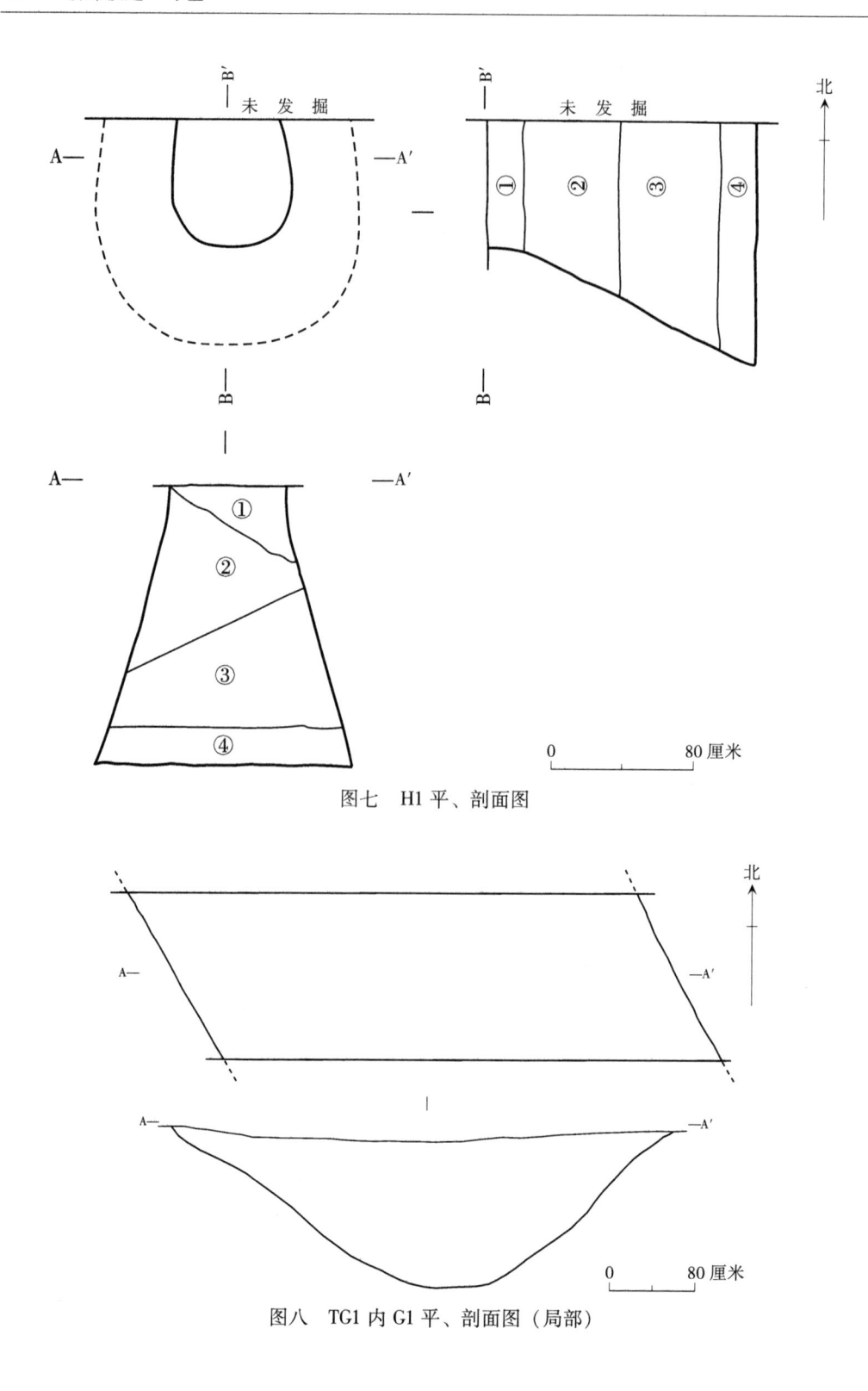

图八　TG1 内 G1 平、剖面图（局部）

初步钻探表明，G1 已探明部分，西北—东南方向长约 44 米，南面长约 25 米。沟内堆积局部也有差异，有的人工垫土，也有自然冲淤形成的淤积土。沟内出土的包含物很少，仅有极少量破碎的筒瓦、板瓦残片。因未全面揭露，不知 G1 的完整形状。初步判断，它是 M1 的围沟。

第二节 M1 墓葬结构

M1 是一座规模较大、结构较复杂的汉代墓葬，东西总长约 24.8 米，南北宽约 10.7 米，主要由封土、墓道、第一重封门、甬道、第二重封门、墓室等部分组成（图九；彩版四）。

一 封土

经当地村民介绍，M1 地表原来存在一定高度的封土堆。前些年平整土地过程中，M1 封土遭到了彻底毁坏，而这也得到《中国文物地图集·河南分册》资料的证实。

二 墓道

M1 墓道大部分位于小土台东面较低的地方。经过田野考古现场的确认，我们发现，至少存在两次开挖墓道的痕迹。

始建墓道：位于墓室东部。墓道呈西高东低的斜坡状，平面呈长条形，东端窄而西端宽，直壁向内略斜收。底部为东高西低的长斜坡，较为平坦，坡度约 10°。墓道两壁规整平滑，未见明显的工具加工痕迹。墓道开口距地表 0.25—0.45 米，平面长 12.56（至甬道口）、宽 1.54—2.54 米，底部坡长约 12.8、宽 1.38—2.36 米，底部距开口 0.2—3.13 米。

二次墓道：应该是 M1 后续使用时重新挖掘的墓道，其位置与始建墓道大致相同。开口长度远短于始建墓道，宽度与始建墓道基本相等，其南壁略超出始建墓道南壁的范围（彩版五：1）。北壁开口略小于始建墓道，下收较急，底部范围有所收缩。二次墓道的开口形状呈较瘦长的长方形，直壁向内斜收，两壁规整光滑，底部为东高西低的长斜坡，坡度约 20°。墓道平面开口长 8.16、宽 1.8—2.42 米，底部宽 1.4—1.75 米，底部坡长约 8.8 米，底部至开口深 0—3.13 米。

三 第一重封门

墓道西端与甬道连接处为第一重封门，平面呈弧形，由单砖错缝垒砌而成。封砖中央残存15层，残高约1.12米。靠近墓道北壁处，封门砖保存较好，可达20层。此外，第一重封门砖外侧两角尚残存少量残砖，可能是墓葬第一次封闭的残留（彩版五：2）。

四　甬道

甬道位于墓室东部，东接墓道，底部低于墓道底部0.2米，相当于进内下台阶。甬道南侧坑口遭到后期破坏，大体呈横长方形。北侧斜壁内收，南侧扰乱后残存为弧壁。平底，未见铺地砖。甬道南北约1.6、东西0.9米。甬道南北两壁壁砖保存18—21层，砌法为"三顺一丁"，残高约1.4米。甬道顶部遭到毁坏。在甬道与墓道连接处的墓道北壁上部，残存小部分券顶残砖，推测其结构为单砖横置起单层券，上面再单砖顺铺若干层加固。甬道残存券顶底面距墓底约2.3米，由残存顶部估测，甬道高约2.7米。

五　第二重封门

甬道与墓室前室之间有第二重封门，可能为石质封门。已遭到严重破坏，保存极差，目前仅存灰岩质石门楣，横卧于甬道与前室之间。

六　墓室

墓室位于地势较高的小土台上。墓室坑口平面呈近横置的"凸"字形。由于后期破坏，平面开口局部形状不甚规则。东西总长约10.6米，南北宽7.85—10.7米，深3.4—3.7米（图九）。

整个墓室平面呈纵向排列的前、中、后三室结构，共由7个砖室组成，即前室、北前侧室、中室、北中侧室、南侧室、后室、北后室。具体情况介绍如下。

1. 前室：位于甬道正西面。平面近正方形，东、北、西三面各有一过道，分别与甬道、北前侧室和中室相连。砖室保存极差，除了东北角和西北角尚存少量券砖外，券顶部分已遭到彻底破坏。西壁和北壁的壁砖保存稍好，南壁仅存底部几层壁砖。从保存较好的北壁来看，砖壁的砌法是最底部为一组"四顺一丁"，之上为两组"三顺一丁"，完整的砖壁可达13层。砖壁往上开始收拢，起券为室顶。顶部已遭到严重破坏，仅北壁两角残存少许券砖。从残存现状看，室顶结构为先内外双层平砖错缝平铺，逐渐向内收缩，共计8层，再往上改为单砖斜向平铺内券，残存3层。从残存的券砖结构看，顶部应为四角攒尖顶。3个过道中，仅有通往北前侧室的北过道保存较好，其修建方式与砖墙基本一致，只是将壁砖的"一丁"由平砖竖放改为横置。砖室底部原应

图九 M1平、剖面图及封门正视图

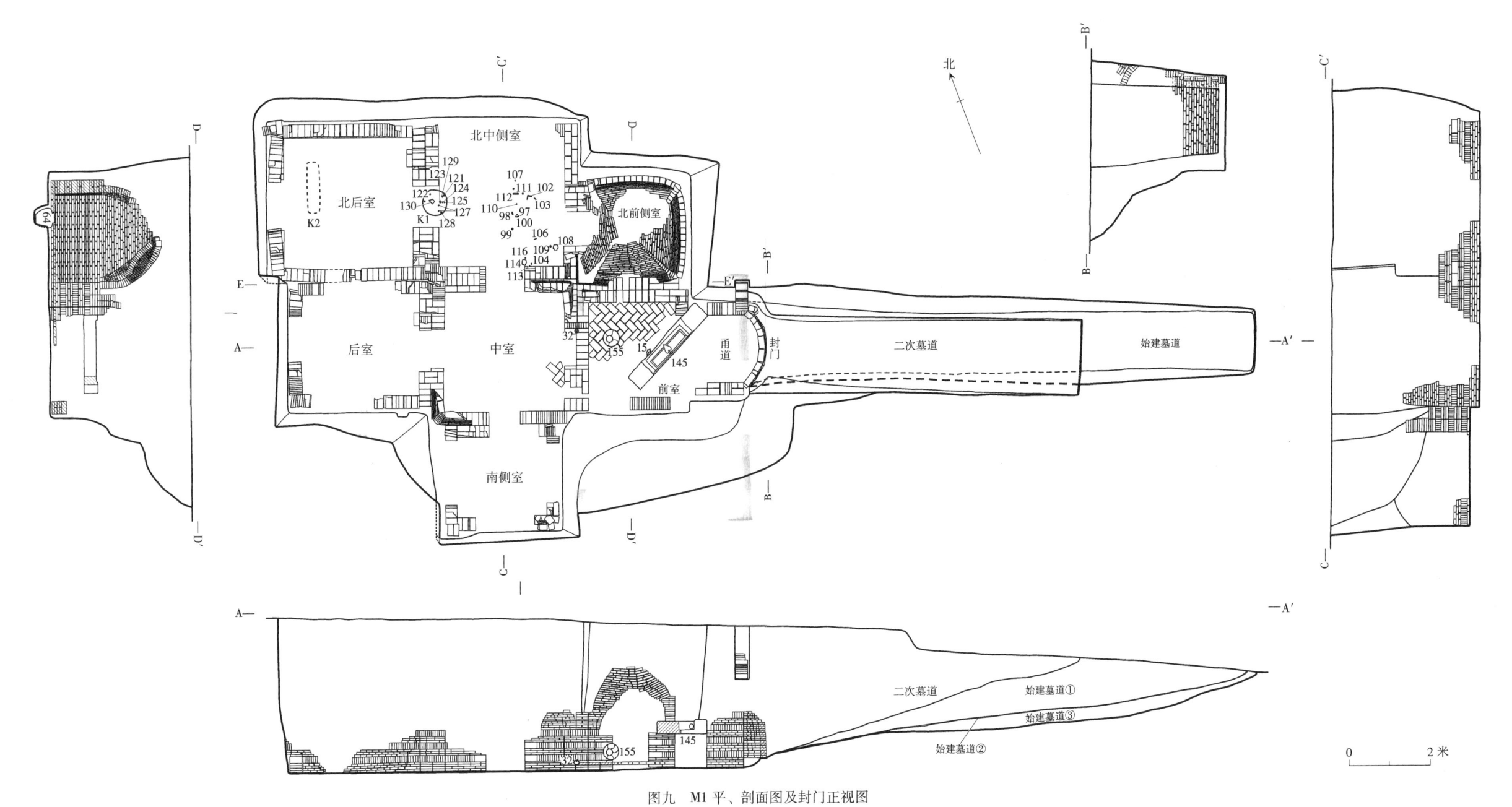

15. 青瓷盘口壶　32. 小陶壶　104. 玻璃珠　97. 铜铃　98. 骨器　99-1. 铜帽钉　100. 水晶残块　102. 铜扣件　103. 骨器　106. 骨条　107. 陶球　108. 铁铲　109. 铜帽钉　110. 骨印章　111-1. 铜帽钉　111-2. 铜帽钉　112. 骨器　113. 海贝　114. 铁铲
116. 玻璃珠　121. 铜柿蒂纹　122. 小石卵　123. 小陶杯　124. 水晶饰件　125. 水晶饰件　127. 铜钱　128. 小陶壶　129. 骨器　130. 黛板　145. 石门楣　155. 矮领罐

铺满地砖，现只有北半部残存铺地砖，呈斜方向"人"字形（彩版一二：1）。砖室南北长2.26、东西宽2.18、残高0.5—1.7米，北门道宽0.88、残高1.25米，西门道宽0.74、残高0.49米。出土的遗物有石门楣、青瓷壶残片、陶罐等物（彩版六）。

2. 北前侧室：位于整个墓室的东北角，整体结构保存基本完整。平面近正方形，北、东两壁略外弧，西壁和南壁各有一过道，分别通往北中侧室和前室。砖室保存较好，除了顶部偏北处有一个近圆形盗洞外，券顶部分基本完整（彩版七：1）。砖室底部四周砖壁的砌法是最底部为"四顺一丁"，之上为两组"三顺一丁"，共计13层。砖壁再往上开始收拢，起券为室顶。室顶结构为先内外双层平砖错缝平铺，逐渐向内收缩，共计8层。再往上改为单砖顺向平铺错缝垒砌，逐渐内收为券顶。两壁券砖接缝处，均用残砖接缝，共计约22层。券顶为四角攒尖顶。

两个过道均保存较好，其修建方式与砖墙基本一致，只是将壁砖的"一丁"由平砖竖放改为横置。过道顶部残缺，应为拱形顶。

砖室底部铺地砖保存完整，呈正方向"人"字形，似多重曲尺。砖室底部东北部有一深坑，内置一完整的陶瓮（M1：64），此室或为行清（厕所）。砖室边长约2.14、残高2.24米，西门道宽0.8、高1.45米。地面至砖室顶部残存高度约2.3米（彩版一二：2）。出土遗物较多，有陶瓮、铜衔镳、石黛板、玻璃砚子、铁铲等（图一〇；彩版七：2、八：1）。

3. 中室：位于墓室正中央、前室西边。平面近正方形，四壁各有一过道，分别与北中侧室、前室、南侧室、后室相通。砖室保存较差，券顶部分仅东北角和西南角保存一定的高度，在砖室的北部偏西，保存券顶的部分倒塌堆积（彩版八：2）。砖壁仅西南角与东北角保存较为完整，砌法与前室一致，残存的壁砖层数在3—13层之间。砖壁之上开始起券，西南角残存券砖最高可达16层。铺地砖毁坏严重，仅与前室相通的过道东侧残存零星铺地砖，呈"人"字形。4个过道保存状况都很差，过道的修建方式与前室、北前侧室过道一致。

砖室东西长2.98、南北宽2.86、残高1.46米，西门道宽0.92、残高0.98米，南门道宽0.76、残高0.2米。中室出土遗物数量较少，有小石卵、青瓷壶残片等。

4. 北中侧室：位于北前侧室西边、中室北边。平面近正方形，北壁略外弧，宽于北前侧室。东、南、西三面分别有过道，与北前侧室、中室和北后室相通。砖室保存状况极差，除北壁外，其余三面都保存了一定高度的壁砖。砌法同前述三室，仍是底部一组"四顺一丁"，之上两组"三顺一丁"。残存壁砖最高可达13层，残高1.43米。券顶部分仅东南角残存少量券砖，最高可达8层。底部仅在靠近门道处残存零星铺地砖，从残存情况来看，可能呈斜方向"人"字形。

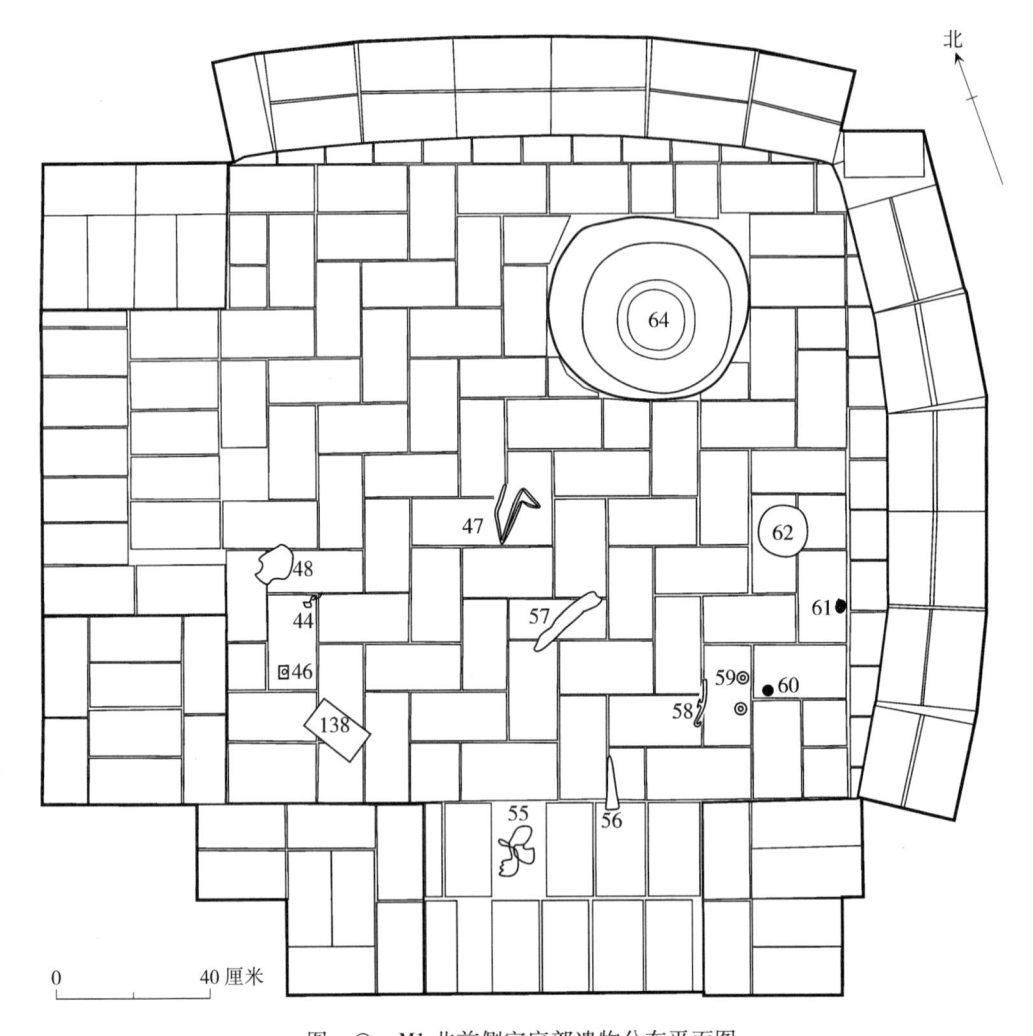

图一〇　M1 北前侧室底部遗物分布平面图

44. 铜带钩　46. 玻璃研子　47. 铜扣件　48. 铁铲　55. 铜衔镳　57. 铁刀　58. 铜带钩　59-1. 玻璃珠　59-2. 玻璃珠　60. 铜饰件　61. 铅权　62. 铁圈　64. 陶瓮　66. 铁凿　138. 石黛板

过道以通往北前侧室的保存最完整，结构清楚，与砖墙构筑方式的差别，仅是将砖墙的"三顺一丁"的"一丁"的平砖，由竖放改为横置。南过道仅一边保存较好，另一边保存较差。西过道仅残存3—4层，结构不详。

砖室底部有一层火烧过的红色沙土，比较松散，夹杂大量的木炭屑。砖墙四壁可见较明显的火烧痕迹，墙砖向室内的一面皆呈较明显的红色，而向外一侧仍是墓砖的青灰色。室径长3.1米，西门道宽0.96、残高0.68米，南门道宽0.94米，残高1米。本室出土的遗物数量较多，有铜泡钉、骨质印章、小石卵、玻璃珠、骨条、铁铲等。

5. 南侧室：位于中室南边，为"凸"字形墓室的凸出部位。平面略呈长方形，北壁与中室有过道相连。砖室保存较差，顶部已被彻底破坏，除了东北角外，其余各角均保存了一定高度的券砖，残存券砖高度约 0.57 米。壁砖大部分遭到破坏，仅在砖墙四角残存少量壁砖。从残存砖墙看，与其余各室基本一致，只是略有不同，其最底部为一组"一顺一丁"，之上为两组"三顺一丁"，壁砖残存最高 10 层。此室底部铺地砖已遭到彻底破坏。与中室相通的过道仅存个别底砖，结构不详。从发现的残存券砖部分来看，顶部应为四角攒尖顶。

从砖室底部砖墙的建筑方式来看，南侧室与其余各室均不一致，有可能是二次加筑的（彩版一一：2）。砖室底部有较多的碎砖块。砖室东西长 2.2、南北宽 1.92 米，残高 1.55 米。出土遗物数量较少，有琥珀等物。

6. 后室：位于墓室西南角、中室西边。平面略呈长方形，东壁直壁，后壁略外弧，两侧较直，东壁中央有通向中室的过道。砖室保存状况很差，顶部已遭到彻底毁坏，砖壁也遭到严重破坏。四壁中部基本被彻底破坏，仅四壁墙角保存较高。从残存墙砖来看，砖壁的砌法与其余各室一致，仍为一组"四顺一丁"加两组"三顺一丁"，壁砖残存最高可达 12 层。砖墙残高 0.84 米。铺地砖遭到了严重破坏，仅门道左侧残留一块铺地砖。

砖室东西长 2.9 米，南北宽 2.36—2.44 米。砖室底部发现有少范围的灰黑色灰层，还残存薄层白灰，残存少量被严重扰乱的人骨。砖室底部出土有较多散乱分布的五铢钱，是出土铜钱数量最多的一个室（彩版九：1）。

7. 北后室：位于墓室西北角，南邻后室，东接北中侧室。平面呈近正方形，两侧略向外弧，后壁外弧，东壁中间有过道，连通北中侧室。砖室保存状况极差，不仅券顶部分已不存在，下部砖壁也遭到严重破坏，砖壁中部破坏严重，仅四角壁砖的保存高度稍高。砖壁的砌法与后室完全一致，仍为一组"四顺一丁"加两组"三顺一丁"，墙砖残存最高可达 13 层，残存砖墙最高可达 0.98 米。底部仅在过道左侧残留有个别铺地砖，余皆遭到破坏，铺地砖方式不明。砖室残存的四壁砖墙上，可见明显的火烧痕迹，四壁墙砖向室内的一面，皆呈明显的红色，而向外的一侧仍呈原本的青色（彩版一三：1）。砖室底部有一层厚约 5 厘米的红色沙土堆积，中夹杂少量白灰（彩版九：2）。从砖墙火烧的程度来看，北后室墙砖的颜色明显红于北中侧室。砖室底部出土少量被扰乱的人骨，人骨表面有被火烧的痕迹，呈灰黑色或灰蓝色。

砖室东西长 3.24、南北宽 3.12 米。值得注意的是，在通往北中侧室的过道中发现了一个圆形小坑（K1），形状较规整，直径约 0.6 米，坑深约 0.55 米，出土有小石卵、小陶壶、石黛板、铜柿蒂纹饰件等物（彩版一〇：1）。在砖室靠近西壁处还发现一个长条形浅坑（K2），叠压在红烧土层之下，南北长 1.2、东西宽 0.3 米，深约 0.5 米，坑内出土较多的残断砖块，其用途不明。

此外，M1砖室室壁接缝处、顶部券砖砖缝之间，均填充以有意砸碎的矮直领罐残片，这些陶罐残片多呈外灰内红，胎质紧密，火候较高。

需要注意的是，前室、北前侧室、中室、北中侧室凡是存在相接的砖壁，均采用内、外双层紧密相贴的"四顺一丁"加"三顺一丁"砌法，形成宽厚的"共壁"现象，在各个砖室开始起券时分开，中间存在间距。后室与中室相连的室壁、北后室与北中侧室相接的室壁，也是采用此种方法修筑而成。北后室与后室之间相邻的室壁，则是从砖壁底部就开始分开，各自砌成，始终存在一定距离。而且，北后室、后室之间无过道相通，为相对独立的两个个体，分别附属于北中侧室、中室。此外，中室与南侧室相邻的砖墙也是从底部就分开，独立修建。

第三节　M1墓内堆积

M1墓葬内的堆积可以分为墓道、甬道及墓室三个部分。

一　墓道堆积

1. 始建墓道

依据土质、土色及包含物的差异，墓道填土可分为3层（图九）。

第①层：黄褐色细沙土，夹杂较多的红褐色土块，未发现包含物，较为纯净。土质较为紧密，应有加固措施，在第①层填土表面发现若干圆形夯窝，直径7—12厘米。从剖面来看，夯层不明显，或为整体夯筑而成。该层自东向西整体分布，东端较薄，西端较厚，呈倾斜式分布。厚0—3.02米。

第②层：黄褐色淤土，土质较软，较为纯净，无包含物。此层为一小薄层，分布于第①层与第③层之间，厚0.02—0.03米。

第③层：黄色细沙土，夹杂少许红褐色土块，土质较软，较为疏松，较为纯净，未发现包含物。自东向西倾斜分布，厚0—0.36米。

第②层较薄淤土层的存在说明，在墓道填埋过程中，第③层填土和第①层填土之间存在一个很短暂的停顿间隙，从而形成了较薄的淤土层，之后才有第①层填土的回填，并进行夯实加固。

2. 第2次墓道

填土未分层，为黄色细沙土，夹杂较多的红褐色土块，较为纯净，土质较为疏松，未发现有夯打痕迹。出土物较少，在靠近封门处填土的上部还出土了两件上下叠置的、保存基本完好的铁镜（彩版一〇：2），在靠近甬道口的填土中还发现有少量人骨，还发现一件可复原的陶罐（M1:2）。

第二次墓道填土与第一次墓道填土土色比较接近，由此可见第二次墓道填土的来源即为第一次墓道的填土。而第一次墓道第①层填土的夯筑加固似乎没有考虑到墓葬的后续使用。

二 甬道

甬道填土未能分层，为黄色细沙土，夹杂较多的红褐色土块，较为纯净，土质较为疏松。未发现包含物。

三 墓室

墓室填土依据土质、土色及包含物可分为5层（图一一）。

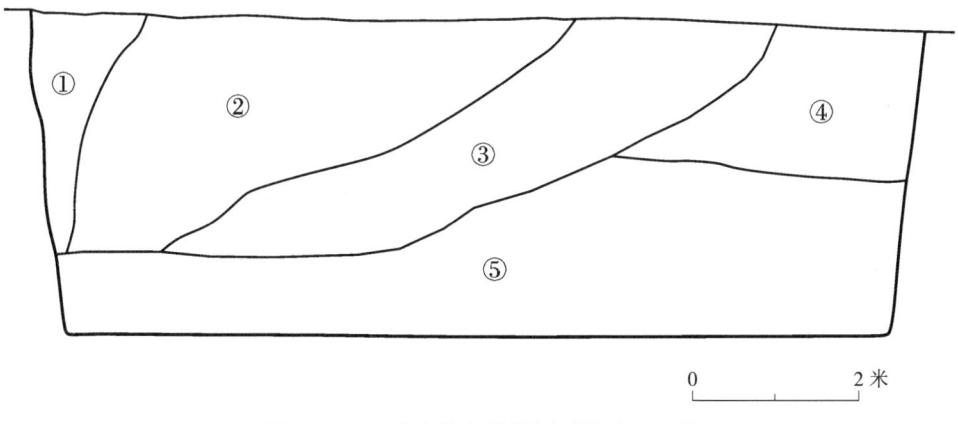

图一一 M1墓室填土堆积剖面图（E-E'）

第①层：黄褐色细沙土，夹杂红褐色土块，土色较为杂乱，较疏松。包含较多的碎砖块、碎瓦片。仅分布于墓室土坑的西部，厚2.75米。

第②层：黄褐土、红褐土相间的花土，并夹杂些许淤泥，土质较硬，结构致密，包含较多的碎砖块、瓦片。分布于墓室土坑内的中部至西部，自东向西倾斜堆积，厚0—2.7米。

第③层：黄褐色细沙土，夹杂红褐色土块，土块大小不一，土色杂乱，并有少许淤泥。土质较硬，结构较致密，包含少量的碎砖块、瓦片。分布于墓室土坑的中东部至西部，自东向西倾斜堆积，厚0—1.5米。

第④层：黄褐色细沙土，夹杂少量红褐色小土块，土色较为均匀，比较纯净，基本无包含物，土质较紧密。主要分布于墓室土坑的东北部，厚0—1.75米。这一层属于最初墓室填土的倒塌堆积。

第⑤层：碎砖堆积。除了北前侧室外，其余砖室皆有分布，特别是后室、北后室、北中侧室，碎砖分布尤为密集。自西向东碎砖逐渐减少，而黄褐色细沙增多，夹杂褐色粉沙土团块。包含大量的碎砖残块、碎瓦片及矮领罐的残片等（彩版八：2、一一、一二：1），厚0.95—2米。

从发掘情况看，M1的墓葬填土大部分已经被扰动，最初的墓葬填土仅存在于北前侧室周围。正是由于原始墓葬填土的存在，使墓葬北前侧室的砖室结构得以较完整地保存下来。其余区域的砖室内堆积，应该是墓葬最初填土被扰动后的再次堆积，严格意义上说，不能算是墓葬填土。

另外，我们对保存状况较好的北前侧室的室内堆积也按二分之一法发掘，其堆积大致可以分为7层，堆积呈自北向南倾斜，具体如下（图一二；彩版一二：2）：

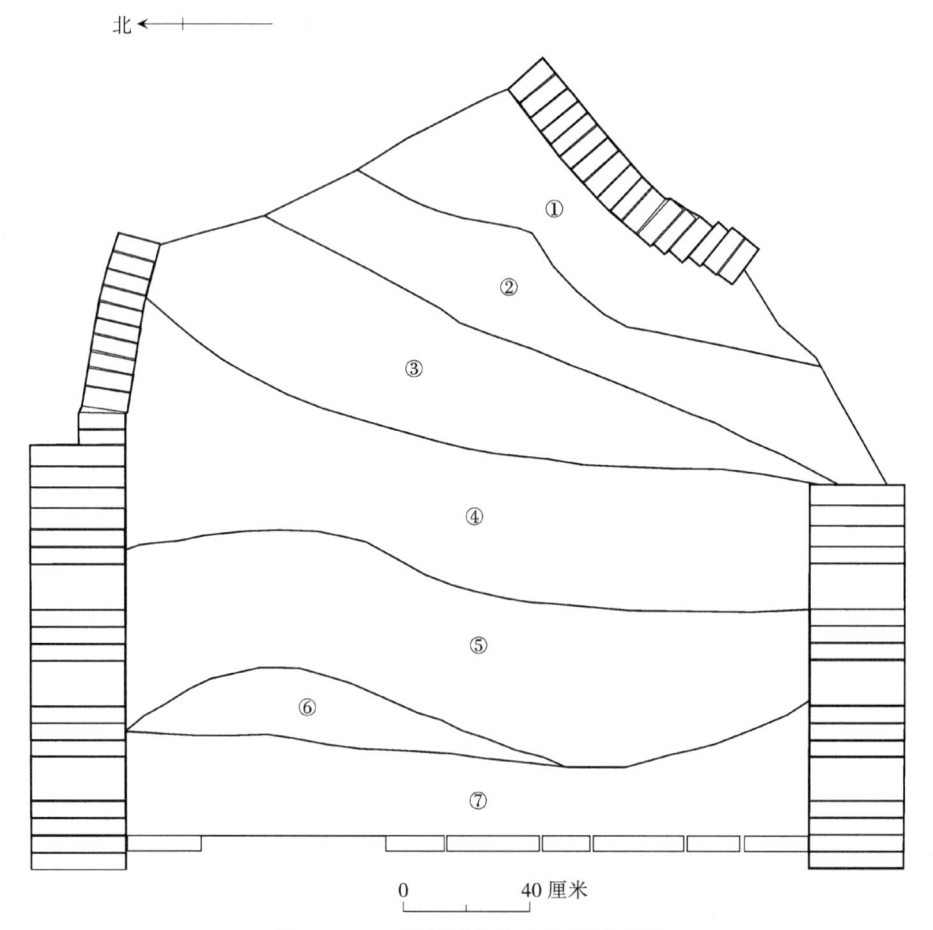

图一二　M1北前侧室填土堆积剖面图

第①层：黄褐色细沙土，夹杂较多红褐色小土块，整体偏红褐色，比较纯净，土质较疏松。包含零星的碎砖渣。厚0.2—0.4米。

第②层：褐色粉细沙，夹杂薄层灰黄色淤土，土质较硬，结构较致密。内含较多的砖瓦残块。厚0.17—0.36米。

第③层：黄褐色粉细沙，夹杂少量褐色粉沙团块，土质较致密。内含砖瓦残块等物。厚0.11—0.47米。

第④层：黄色粉细沙，夹杂少量红褐色粉沙团块，土色偏黄褐，土质较致密。包含少量红烧土块及零星砖瓦残块。厚0.38—0.65米。

第⑤层：黄褐色粉细沙，中夹杂有褐色小土块，土色杂乱，整体偏褐色，土质较致密。内含红烧土块及砖瓦残块。厚0—0.44米。

第⑥层：黄色细沙，夹杂红褐色粉沙土块，土色较杂乱，整体偏黄褐，土质疏松。包含零星砖瓦小残块，出土铜饰件1件（M1:47）。厚0—0.24米。

第⑦层：黄褐色细沙土，局部夹杂较多、较厚的红烧土，比较疏松，包含较多草木灰、木炭颗粒。包含较多砖瓦残块，出土遗物较多，有铅权、玻璃研子、石黛板、铁铲、铁凿等物。厚0.21—0.42米。

第四节　M1葬具、人骨

一　葬具

由于严重的后期破坏，仅在后室底部发现少量棺灰痕迹。在后室、北后室底部，还发现有白灰。另外，墓葬填土内出有若干棺钉（铁钉），还有数量较多的木炭，故葬具应为木棺。关于木炭的分析报告，详见第四章第三节。

二　人骨

由于遭到了严重的盗扰破坏，各个砖室损毁严重，人骨杂乱无章，已很难确定当时埋葬的人骨个体总数、各个砖室埋葬的具体人数及葬式等信息。部分人骨表面可见明显的火烧痕迹，特别是在北后室底部可见数量较多、明显经过火烧的人骨。除了南侧室之外，分别于墓道与甬道交界处填土中、北前侧室、中室、北中侧室、后室、北后室都发现有散乱的人骨。这些人骨普遍保存状况很差。关于人骨的具体研究结果，详见第四章第一节。

三　动物骨骼

虽然被严重扰乱，在 M1 的墓葬填土中以及墓室底部，还是采集到了少量动物骨骼。这些骨骼分布杂乱无章，与碎砖瓦、木炭碎块等一起出土，已无法判断当时随葬的情况。动物遗存鉴定分析，详见第四章第二节。

第五节　M1 出土的建筑材料

在坡赵 M1 填土里面，发现了大量破碎的建筑材料，根据其用途、质地，可以分为地下的墓葬建筑材料和地上的地面建筑材料两类。

一　墓葬建筑材料

根据质地用途，墓葬的建筑材料可以分为墓砖和石门楣两类。

1. 墓砖

M1 虽然遭到了严重破坏，墓室里仍出土了大量的墓砖，按其尺寸、纹饰大致可以分为以下 3 类。

素面砖　数量最多。砖的一面施绳纹，其余各面皆为素面。这类砖的尺寸比较统一，多数长 28—29、宽 14—15、厚 5 厘米左右。标本 M1∶239，长 29.5、宽 14.5、厚 5 厘米。一面满施较浅的斜向粗绳纹。标本 M1∶240，长 28.8、宽 15.5、厚 5.2 厘米。一面满施较浅的斜向粗绳纹。

"五"字纹砖　较为常见，散见于砖壁或者砖室券顶上。砖的一面施绳纹，另一面素面。一侧面有 3 组并列的"五"字形纹饰，中间用粗线分隔。标本 M1∶241，长 28.2、宽 13.1、厚 5 厘米。一面有不甚清楚的粗绳纹（图一三∶1）。标本 M1∶242，长 28.6、宽 14.2、厚 5 厘米。一面有较浅的粗绳纹，部分已抹平（图一三∶2）。

钱纹砖　数量较少，主要用在各墓室之间的转角支柱上，砖一面施有规整密集的绳纹，另一面素面。砖的一侧有连珠钱纹装饰，整个图案由 3 组钱纹组成。中间一组 10 枚，为 8 枚完整钱纹，加上两头各有半枚，铜钱之间用短线连接。上、下两组皆为 9 枚，均为半枚钱纹。标本 M1∶243，长 29.2、宽 14.6、厚 4.6 厘米。一面有较粗的竖向绳纹（图一三∶3）。标本 M1∶244，长 29.2、宽 14.1、厚 4.5 厘米。一面有较粗的竖向绳纹（图一三∶4）。标本 M1∶245，长 28.3、宽 14.1、厚 5 厘米。一面有浅浅的竖向细绳纹，与钱纹相对的另一侧，隐约可见散乱钱纹（图一三∶5）。标本 M1∶246，长 29.1、宽 14.5、厚 5 厘米。一面施有浅浅的竖向细绳纹，与钱纹相对的另一侧，隐约可见散乱的铜钱纹（图一三∶6）。

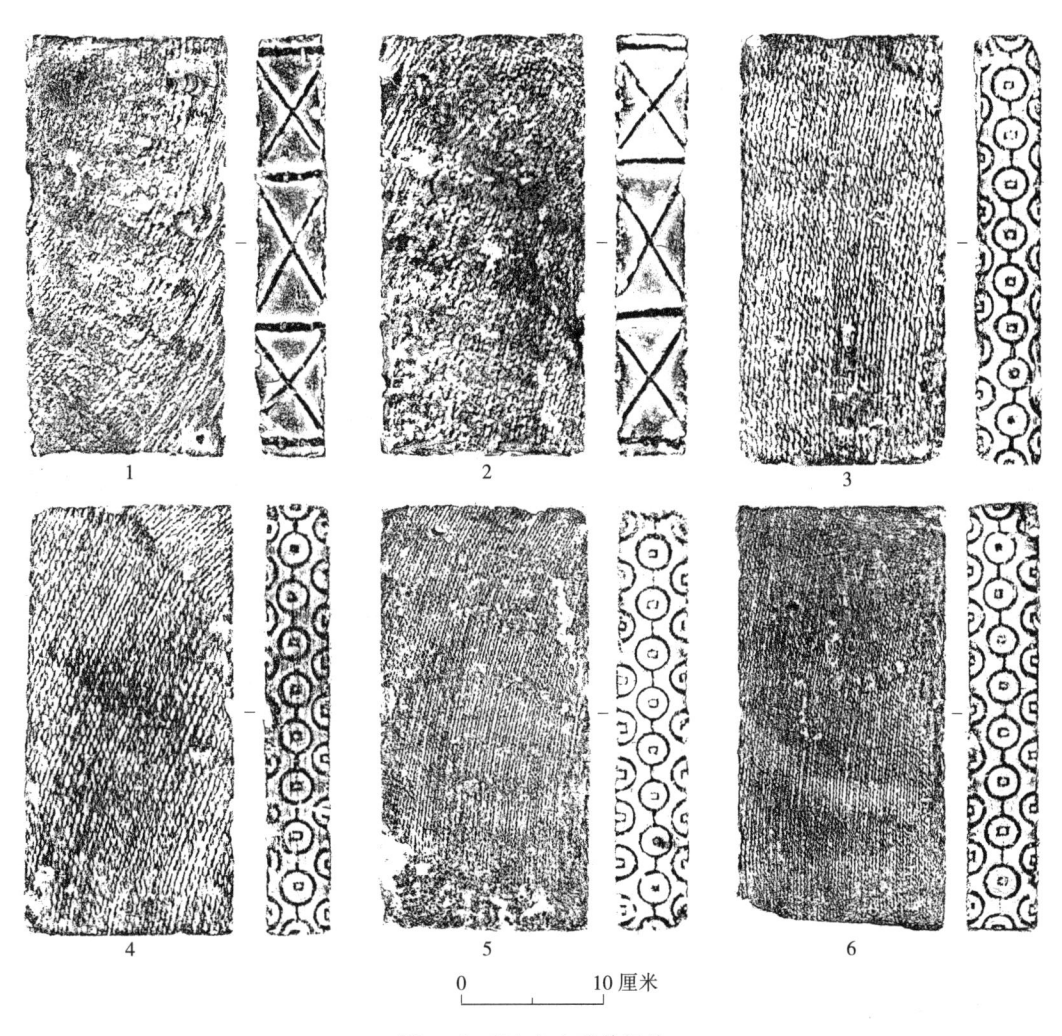

图一三　M1 出土墓砖拓片

1. "五"字纹砖（M1:241）　2. "五"字纹砖（M1:242）　3. 钱纹砖（M1:243）　4. 钱纹砖（M1:244）
5. 钱纹砖（M1:245）　6. 钱纹砖（M1:246）

2. 石门楣

M1 内的甬道与前室之间，应该采用的是石质封门。目前石封门仅残存石封门构件 1 块，即石门楣。

标本 M1:145，为灰岩质地，呈长方体。正面两头为劈裂形成的石面，中央经过减地修平，呈长方形，表面平整；其余各面皆未加工，表面不甚平整，有不甚规则的凹坑。门楣正面中部饰有图案，可分为内、外两组，以凸起的长方形边框分隔。内组有地纹，由满施的块状交错阴线刻线纹组成。主体纹饰为中间一棵树，该树顶端越出间隔边框，树两边为一龙、一虎，相对而视。外组为边缘装饰性纹饰，无底纹，由一周弧边三角形组成。龙、虎、树、弧边三角形均为减地雕刻，呈现出浅浮雕的效果。图案内部细节，则以阴线刻画表示。石门楣长 2.35、宽 0.39—0.5、厚 0.28—0.31 米，图案部分长 1.32、宽 0.32 米。石门楣的门框宽度 1.38 米、进深 0.15 米，门轴孔径 0.13 米，据此可推知石门的大致宽度也应在 1.38 米左右（图一四：1、2；彩版一三：2）。

二 地面建筑材料

地面建筑材料主要有筒瓦、板瓦、瓦当三类，这些遗物在不同深度、位置的填土

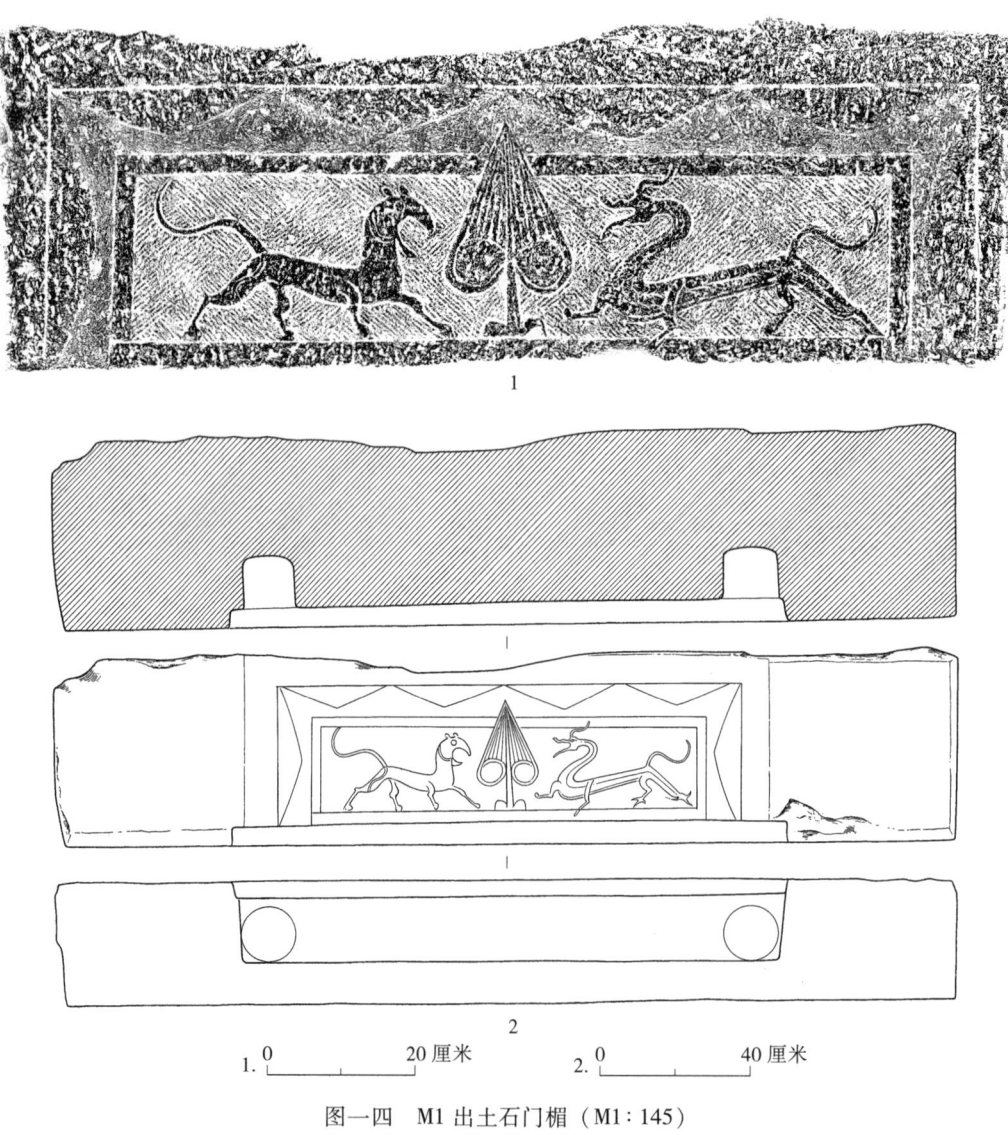

图一四 M1 出土石门楣（M1：145）
1. 石门楣拓片 2. 石门楣平、剖面图

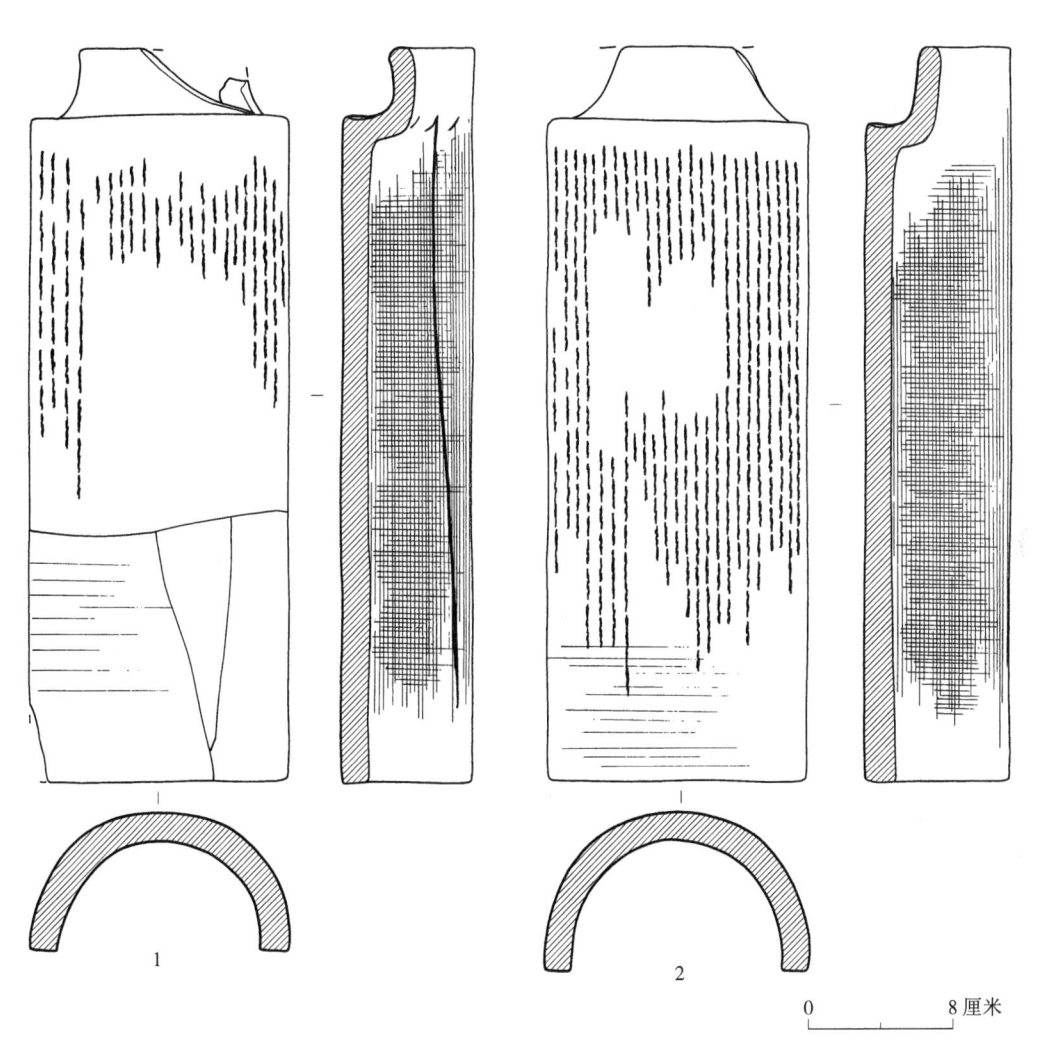

图一五　M1 出土筒瓦
1. M1∶192　2. M1∶193

中皆有较多出土。

1. 筒瓦

在扰乱的填土里出土筒瓦若干，大多破碎。筒瓦瓦身两边内侧，皆可见明显的切割痕迹。现取 3 件较为完整的进行介绍。

标本 M1∶192，泥质灰陶。直口，瓦唇较长，圆方唇稍外敞，直壁，剖面呈半圆形。瓦身可见多道较为零散的竖行中绳纹，大部分被抹光，瓦尾隐见若干稀疏的细凹弦纹。内壁可见麻布纹。长 38、宽 14、厚 1.5 厘米，唇长 3.7、厚 1.4 厘米（图一五∶1；彩版一四∶1）。

M1:193，泥质灰陶。直口，圆方唇较长，直壁，剖面呈半圆形。瓦身可见多道较为零散的竖行中绳纹，大部分被抹光，瓦尾隐见若干稀疏的横向细凹弦纹。内壁可见整齐的麻布痕迹。长37.5、宽14、厚1.4厘米，唇长3.5、厚1.3厘米（图一五：2；彩版一四：2）。

标本M1:194，泥质灰陶。直口，瓦唇较长，圆方唇略下侈，直壁，剖面为半圆形。瓦身前、中部施多道较为零散的竖行中绳纹，可见明显的抹平痕迹，瓦尾隐见若干稀疏的横向细凹弦纹。内壁可见整齐的麻布痕迹。瓦身两侧有明显的半切割痕迹。长42、宽15、厚1.4厘米，唇长4.2、厚1厘米（图一六：1；彩版一四：3）。

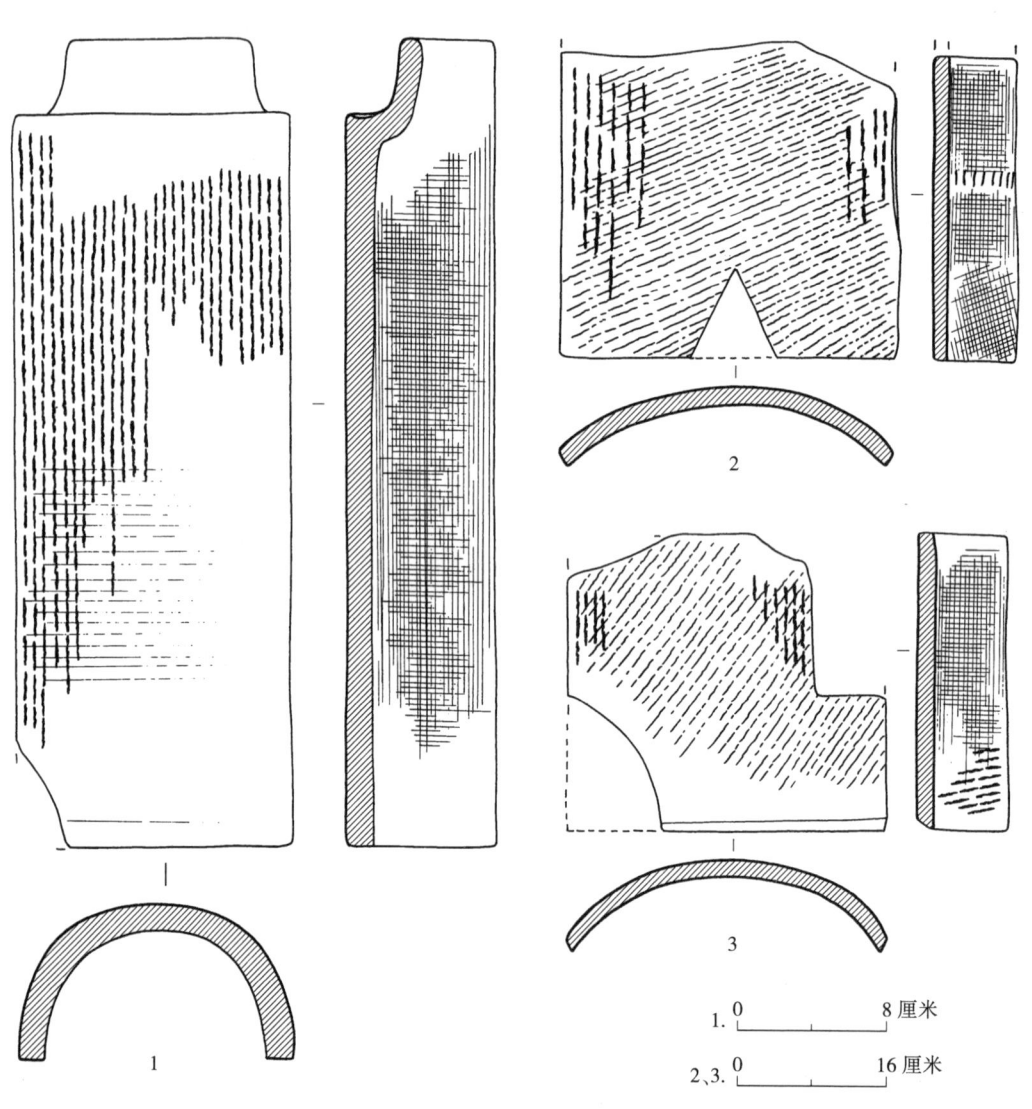

图一六　M1出土筒瓦、板瓦
1. 筒瓦（M1:194）　2. 板瓦（M1:209）　3. 板瓦（M1:210）

2. 板瓦

板瓦出土较多，大多破碎。均出土于墓室填土内。现举2例。

标本M1:209，泥质灰陶。残，直口，斜方唇，直壁，剖面呈弧形。瓦身外壁满施斜行中绳纹，两侧有极浅的零散斜向中绳纹，大多已被抹光。内壁可见麻布痕迹。残长33.2、宽36、厚2厘米（图一六：2）。

标本M1:210，泥质灰陶。残，直口，斜方唇，直壁，剖面呈弧形。瓦身外壁满施斜行中绳纹，两侧饰有零散的竖行中绳纹，大多已被抹光。内壁可见麻布痕迹。长31.4、宽34、厚2厘米（图一六：3）。

3. 瓦当

瓦当在填土中出土较多，且填土不同位置皆有出土，接近墓底也有发现。汉墓中曾有用瓦当随葬的现象。[①] 由于坡赵M1受到了严重扰乱，本文无法区分出土的瓦当具体是用于墓葬随葬的，还是地面建筑材料，这里一并介绍。共出土瓦当14件，皆为圆形云纹瓦当。根据图案、制法的差异，可以分为两类。

第一类 13件，现举3例。

标本M1:195，泥质灰陶。圆形，后部残存部分筒瓦，边缘可见竖向绳纹，当背有抹光痕迹，边缘可见到绳纹。边轮较宽，不甚规整，边轮内有一道凸弦纹。当心圆内为一大圆形乳丁，乳丁外有一道凸弦纹。双界格线将当面分为四区，穿过每朵卷云纹的中部，相邻的卷云纹之间，用两个小乳丁分隔。边轮宽1.3厘米，当面直径16、残长5厘米（图一七：1；彩版一五：1）。

标本M1:196，泥质灰陶。圆形，后部的筒瓦部分残断，边缘可见竖向绳纹，当背有抹光痕迹，边缘可见到绳纹。边轮较宽，不甚规整，边轮内有一道凸弦纹。当心圆内为一大圆形乳丁，乳丁外有一道凸弦纹，双界格线将当面分为四区，穿过每朵卷云纹的中部，两相邻的卷云纹之间用两个小乳丁分隔。边轮宽1.1—1.5厘米，当厚2.7厘米，当面直径16、残长4.7厘米（图一七：2；彩版一五：2）。

标本M1:207，泥质红褐陶。尚残存部分筒瓦，筒瓦表面可见竖向绳纹，内面有布纹，瓦当与筒瓦接合处有抹泥痕迹，当背有抹光痕迹，边缘可见到绳纹。圆形，边轮较宽，边轮内有一道凸弦纹。当心圆内为一大圆形乳丁，乳丁外有一道凸弦纹，双界格线将当面分为四区，穿过每朵卷云纹的中部，两相邻的卷云纹之间用两个小乳丁分隔。边轮宽1.5厘米，当厚1.9厘米，当面径16、残长15.6厘米（图一七：3；彩版一五：4）。

---

① 中国科学院考古研究所：《洛阳烧沟汉墓》，科学出版社1959年版，第92—93页。

第二类 1件。

标本 M1:206，泥质夹细砂灰陶。灰白色，仅存半边，边轮外侧可见较规整的斜向绳纹。瓦当后面的筒瓦部分脱落，制法系将瓦当与筒瓦分别做好后再接合。边轮略窄，边轮内有一道凸弦纹。当心圆内为一大圆形乳丁，凸起较高，乳丁外有一道凸弦纹，双界格线将当面分为四区，每区内有卷云纹一朵，每朵云纹中间有一单界格线。边轮宽1厘米，当厚1.3厘米，当面直径14.2、残长3.8厘米（图一七：4；彩版一五：3）。

图一七 M1 出土瓦当拓片
1. M1:195 2. M1:196 3. M1:207 4. M1:206

第六节 水井 J1 出土器物

M1 东面的水井 J1 内，出土了数量较多的砖瓦残块，还有少量陶器残片，可辨器形的有盆、壶、罐等。现举几例。

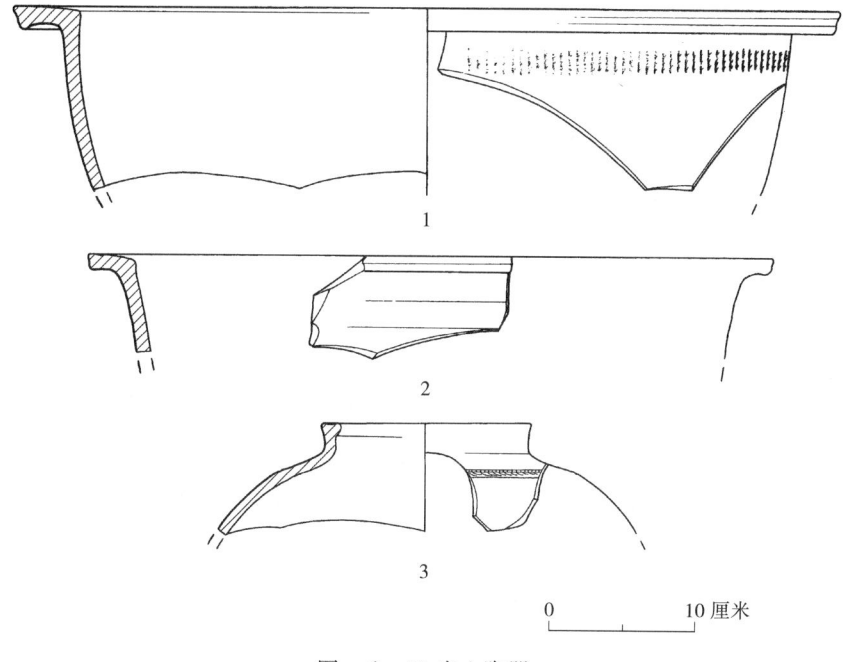

图一八　J1 出土陶器
1. 盆（J1:2）　2. 盆（J1:3）　罐（J1:1）

盆　标本 J1:2，泥质灰陶。形体较大，宽平折沿，沿面较平，方唇，唇部有凹槽，上腹较直，腹下部以及底部残缺。腹上部残留有不明显的竖向绳纹。口径 56.4、残高 12 厘米（图一八:1）。标本 J1:3，泥质灰陶。宽平折沿，沿面外侧有一道较明显的浅凹槽，沿面内侧有一道明显的凸棱，斜方唇，唇部有一道凹弦纹。腹上部较直，腹下部以及底部残缺。口径 46.8、残高 6.8 厘米（图一八:2）。

罐　标本 J1:1，泥质灰陶。红褐胎，平沿，沿面有一道不明显的凹槽，口沿内侧有凸棱，矮领，圆弧肩，肩部以下残缺。肩部施凹印横长方形，下接不明显的散乱折线纹。口径 14、残高 7.4 厘米（图一八:3）。

第三章　M1 出土遗物

坡赵 M1 出土各类遗物总数超过 200 件，具体有陶器、瓷器、铜器、铁器、石器、铅器、骨器、水晶等。因 M1 被严重盗扰，大量出土遗物失去了原始位置信息，我们尽可能地记录其被扰乱后的位置，以求对复原其原始状态提供一定的线索。

第一节　陶器

M1 出土陶器 50 多件，有罐、壶、瓮、盆、甑、碗、斗、耳杯、案、井、灶、磨等。

1. 矮直领罐

共计 15 件，复原 10 件。除个别的有明确的位置信息外，余者大多为清理墓室填土时收集的碎陶片，整理修复而成，已失去其原始位置信息。

标本 M1 : 2，出土于墓道靠近甬道处的填土中。泥质橙黄陶，红胎。矮直领，沿内侧有一道凸棱，沿面有一道不甚明显的浅凹槽，沿面略外斜，广弧肩，深弧腹下收，平底略内凹。肩上部施一周滚印的凹方格纹，下接一周连续的垂幔纹，垂幔纹之间下接一周多重菱形纹。肩腹交接处饰一周宽浅的凹弦纹。口径 12.4、腹径 36.2、底径 18.8、高 29.4 厘米（图一九：5、二〇：1；彩版一六：1）。

标本 M1 : 149，泥质灰皮陶，红胎。矮直领，平唇，唇面有一道较明显的宽浅凹槽，沿内侧有一道圆凸棱，广弧肩，弧腹下收，平底。肩上部饰两周麦穗纹条带，肩中部滚印一周连续折线纹，折线纹下部被抹平，形似倒三角形纹。肩腹交接处施一道宽浅的凹弦纹。口径 13、腹径 31.4、底径 15.2、高 25.3 厘米（图一九：3、二〇：2；彩版一六：2、一八：1）。

标本 M1 : 150，泥质灰皮陶，红褐胎。矮直领，沿面略外斜，沿内侧有一道圆凸棱，圆弧肩，深弧腹下收，平底略内凹。肩上部施一道麦穗纹，之下施一周滚印的凹方格纹，可见滚印的错缝痕迹。其下为一周连续垂幔纹，垂幔纹间隔处，下接多重菱形纹。肩腹交接处饰一周宽浅的凹弦纹。口径 22、腹径 52、底径 28、高 48.8 厘米

第三章 M1 出土遗物　33

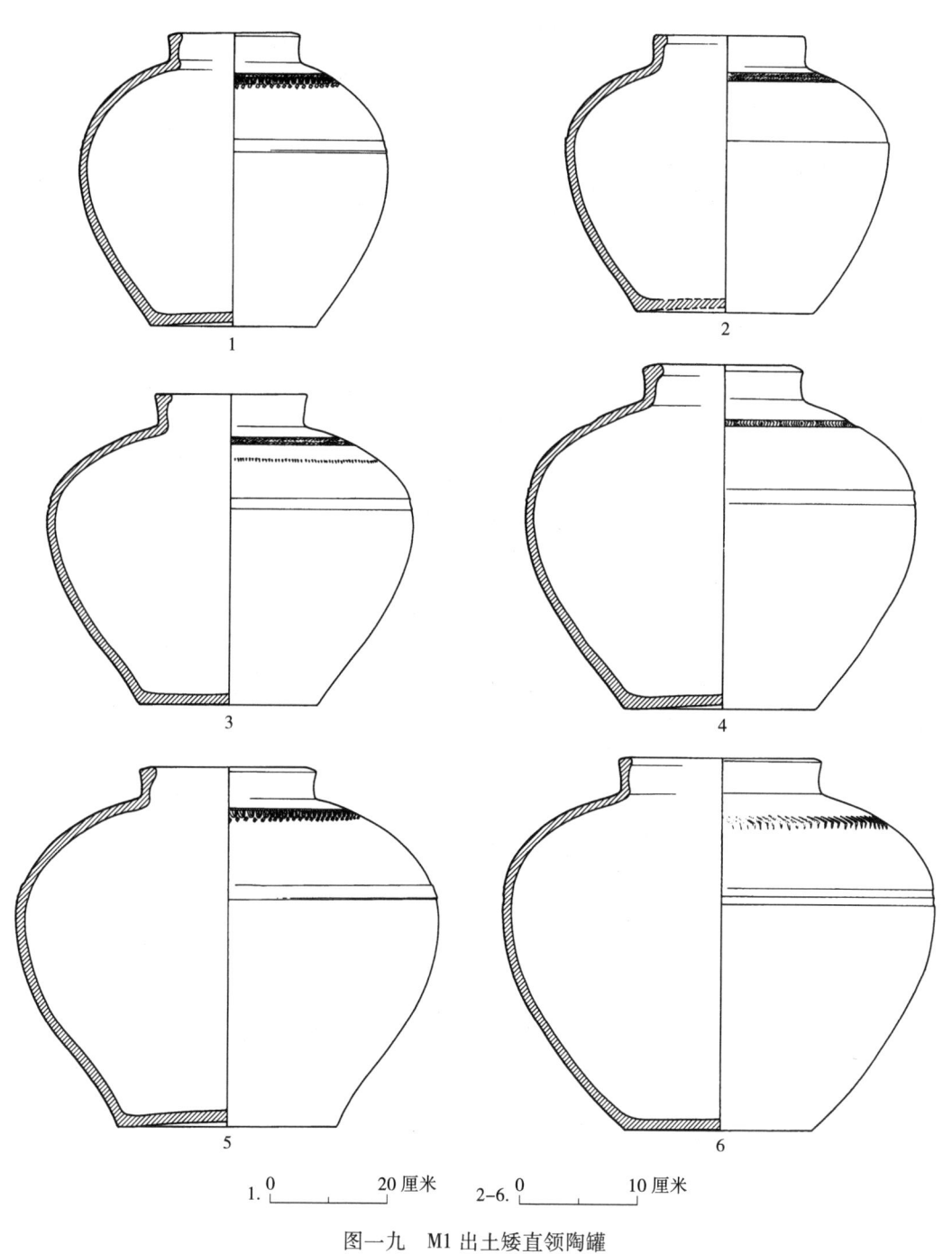

图一九　M1 出土矮直领陶罐
1. M1:150　2. M1:158　3. M1:149　4. M1:155　5. M1:2　6. M1:151

34　新郑坡赵一号墓

图二〇　M1 出土矮直领罐肩部纹饰拓片
1. M1:2　2. M1:149　3. M1:150　4. M1:151

（图一九：1、二〇：3；彩版一六：3、一八：2）。

标本 M1：151，泥质黄褐陶。矮直领，沿面略向外斜，沿内侧有一周圆鼓凸棱，圆弧肩，弧腹下收，平底。肩上部施一道密集的斜折线纹，纹饰十分规整。肩腹交接处饰两周宽浅的凹弦纹。口径 16、腹径 36.8、底径 16、高 30.8 厘米（图一九：6、二〇：4；彩版一六：4、一八：3）。

标本 M1：152，泥质灰陶，红褐胎。矮直领，平唇，唇内侧有一周凸棱，唇面有一道不甚明显的浅凹槽，广弧肩，深弧腹下收，平底略内凹。肩上部滚印两周相邻的凹斜长方形纹，肩中部滚印一周凹斜长方形纹。肩腹交接处饰一周宽浅的凹弦纹。口径 16、腹径 51.2、底径 29.6、高 43.6 厘米（图二一：1、二二：1；彩版一七：1）。

标本 M1：153，泥质灰陶，红褐胎。矮直领，沿面略向外斜，沿内侧有一周明显的圆凸棱，圆弧肩，弧腹下收，平底略内凹。整体较矮胖。肩部共施 3 组纹饰带，第一组与第三组纹饰皆是上为一道滚印的凹方格纹，下接一道连续垂幔纹，第三组纹饰的垂幔纹边缘被抹光。中间的第二组纹饰以在菱形框内填十字、菱形框内填网格纹、菱形框内填菱形纹 3 个纹饰单元为一组。肩腹交接处两周宽浅的凹弦纹。口径 16.8、腹径 46.8、底径 24.1、高 40.4 厘米（图二一：5、二二：2；彩版一七：2、一八：4）。

标本 M1：155，出土于前室底部填土中。泥质灰皮陶，红褐胎。矮直领，沿面略向外斜，沿内侧有一道圆凸棱，圆弧肩，弧腹下收，平底略内凹。肩上部饰有一条窄纹饰带，以多重菱形为中心，左边以 < 连续排列，右边以 > 连续排列，施若干组。组与组相接处，在 > < 空隙处，又填充以上下相对的 V 形图案。肩腹交接处饰一道宽浅的凹弦纹。口径 13.8、腹径 33.2、底径 16.4、高 28.6 厘米（图一九：4、二二：3；彩版一七：3）。

标本 M1：157，泥质灰皮陶，红褐胎。矮直领，平沿，沿内侧略凸，沿面有一周浅凹槽，广弧肩，弧腹下收，整体较矮扁，平底略内凹。肩上部施 3 组纹饰，第一组和第三组皆是上部为一周连续滚印的凹方格纹，下接一周连续垂幔纹。中间一组为连续的两重菱形纹，分布于第一组垂幔纹之间。第三组垂幔纹的边缘有被抹光的痕迹。肩腹交接处饰两道宽浅的凹弦纹。口径 18.8、腹径 50.4、底径 24、高 39.2 厘米（图二一：4、二二：4；彩版一七：4）。

标本 M1：158，夹细砂泥质红褐陶，局部发黑。矮直领，平沿，沿内侧有一道圆凸棱，广弧肩，腹弧收，平底。肩上部施两周上、下相连的麦穗纹条带，肩腹交接处饰一周凹弦纹。口径 13.2、腹径 28、底径 15.4、高 22.4 厘米（图一九：2、二三：1；彩版一九：1）。

图二一 M1出土矮直领陶罐

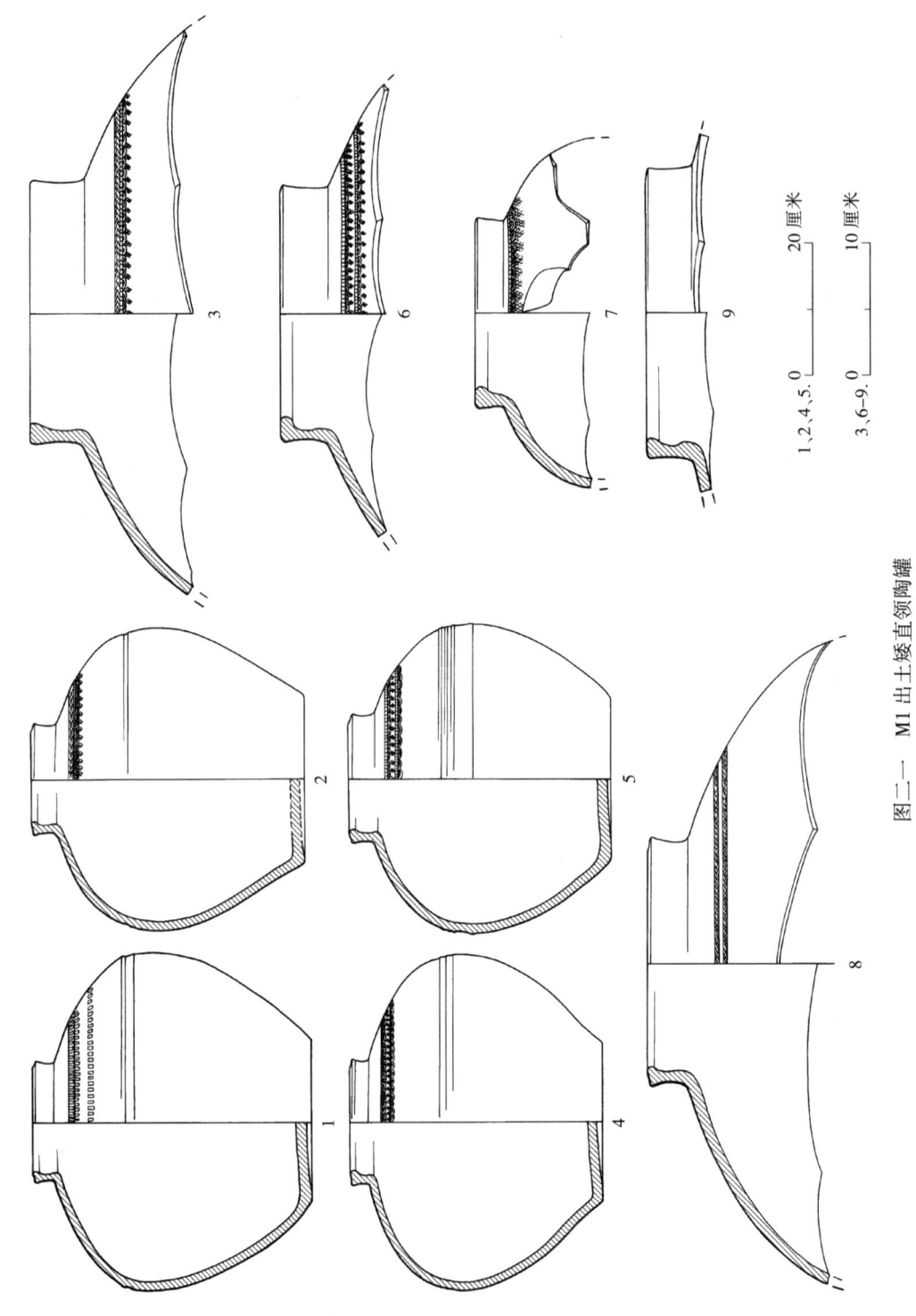

1. M1:152 2. M1:160 3. M1:178 4. M1:157 5. M1:153 6. M1:163 7. M1:183 8. M1:181 9. M1:182

标本M1∶160，泥质灰陶。矮直领，平沿，沿面有一周浅凹槽，沿内侧附加一周圆凸棱，圆弧肩，弧腹下收，平底略内凹。肩上部先施一周麦穗纹，下饰一周滚印的凹方格纹，其下接一周连续垂幔纹，垂幔纹之间下接多重菱形纹，局部可见错缝造成的重影迹象。肩腹交接处，施一道宽浅的凹弦纹。口径16.8、腹径45.2、底径25.2、高42.8厘米（图二一∶2、二三∶4）。

标本M1∶163，泥质黄褐陶，红胎。矮直领，平沿，沿内侧附加一周圆凸棱，圆鼓肩，肩部以下残。肩部有3组纹饰，第一组和第三组皆为一周滚印的凹方格纹，下接一周连续的垂幔纹，第二组为一周连续的多重菱形纹。第三组垂幔纹之下，局部可见少量浅浅的小多重菱形纹。口径19.6、残高8.4厘米（图二一∶6、二三∶5）。

标本M1∶178，夹细砂灰陶。矮直领，沿面略外斜，沿内侧附加一周圆凸棱，内壁微凹，广弧肩，肩部以下残。肩上部先施一周连续麦穗纹，下接一周连续滚印的凹方格纹，其下接一周连续垂幔纹，垂幔纹之间下接一周多重菱形纹。口径20、残高12.4厘米（图二一∶3、二三∶3）。

标本M1∶181，泥质灰皮陶，红褐胎。矮直领，平沿，沿面有一周浅凹槽，沿内侧附加一周圆凸棱，广弧肩，肩部以下残。肩部饰两周不相邻的麦穗纹条带。口径16.8、残高14.4厘米（图二一∶8、二三∶2）。

标本M1∶182，泥质深灰陶，红胎。矮直领，口沿变形。平沿，沿内侧附加一周圆凸棱，内壁微凹，肩部及以下部分残。口径21.6、残高5厘米（图二一∶9）。

标本M1∶183，泥质灰皮陶，红褐胎。矮直领，平沿，沿内侧附加一周圆凸棱，圆弧肩，腹部及以下部分残缺。肩上部施一周连续滚印的凹方格纹，可见滚印错缝痕迹，下接一周连续垂幔纹，垂幔纹之间下接多重菱形纹。口径14.4、残高9厘米（图二一∶7、二三∶6）。

2. 敛口钵

仅发现1件，由在清理墓室填土时收集的碎陶片复原而成，已失去原始位置信息。

标本M1∶156，泥质深灰皮陶，红褐胎。敛口，斜方圆唇，溜肩，鼓腹，腹部向下斜收，平底略内凹。肩部饰一道细凹弦纹。口径15.4、腹径23.2、底径12.6、高14.4厘米（图二四∶1；彩版一九∶2）。

3. 双耳罐

共计3件，均未复原。由墓室填土内收集的碎陶片修复而成，已失去原始位置信息。

标本M1∶161，泥质灰陶。肩部以上部分残缺。弧腹下收，平底略内凹。腹上部满施竖行细绳纹，绳纹之上再施7道等距的凹弦纹，凹弦纹之间上划印扁网格纹。腹下部绳纹被抹光。腹径20.6、底径10、残高17.2厘米（图二四∶4）。

图二二 M1 出土矮直领陶罐肩部纹饰拓片
1. M1:152 2. M1:153 3. M1:155 4. M1:157

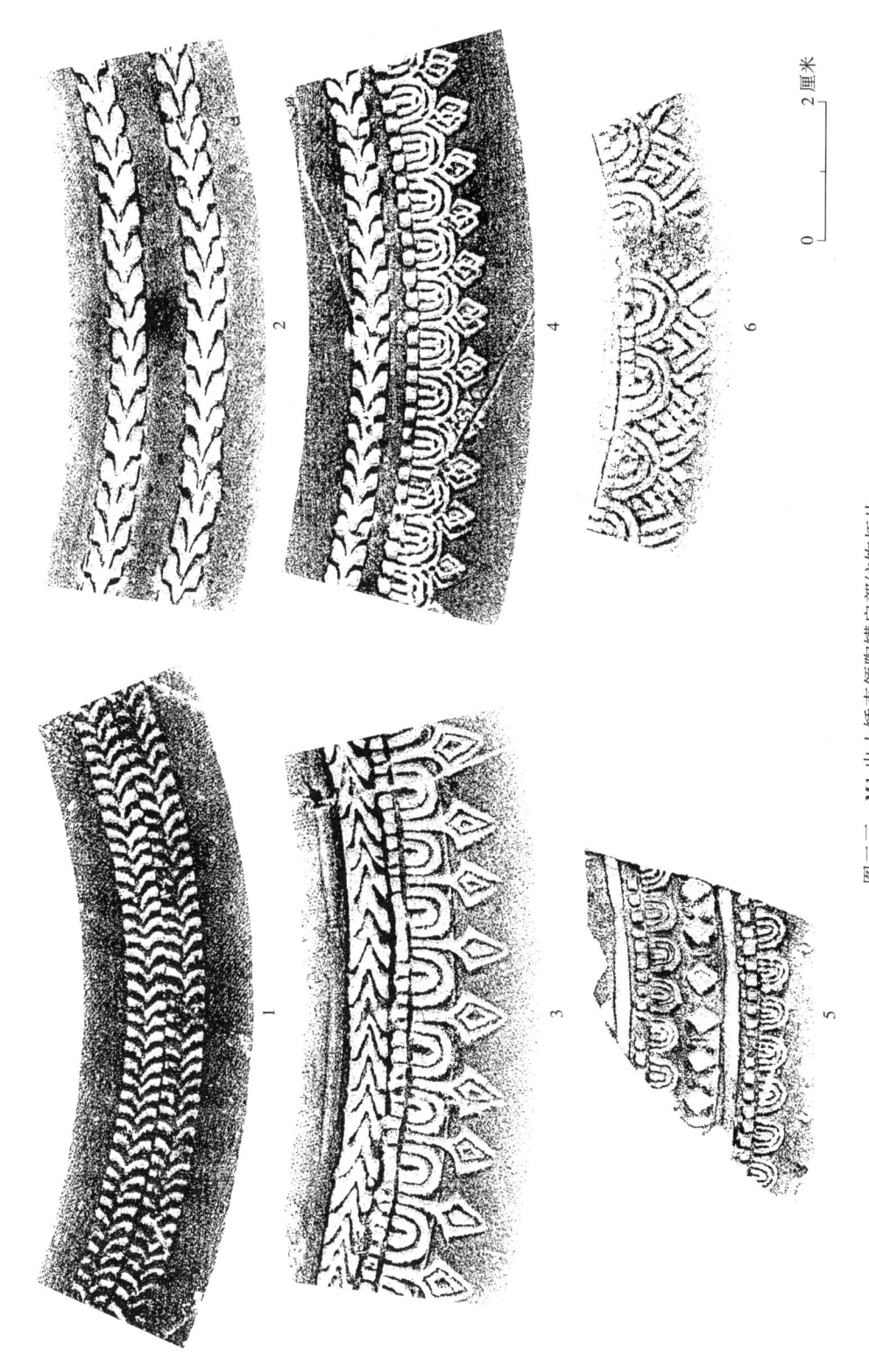

图二三 M1 出土矮直领陶罐肩部纹饰拓片
1. M1:158　2. M1:181　3. M1:178　4. M1:160　5. M1:163　6. M1:183

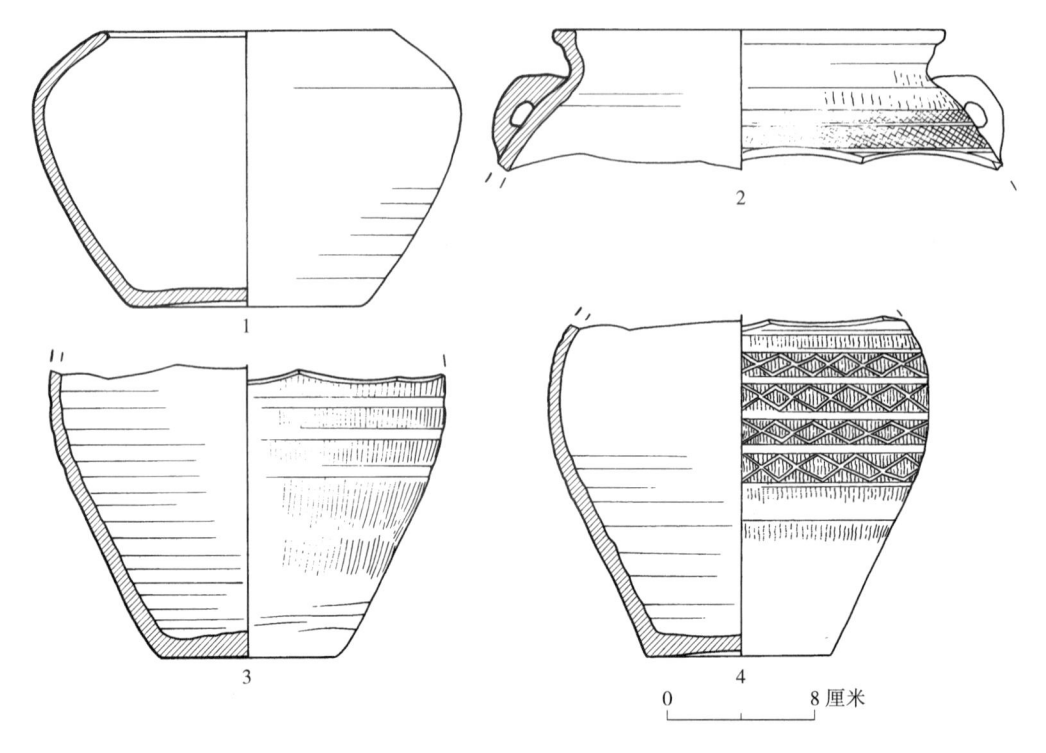

图二四　M1 出土陶器
1. 敛口钵（M1∶156）　2. 双耳罐（M1∶165）　3. 双耳罐（M1∶170）　4. 双耳罐（M1∶161）

标本 M1∶165，泥质灰陶。大口略外侈，宽方唇较平，唇面上有两道不甚明显的凹弦纹，矮领中间有一道凹槽，溜肩，肩上部附有一对桥形耳。肩部以下部分残缺。肩部施网格纹，以凹弦纹隔开。口径21、残高7.4厘米（图二四∶2）。

标本 M1∶170，泥质灰陶。肩部以上残缺。弧腹下收，平底。腹上部满施竖向细绳纹，绳纹之上再施等距凹弦纹，腹下部绳纹被抹光。底径9.6、残高15厘米（图二四∶3）。

4. 小罐

共计3件，复原2件。

标本 M1∶91，出土于北前侧室底部。泥质灰陶，红胎。口微侈，卷沿不明显，圆唇，广弧肩，弧腹下收，平底。肩上部饰一周斜行短线纹条带，纹饰纤细规整，肩腹交接处饰一周浅凹弦纹。口径3、腹径9.4、底径4.2、高6.8厘米（图二五∶1；彩版一九∶3）。

标本 M1∶96，出土于北中侧室底部。由盖与罐身两部分组成。盖为泥质黄褐陶，磨光，罐身为泥质灰陶，红褐胎。盖整体呈伞形，顶心有小纽，纽有横穿，弧壁，子口较长，尖圆缘。罐身口微侈，卷沿，尖圆唇，短束领，广弧肩，肩上部附有一对拱形耳，耳上有圆形穿。最大径位于肩腹交接处，弧腹下收，平底略内凹。肩上部施两道斜行短线纹，肩下部施一周连续的倒立三角形凹印纹，最大径处有一道凹弦纹。盖口径4、高2.4厘米，罐身口径5.2、腹径11.6、底径4.4、高8.6厘米（图二五：3；彩版一九：4）。

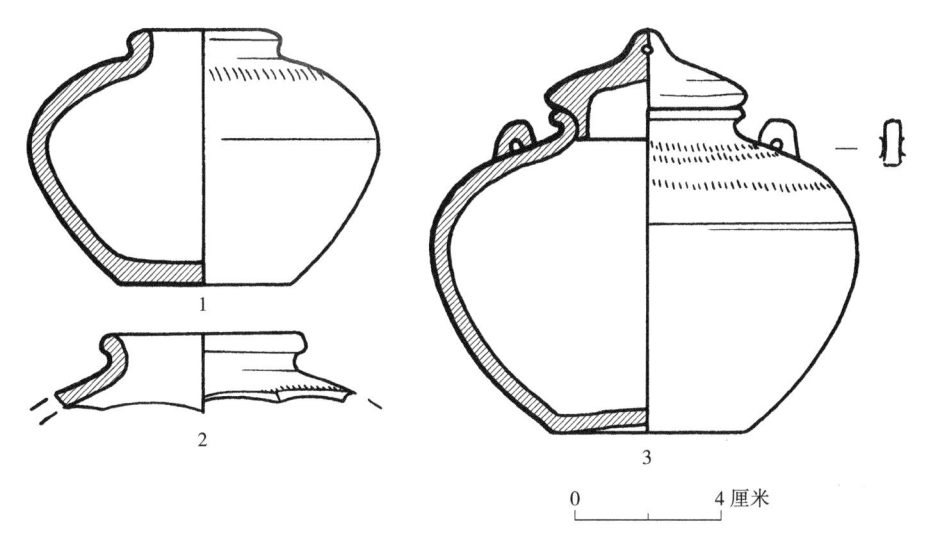

图二五　M1出土小陶罐
1. M1:91　2. M1:168　3. M1:96

标本M1:168，出土于墓室填土中。泥质灰陶，表面局部呈黑色。侈口，圆唇，矮领不明显，肩以下部分残缺。肩部可见竖向短线纹。口径5.6、残高1.6厘米（图二五：2）。

5. 大壶

共计4件。均残缺，未能完全复原。皆由墓室填土内收集的碎陶片修复而成，已失去原始位置信息。

标本M1:162，泥质橙黄陶。敞口，宽平折沿，尖圆唇下垂厉害，短束颈，鼓肩，肩部以下残。口沿外侧面饰3道斜行短细线纹，以两道凹槽隔开。颈部以下饰两条不相邻的纹饰带，纹饰带由连续的短竖行粗线纹下接斜行细线纹组成，纹饰规整美观。口径23.4、残高14.8厘米（图二六：1、二七：1；彩版二〇：1、2）。

标本M1:164，泥质橙黄陶，颜色发红。口沿残，从残存部分看，口沿形态应与标

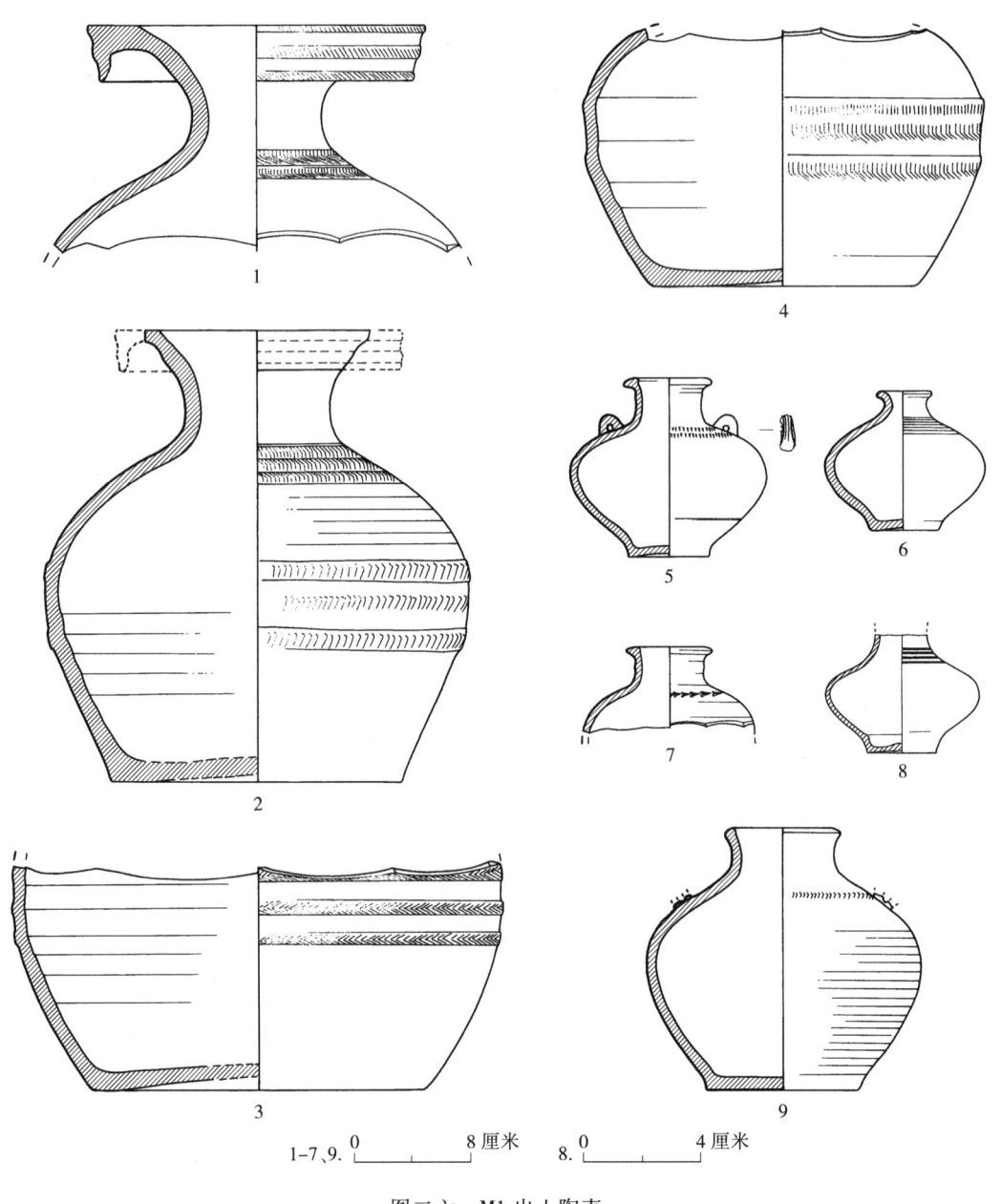

图二六 M1 出土陶壶

1. 大壶（M1：162） 2. 大壶（M1：164） 3. 大壶（M1：180） 4. 大壶（M1：179） 5. 小壶（M1：32） 6. 小壶（M1：148） 7. 小壶（M1：167） 8. 小壶（M1：128） 9. 小壶（M1：123）

本 M1：162 一致。短束颈，溜肩，宽扁腹下弧收，大平底略内凹。肩上部饰 3 条相邻的纹饰带，均施以规整连续的折线纹。腹上部与中部各有一周附加泥条宽带，上饰以较散乱的折线纹，两条附加宽带中间也施以一周较散乱的折线纹。腹径29.6、底径20.4、残高29.8厘米（图二六：2、二七：2-4；彩版二〇：3）。

标本M1：179，泥质磨光橙红陶，局部经火烧后发深灰色。口、颈均残，溜肩，宽扁腹下弧收，大平底略内凹。腹部施3组纹饰，第一组施于腹上部，为一周连续凹印折线纹，下部被抹平，形似倒立三角形。第二组与第三组皆为连续折线纹，第三组折线纹下部被抹平，折线略显稍短一些。腹径27.6、底径18、残高16.8厘米（图二六：4、二八：1）。

标本M1：180，夹细砂灰陶。仅存底部，腹上部以上残缺。下腹圆弧较宽扁，平底较大，略内凹。腹部施有3周泥条宽带，宽带上均施一周滚印的麦穗状纹，可见明显的错缝痕迹。底径22.8、残高14.8厘米（图二六：3、二八：2）。

6. 小壶

共计5件，复原3件。

标本M1：32，出土于前室与中室之间过道底部靠北壁处。泥质灰陶，红褐胎，口微侈，窄沿，尖唇，口沿内侧有一道浅凹槽，细束颈较长，广弧肩。肩部附有一对拱形耳，耳上有圆形穿孔。扁弧腹，腹下部向内曲收，平底略内凹。肩部饰两条短线纹饰带，每条均由连续滚印的倒立三角形组成。腹下部有一道浅凹弦纹。口径4.4、腹径13.2、底径5.4、高11.6厘米（图二六：5；彩版二〇：5）。

标本M1：123，出土于北后室与北中侧室之间过道的圆形小坑（K1）内。泥质灰陶，侈口，方唇外斜，束颈较高，溜肩，最大径位于腹上部，弧腹下收，平底。肩部附有一对耳，耳大部残缺，其中一耳中部有一圆形孔。肩部可见稀疏的折线纹，腹部有多道修整器壁留下的刮痕。口径6.6、腹径18.8、底径10.2、高17.6厘米（图二六：9；彩版二〇：4）。

标本M1：128，出土于北后室与北前侧室之间过道的圆形小坑（K1）内。泥质磨光灰陶，薄壁，口沿残缺，细束颈，腹上部凸鼓，腹下部向内曲收，平底略内凹，薄壁。肩上部饰4道暗纹。腹径5.2、底径2.2、残高3.8厘米。这可能是与陶井（M1：54）配套的汲水罐（图二八：8；彩版二一：1）。

标本M1：148，出土于墓室填土内。泥质灰陶。侈口，沿面外斜，尖圆唇，矮束颈，斜肩，最大径位于肩腹交接处。腹上部鼓凸，腹下部向下反弧收，平底略内凹。肩部施4道等距分布的圆环形暗纹。口径3、腹径11、底径4.8、高9.2厘米（图二六：6；彩版二一：2）。

标本M1：167，出土于墓室填土内。泥质灰陶，红褐胎。侈口，尖唇，沿面外斜，口沿内侧有一道浅凹槽，矮束颈，圆弧肩，肩部以下部分残缺。颈部中间施一周凸弦纹，肩上部饰一周麦穗纹。口径5.9、残高5.4厘米（图二六：7）。

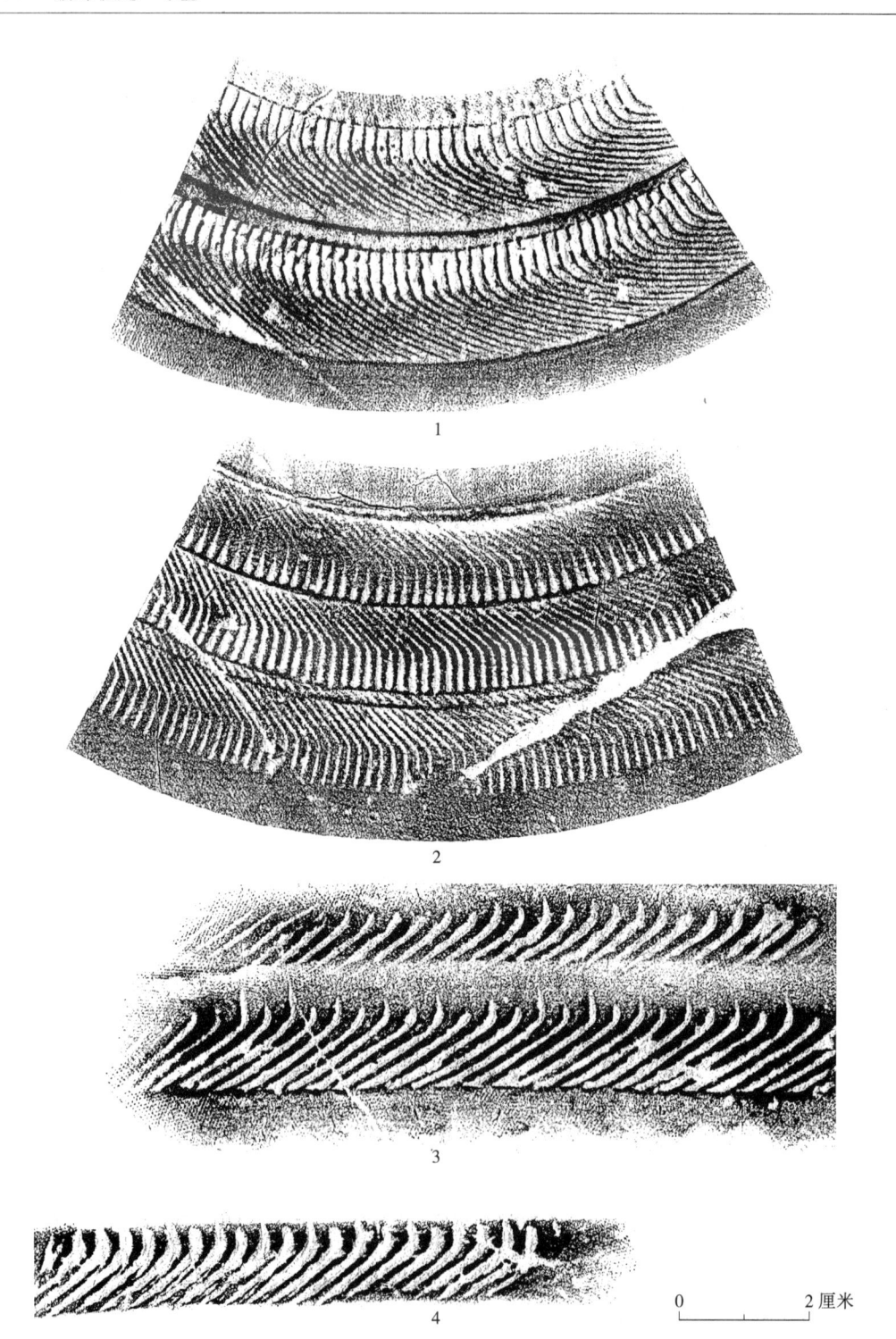

图二七　M1 出土大陶壶纹饰拓片
1. M1：162 肩部　2. M1：164 肩部　3、4. M1：164 腹部

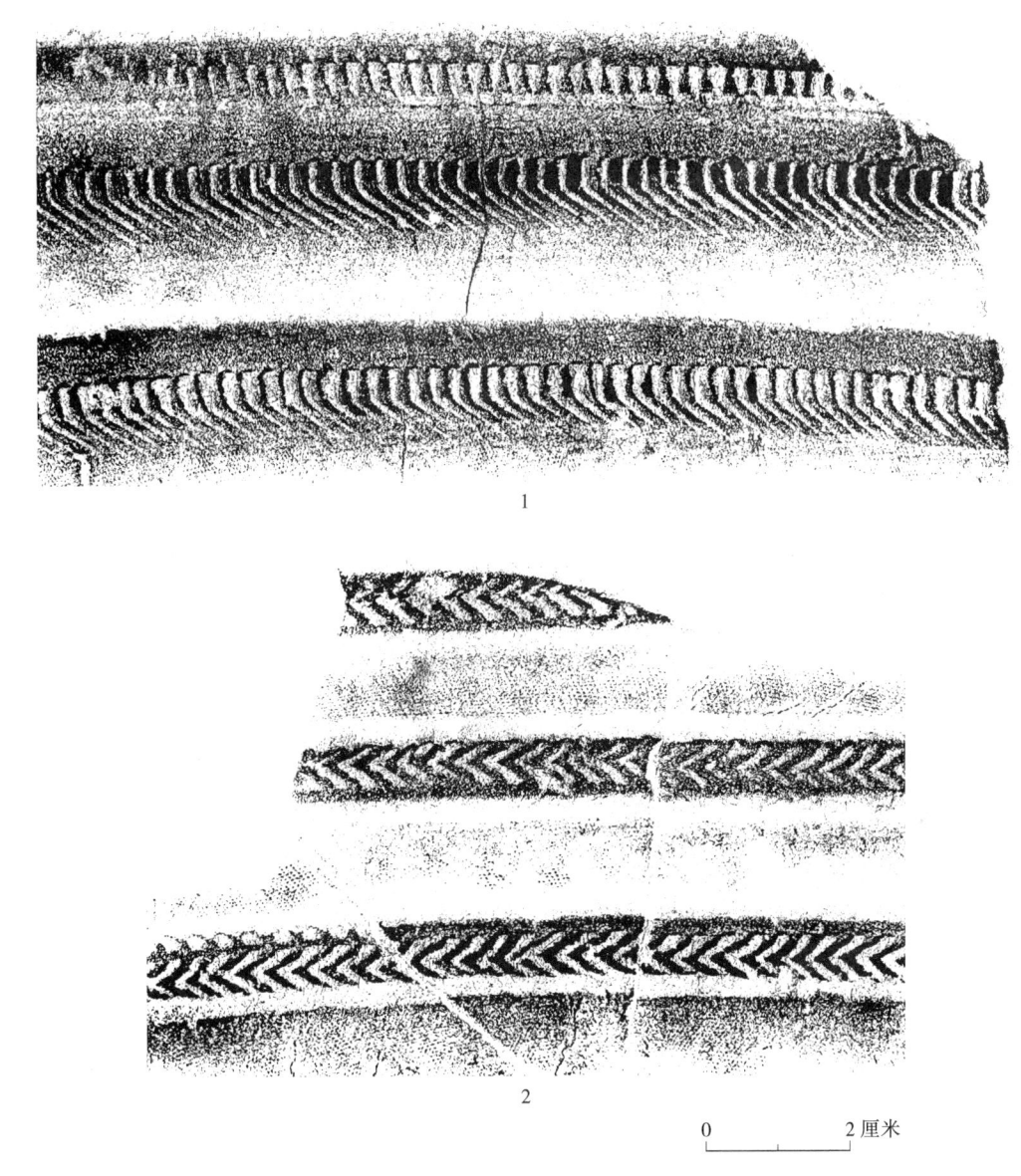

图二八　M1 出土大陶壶腹部纹饰拓片
1. M1∶179　2. M1∶180

7. 瓮

共计4件，复原3件。除1件（M1∶64）有明确位置外，余者均由清理墓室填土时收集的碎陶片修复而成，已失去原始位置信息。

标本M1∶64，出土于北前侧室东北角坑内。夹细砂灰陶，侈口，厚圆唇，口沿内侧略内凹，短领，圆弧肩，圆鼓腹向下弧收，平底略内凹。肩上部施两组纹饰带，每组均

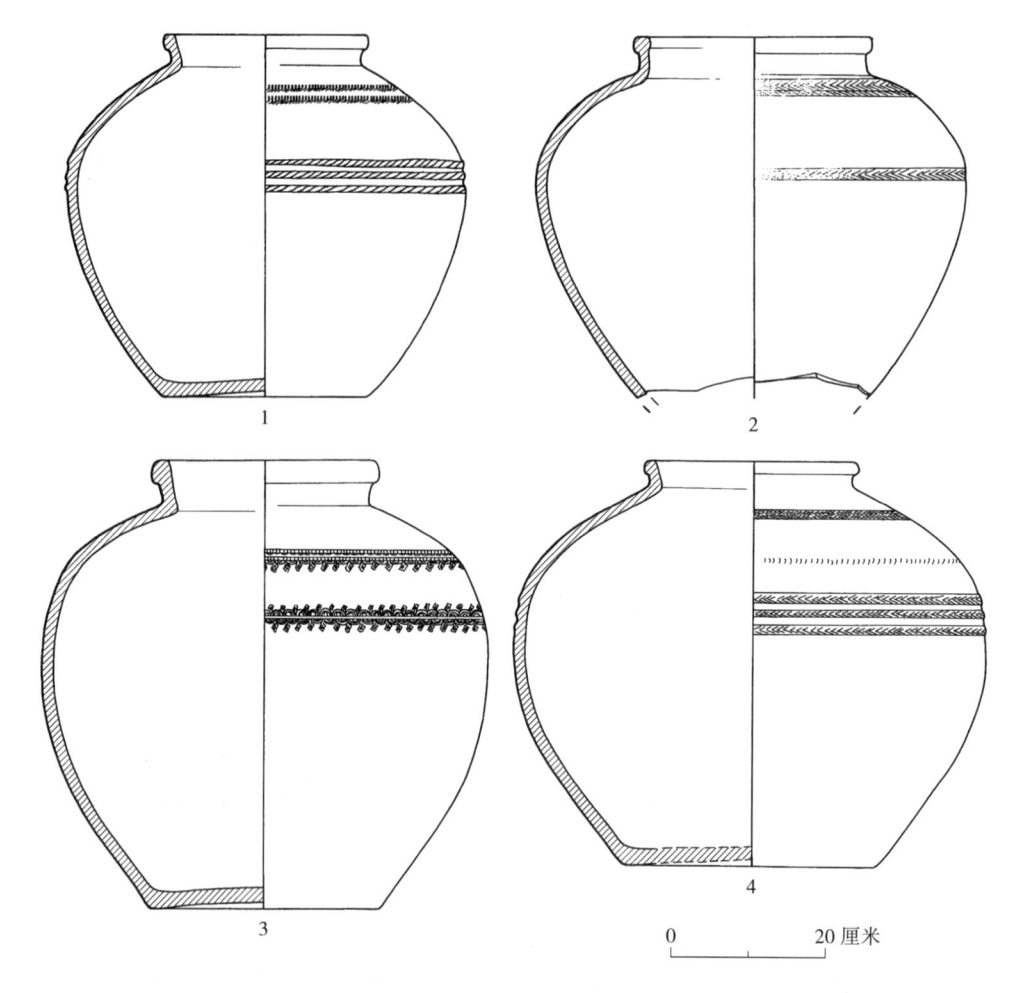

图二九　M1 出土陶瓮

1. M1∶64　2. M1∶177　3. M1∶154　4. M1∶159

为较深的竖向短线纹，下接较浅的斜向短线纹。肩腹交接处施 3 道有斜向压印纹的条带状附加堆纹。口径 26.8、腹径 52、底径 26.8、高 45.6 厘米（图二九∶1、三〇∶1、2；彩版二一∶3、二二∶1）。

标本 M1∶154，夹细砂泥质灰陶，侈口，厚圆唇，口沿内侧略内凹，短领，圆弧肩，深弧腹下收，平底略内凹。肩上部施两组纹饰，上面一组为先施一周滚印的凹方格纹，下接一周连续垂幔纹，垂幔纹下部被抹光。下面一组为先施一周凹方格纹，下接一周连续垂幔纹，垂幔纹缝隙之间下接多重菱形纹。肩腹交接处施两组上、下相对的纹饰，上面一组为连续多重菱形纹，下接反向垂幔纹。下面为连续的垂幔纹，垂幔纹缝隙之间下接多重菱形纹，两组纹饰之间，有两道滚印的凹长方形纹，凹长方形纹多被抹光。口径28、腹径58、底径30、高56厘米（图二九：3、三一：1、2；彩版二一：4，二二：2、3）。

M1：159，泥质灰陶。侈口，厚圆唇，短领，圆弧肩，圆鼓腹下弧收，平底略内凹。肩上部施两周相邻的横向麦穗纹，肩中部施一周滚印的凹方格纹，肩腹交接处施3条附加泥条，每道泥条上滚印较错乱的麦穗纹。口径28、腹径60.6、底径32、高51.2厘米（图二九：4、三二：1）。

M1：177，泥质灰陶。口微侈，厚圆唇，口沿内侧略内凹，短领，圆弧肩，深弧腹下收，底残。肩上部施两周相邻的滚印的麦穗纹，可见明显的错缝痕迹，下面一道麦穗纹的上半部被抹光。肩腹交接处施一道"＜"形纹饰，类似麦穗纹。口径30、腹径55.8、残高45.2厘米（图二九：2、三二：2、3）。

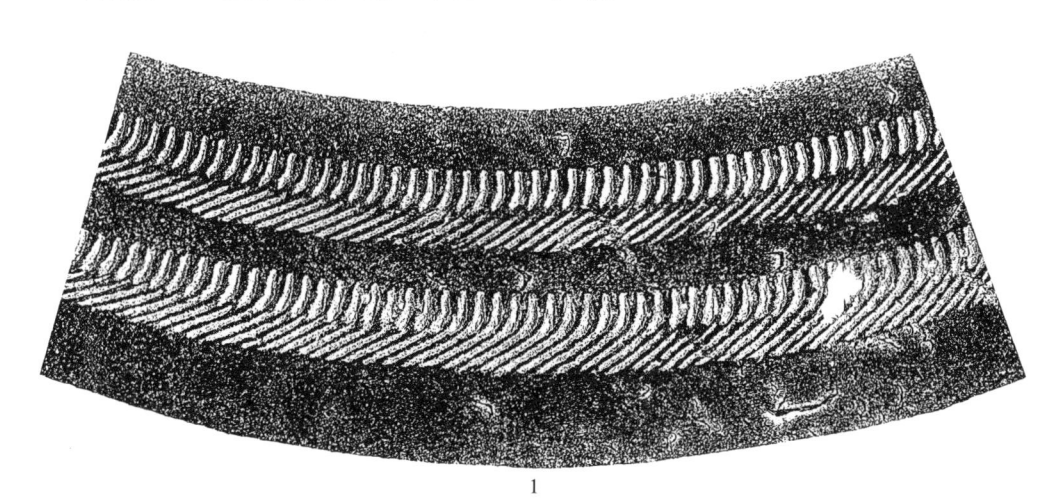

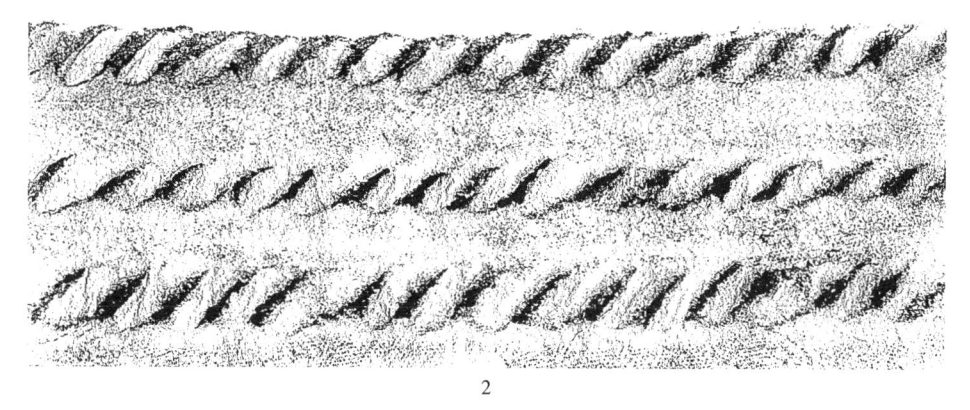

图三〇　M1出土陶瓮（M1：64）纹饰拓片
1. M1：64肩部　2. M1：64腹部

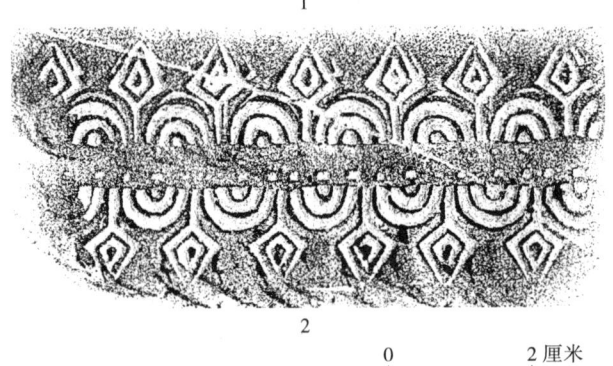

图三一　M1 出土陶瓮（M1：154）纹饰拓片
1. M1：154 肩部　2. M1：154 腹部

8. 盆

共计5件，复原3件。均由清理墓室填土时收集的碎陶片修复而成，已失去原始位置信息。

标本 M1：10，夹细砂泥质灰陶。敞口，宽折沿近平，沿面外侧边缘微凸起，沿面近外侧处有一道浅凹槽，方唇，斜直腹，平底略内凹。腹部满饰宽浅的凹弦纹。口径41.4、底径20、高16.8厘米（图三三：1；彩版二三：1）。

标本 M1：184，夹细砂泥质灰陶。敞口，折沿较宽，方唇，沿面近外侧有一道凹槽，弧腹下收，腹下部以下残缺。腹部满施宽浅的凹弦纹。口径46.4、残高7.2厘米（图三三：3）。

标本 M1：185，夹细砂泥质灰陶。敞口，宽折沿近平，沿面近外侧有道较宽的浅凹槽，方唇，唇面上有一道不明显的浅凹槽，斜直腹，腹下部以下残缺。上腹饰两道宽浅的凹弦纹，沿面及内壁施规整的线条状暗纹。口径80、残高16厘米（图三三：5）。

图三二　M1 出土陶瓮纹饰拓片
1. M1∶159 肩部　2. M1∶177 肩部　3. M1∶177 腹部

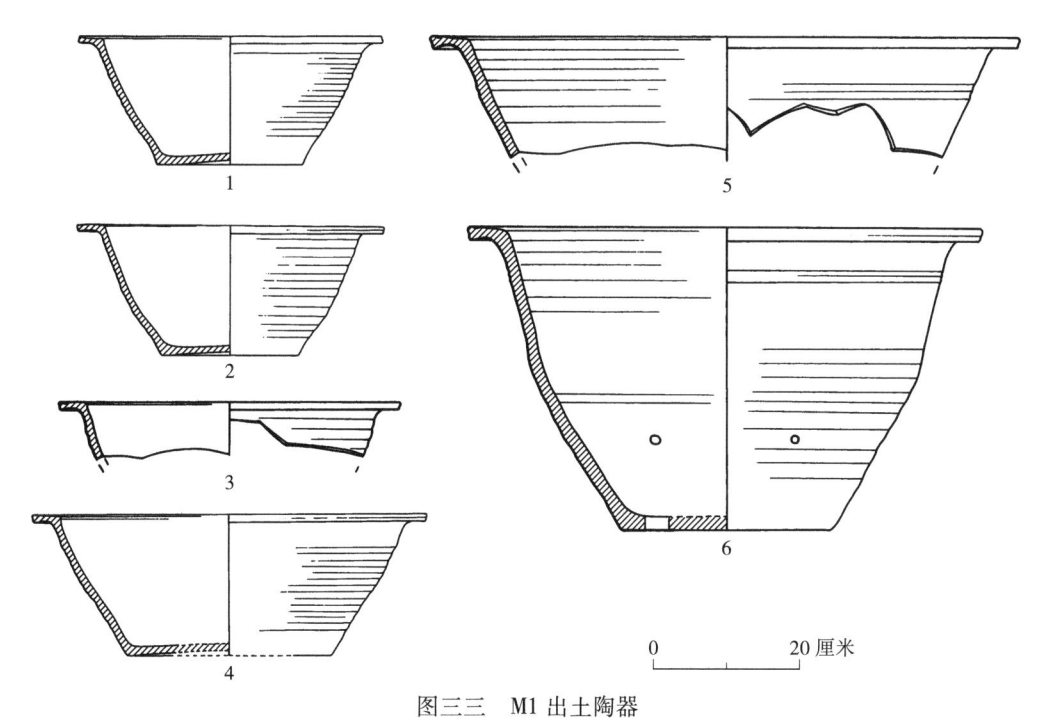

图三三　M1 出土陶器
1. 盆（M1∶10）　2. 盆（M1∶188）　3. 盆（M1∶184）　4. 盆（M1∶187）　5. 盆（M1∶185）　6. 甑（M1∶186）

标本M1∶187，夹细砂泥质灰陶。敞口，宽折沿近平，方唇，唇面有一道不甚明显的浅凹槽，斜直腹，平底。腹部满施宽浅的凹弦纹。口径54、底径28、高18.6厘米（图三三∶4）。

标本M1∶188，夹细砂泥质灰陶。敞口，宽折沿近平，沿面近外侧有一道浅凹槽，方唇，斜直腹，平底略内凹。腹部满施宽浅的凹弦纹，沿面及内壁上部施规整的线条状暗纹。口径42、底径18.6、高17厘米（图三三∶2）。

9. 甑

计1件。由在清理墓室填土时收集的碎陶片修复而成，已失去原始位置信息。

标本M1∶186，泥质灰陶。敞口，宽折沿近平，沿面近外侧有一道浅凹槽，腹较深，上腹斜直，下腹急下收，平底残。整体较矮胖。在沿面及内壁上部，施数道较规整的线条状暗纹，腹部饰多道宽浅的凹弦纹，腹下部可见一个圆形小孔。底部可见数个圆形孔，孔径较大。口径70、底径28、高40厘米（图三三∶6）。

10. 臼

计1件。出土于墓室上部的填土内。

标本M1∶1，泥质灰陶。厚壁，直口，极厚圆唇，浅腹，弧腹近斜直，大平底，器壁整体厚重。腹部满施较浅的竖行细绳纹，局部纹饰被抹平。口径21.2、腹径23、壁厚2.6、高8.6厘米（图三四∶1；彩版二三∶2）。

11. 碗

计1件。

标本M1∶90，出土于北前侧室底部。泥质灰陶。直口微侈，尖圆唇，弧腹下收，平底。内壁施满竖向间断的凹槽状短线纹。口径18.8、底径10.8、高7.6厘米（图三四∶2；彩版二三∶3）。

12. 斗（魁）

计1件。由清理墓室填土时收集的碎陶片修复而成，已失去原始位置信息。

标本M1∶171，泥质灰黑陶。碗形，有柄。近直口，斜方唇，圆弧腹，底部残缺。口沿附有龙首状柄，龙首长嘴微张，露出獠牙，双眼微眯，注视远方，极具威严。口沿外侧施一道宽浅的凹弦纹，凹弦纹下有一周小凸棱。内壁涂有朱彩。口径18、通长26、残高6.4厘米（图三四∶3；彩版二二∶4）。

13. 熏炉

共计2件。由在清理墓室填土时收集的碎陶片修复而成，已失去原始位置信息。

标本M1∶169，应为熏炉的底座。泥质灰陶。柄及以上部分均残缺，只剩底盘。直口微敛，方唇，弧腹向内斜收，平底，底部中央有圆柱状凸起。腹部可见多道浅凹弦

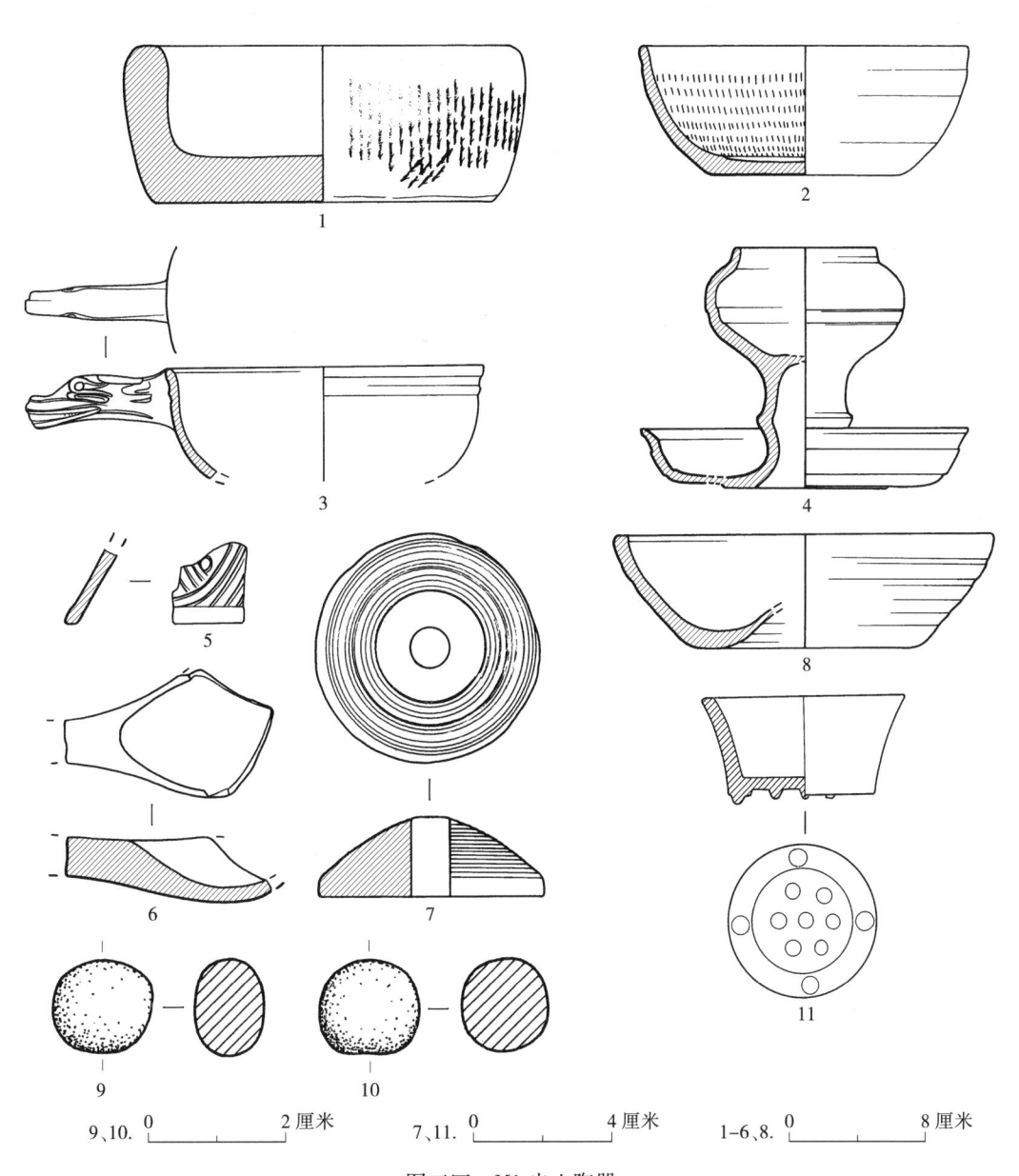

图三四 M1 出土陶器

1. 臼（M1∶1） 2. 碗（M1∶90） 3. 斗（M1∶171） 4. 熏炉（M1∶174） 5. 器盖（M1∶175） 6. 勺（M1∶191） 7. 纺轮（M1∶42） 8. 熏炉（M1∶169） 9. 球（M1∶107—1） 10. 球（M1∶107—2） 11. 杯（M1∶21）

纹。盘径22、残高6.4厘米（图三四∶8）。

标本M1∶174，泥质褐陶。炉腹直口，方唇，矮直领，斜肩，腹上部近直，下腹斜收，腹下有中空柄，柄较粗且中端有竹节状凸起，柄下端为喇叭形圈足。圈足底向外折起成盘，盘为敞口，窄折沿，方圆唇，弧腹，整体较宽浅。炉腹中部涂有两道朱彩。口径8、腹径11.4、盘径18.8、盘腹深5.4、通高13.4厘米（图三四：4）。

14. 勺

计1件。由在墓室填土内收集的碎陶片修复而成，已失去原始位置信息。

标本M1：191，泥质灰陶。勺柄与勺前端均残缺。残长6、残宽1.1—3.5、深1.8厘米（图三四：6）。

15. 耳杯

均为残片，有耳杯的耳、口沿及底部残片，无法复原。可辨认的最小个体数有2件。耳杯残片上有红彩痕迹。

16. 小杯

计1件。出土于北中侧室底部。

标本M1：21，泥质黄褐陶。敞口，平唇，斜直腹，腹下有较矮的圈足，平底。圈足环面上均匀分布4个小乳丁；底面也有7个小乳丁，呈圆形分布。杯口似刀削，极为规整。口径5.9、足径4、高2.8厘米（图三四：11；彩版二三：4）。

17. 器盖

计1件。由在墓室填土内收集的碎陶片修复而成，已失去原始位置信息。

标本M1：175，夹细砂泥质黄褐陶。大部分残缺，仅存盖缘一小部分，上有镂空，应为博山炉的器盖。残宽4、残高4.4厘米（图三四：5）。

18. 纺轮

计1件。出土于北前侧室底部。

标本M1：42，泥质浅灰陶。边缘稍残，圆丘形，中间有一圆形竖向穿孔，底面平整，截面呈近梯形状。顶面满饰规整的浅凹弦纹。直径6.4、高2.2厘米，孔径1.2厘米（图三四：7；彩版二二：5）。

19. 陶球

共计5枚（M1：107）。均较小，皆出土于北中侧室底部（彩版二三：6）。现举2例。

标本M1：107-1，泥质灰陶。略发白，近球状。直径1.2厘米（图三四：9）。

标本M1：107-2，泥质灰陶。略发白，略呈不规则球状。直径1.1—1.4厘米（图三四：10）。

20. 案

计1件。由在墓室填土内收集的碎陶片修复而成，已失去原始位置信息。

标本M1：139，泥质灰陶。残缺约一半。长方形，四周有低边栏，边栏面圆弧并

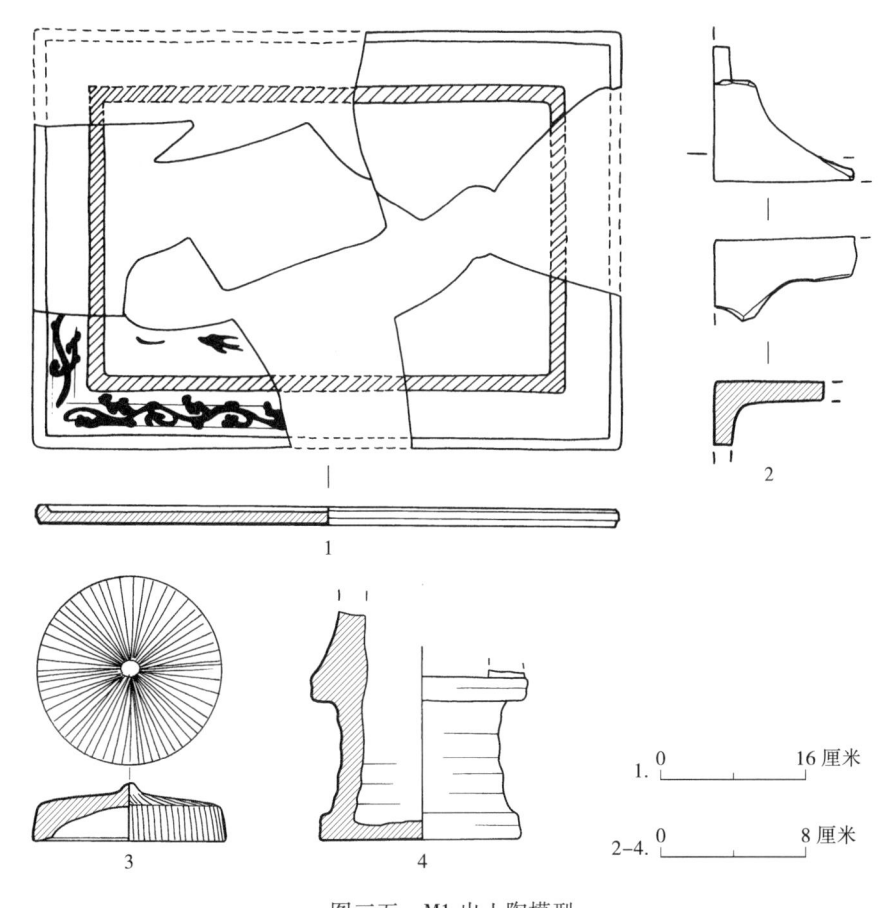

图三五　M1 出土陶模型
1. 案（M1∶139）　2. 灶（M1∶176）　3. 磨（M1∶53）　4. 井（M1∶54）

且略外凸，平底无足。整个案面纹饰大部已脱落，仅局部残存彩绘纹饰。案面满施朱彩作底，朱彩之上在案中间，用宽约1.6厘米的白彩勾画一个与案面形状相似的长方形框，最后在白彩与案边之间，用一周深朱色缠绕枝叶纹填充。案面中央彩绘大部分脱落，纹饰不清。长64、宽44、案面厚1.2、通高2厘米（图三五∶1；彩版二三∶5）。

21. 磨

计1件。出土于北前侧室底部。

标本M1∶53，泥质深灰陶。磨盘上半部分缺失，仅存下半部分。圆形，整体似器盖，上略弧拱，斜折壁，厚方缘，底部内空。盘面中心有一作转轴用的泥质乳突，以乳突为中心向周围散发若干刻槽，施满盘面及壁面。盘径10.4、厚0.7—1.2、高3厘米（图三五∶3；彩版二二∶6）。

22. 井

计 1 件。出土于北前侧室底部。

标本 M1∶54，泥质灰陶。口近直，平折沿较宽，方唇中间微凹，曲腹束腰，大平底。口沿面上设有井架，大部已残缺。腹部满饰较宽浅的凹弦纹。器形整体厚重。口径 11.6、底径 10.5、井高 8.7、残通高 12 厘米（图三五∶4；彩版二四∶1）。

23. 残构件

发现模型残块，残破不知原始器形。可辨的有陶质阶梯残块，也有陶灶残块，出土于墓室填土内，具体出土位置不详。

标本 M1∶176，泥质灰陶。火候较低。可能为陶灶的一角。残余部分呈近方形，内壁有手抹加固痕迹。残长 7.6、残宽 7、残高 4.4 厘米（图三五∶2）。

第二节　瓷器

瓷器仅发现 1 件盘口壶（M1∶15）。破碎瓷片则散落分布于前室、中室、南侧室、北中侧室、后室以及墓葬填土内。

标本 M1∶15，青瓷盘口壶。青釉，黄绿色，施釉不均匀，釉厚处发黑，釉玻璃质感较强，局部可见细密开片，有流釉现象。施釉不到底，下腹近底处及底部均露胎。灰白胎，胎质细腻。盘口外敞，短束颈较细，溜肩，弧腹极为宽扁，大平底。腹上部附有 4 个圆条状横桥形耳，均匀分布一周。盘口内壁、唇面、盘口外壁下端，各饰一道酱色条带，肩部中央施有 6 道弦纹，弦纹上下各有一周水波纹，上腹部饰一周网格纹。口径 7.4、腹径 19.6、底径 15、高 16.4 厘米（图三六；彩版二四∶2）。

第三节　铜器

铜器数量较多，多为生活用具或装饰品，也有少量车马器，种类有铜镜、杖首、衔镳、带钩、泡钉、铃、当卢、饰件、环、衔环、弩机部件等。

1. 铜镜

共计 4 件，均为残片。

标本 M1∶27，出土于南侧室底部。仅存菱纹窄缘和连弧纹圈带。残长 5.3、残宽 3.7、厚 0.4 厘米，复原直径约 14.8 厘米（图三七∶1、三八∶1；彩版二五∶1）。

标本 M1∶37，出土于前室底部。残缺，只剩边缘局部。变形四叶夔凤纹镜。蝙蝠状四叶纹，叶外有变形凤纹，其外是连弧纹，宽素缘。已残。残长 8.2、残宽 5.4、厚

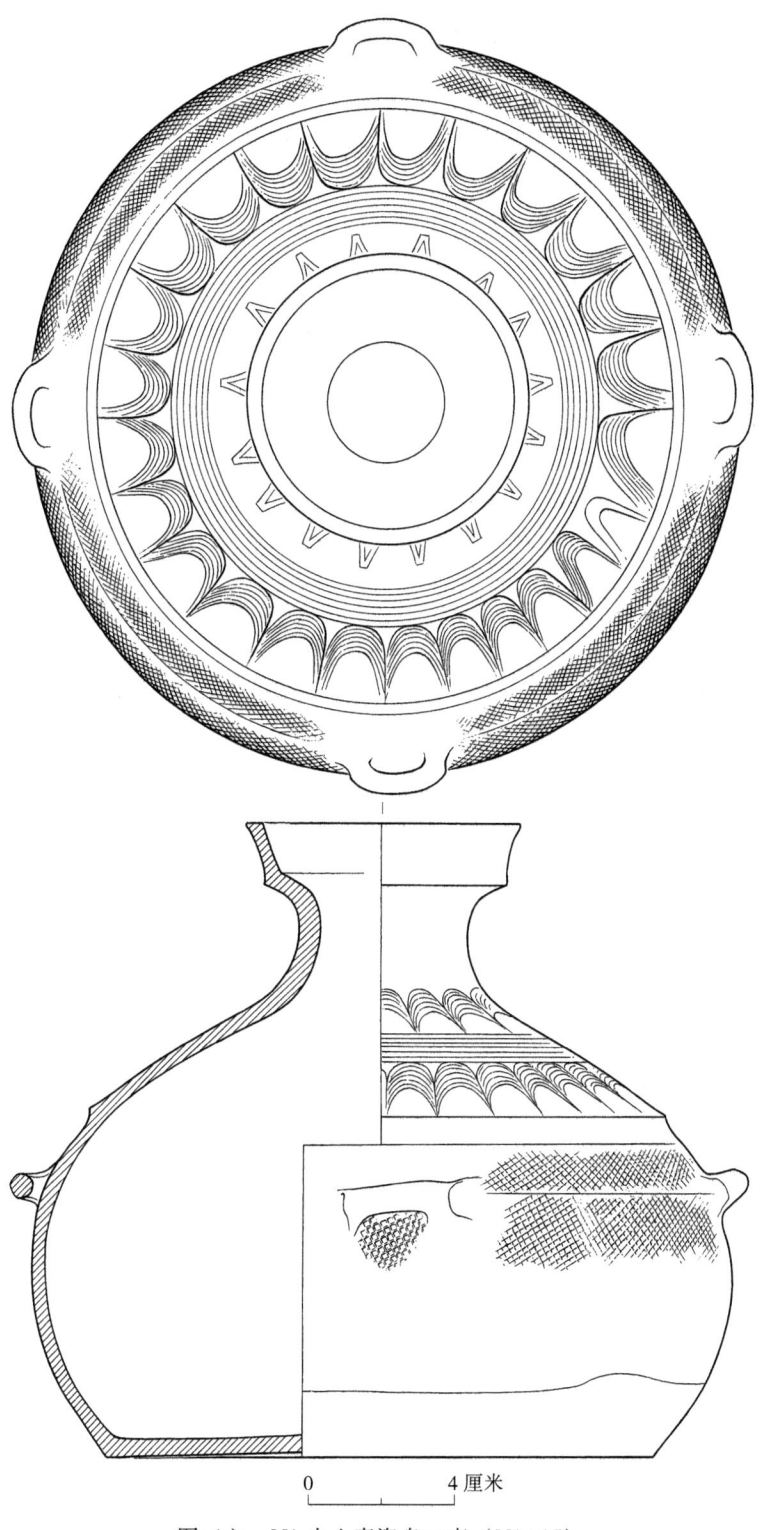

图三六 M1 出土青瓷盘口壶（M1∶15）

0.3 厘米，复原直径约 12.4 厘米（图三七：2、三八：2；彩版二五：2）。

标本 M1：63，出土于北前侧室底部。形体较大，残缺，只剩边缘局部。极宽缘，内有一周宽浅的凹弦纹，向内有一周大连弧纹。残长 12.8、残宽 5.2、厚 0.4 厘米，复原直径约 20.6 厘米（图三七：3、三八：4）。

标本 M1：68，出土于前室底部。变形四叶兽首镜，残缺。蝙蝠状四叶纹，叶内有一"子"字，可能是"长宜子孙"铭文。外区有铭文，可辨识的有"富"字。残长 4.9、残宽 3.6、厚 0.2 厘米（图三七：4、三八：3；彩版二五：3）。

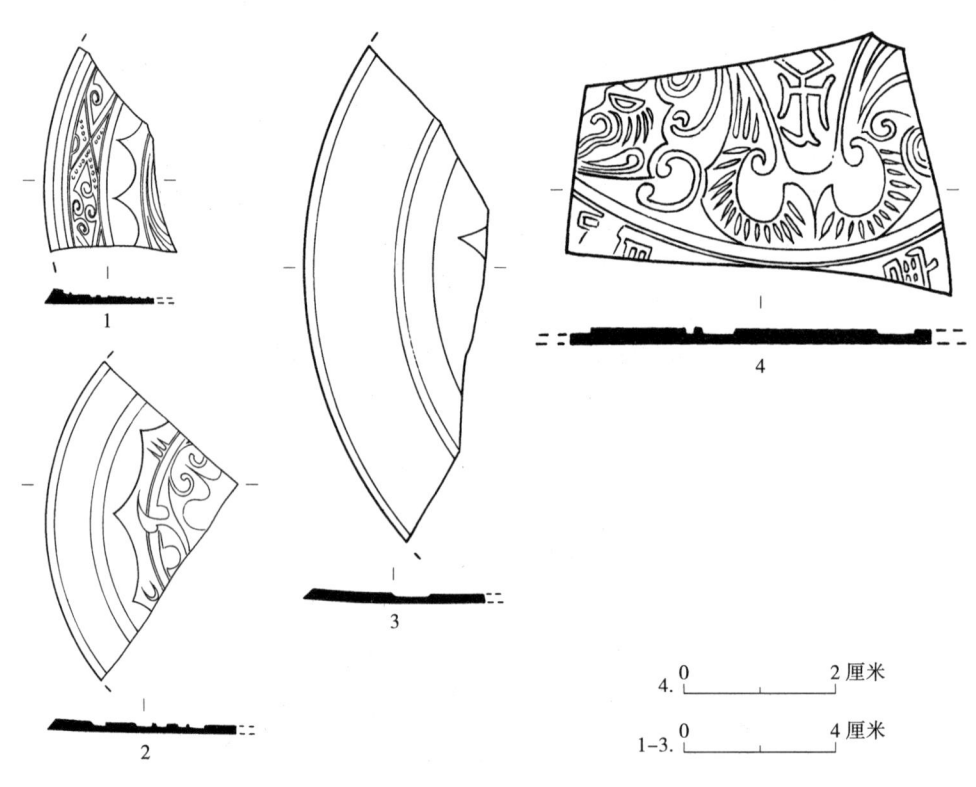

图三七　M1 出土铜镜
1. M1：27　2. M1：37　3. M1：63　4. M1：68

2. 杖首

计 1 件。

标本 M1：40，出土于北前侧室底部。顶部一侧翘起似扇，扇面上有近圆形镂孔。镂孔两面大小不一，扇面对侧微翘，似三棱椎体。与柄连接部分呈八面体，圆柱形柄，中空。柄内残留一小段细木棒。通高 13.8、通宽 4.4、柄长 7.9、柄径 2、孔径 1.7 厘米（图三九：1；彩版二六：3、4）。

图三八　M1 出土铜镜拓片
1. M1∶27　2. M1∶37　3. M1∶68　4. M1∶63

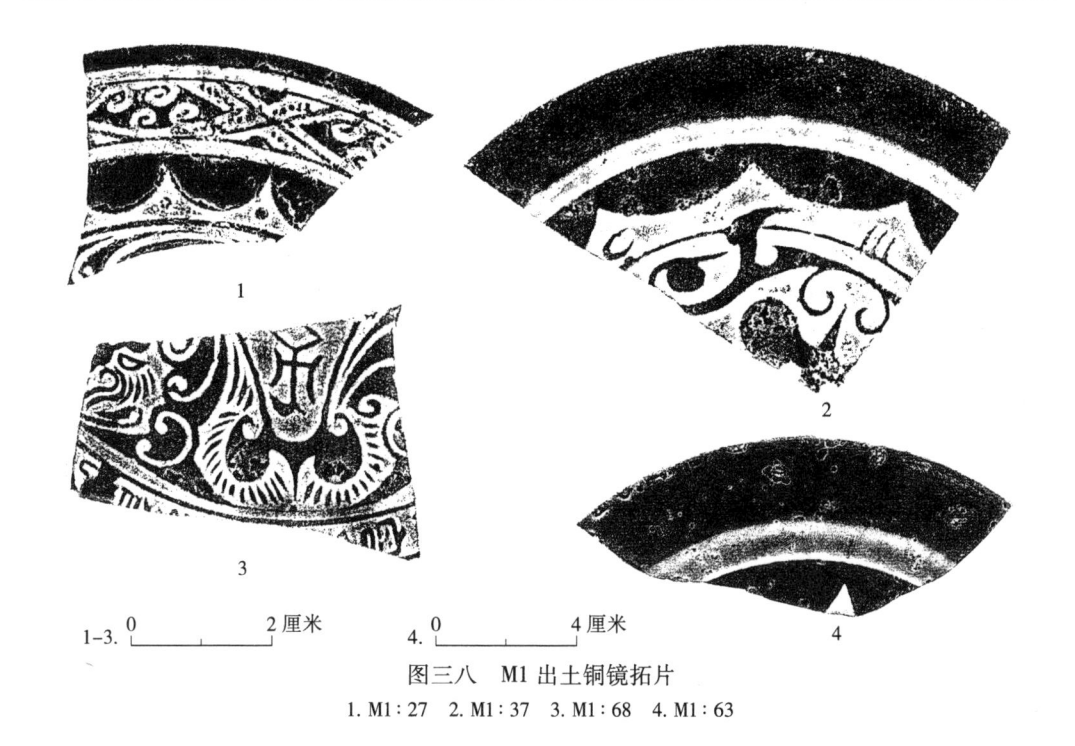

3. 衔镳

计 1 件。

标本 M1∶55，出土于北前侧室与前室之间的过道底部。衔镳齐全。衔为三节链状，每节中间凸起一道箍，两端有圆环相连。衔两头各连一镳，其中一镳残，镳为上下反向回曲纹，边饰云纹。镳边缘有铸造留下的毛边，部分毛边互相粘连。衔长10.5、镳长13厘米（图三九∶2；彩版二五∶4）。

4. 带钩

共计 2 件，皆出土于北前侧室底部。

标本 M1∶44，完整。小型钩。钩首正面略呈鸭嘴形，钩体近鸭腹形，钩体最窄处位于钩颈，从钩颈处向下逐渐变宽，正视呈琵琶形，钩尾圆弧。钩纽近于钩尾一端，圆柱形纽柱。素面。通长6.7、钩身宽0.4—1.4、纽径1.3厘米（图三九∶4；彩版二五∶5）。

标本 M1∶58，完整。中型钩。曲棒形，钩身为比较均匀的棒形，呈明显的弓形弯曲，钩身横剖面扁椭圆形，钩首横剖面呈圆丘状，钩颈处最窄，钩尾平直。钩纽位于钩身中部，粗短圆柱形纽柱。素面。通长12、钩身宽0.9—1.2、纽径2.3厘米（图三九∶3；彩版二五∶6）。

5. 泡钉

一般与铜柿蒂叶饰配合使用。共出土 18 件。从其直径大小来看，可以分为 3 个类型。

58　新郑坡赵一号墓

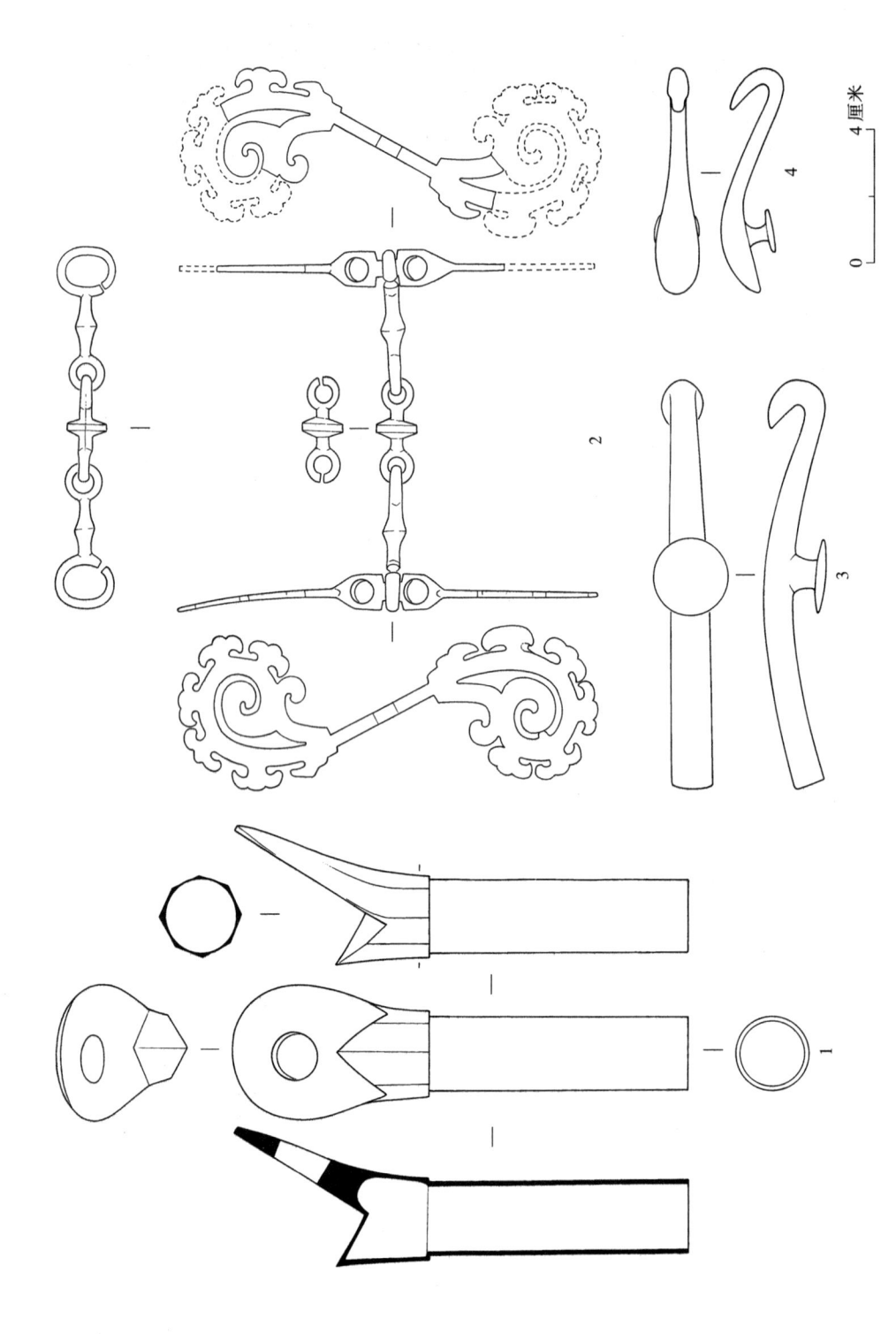

图三九　M1 出土铜器
1. 杖首(M1:40)　2. 衔镳(M1:55)　3. 带钩(M1:58)　4. 带钩(M1:44)

A型　形体较小，出土10枚（彩版二七：1）。

标本M1：13，出土于北中侧室填土中。个体较小。钉帽整体似头盔，上呈圆顶锥状，圆顶近平。斜壁微弧，斜折沿近平。四棱锥钉，尖部稍残。折沿底面可见四道浅凹槽。帽径2、帽高0.8、通高1.3厘米（图四〇：1）。

标本M1：71，出土于前室底部。钉帽整体似头盔，平顶，顶部中间残缺，斜壁微弧，折沿近平。帽径2.2、帽高0.9、通高0.9厘米（图四〇：2）。

标本M1：75-1，出土于后室底部。钉帽整体似头盔，平顶，斜直壁微弧，折沿近平。四棱锥钉，尖部残断。折沿内面可见两道浅凹槽。帽径2.1、帽高0.9、通高1.4厘米（图四〇：6）。

标本M1：75-2，出土于后室底部。钉帽整体似头盔，平顶，斜直壁微弧，折沿近平。四棱锥钉歪向一侧。帽径2.1、帽高0.9、通高1.1厘米（图四〇：7）。

标本M1：81，出土于北中侧室底部。完整。钉帽整体似头盔，顶部近平。弧壁，折沿近平。钉身宽扁，顶宽下尖。泡钉内部可见细细的铸造线痕迹。帽径2、帽高0.9、通高1.3厘米（图四〇：4）。

标本M1：109，出土于北中侧室底部。钉帽整体似头盔，平顶，微弧壁，折沿近平。四棱锥钉，尖部残断。帽径2.3、帽高1、通高1.2厘米（图四〇：8）。

标本M1：111-1，出土于北中侧室底部。钉帽整体似头盔，平顶，斜壁微弧，折沿近平。四棱锥钉偏于一侧，尖部残断。帽径2.2、帽高0.8、通高1厘米（图四〇：5）。

标本M1：111-2，出土于北中侧室底部。钉帽整体似头盔，顶部近平，微弧壁，折沿近平。四棱锥钉偏于一侧，尖部稍残。帽径2.2、帽高0.8、通高1.3厘米（图四〇：10）。

标本M1：117-1，出土于北中侧室底部。钉帽整体似头盔，近半圆形，折沿近平。四棱锥钉，尖部稍残。帽径2.3、帽高0.9、通高1.2厘米（图四〇：9）。

标本M1：117-2，出土于北中侧室底部。钉帽整体似头盔，平顶，斜壁微弧，斜折沿。四棱锥钉，尖部残断。帽径2.1、帽高1、通高1.4厘米（图四〇：3）。

B型　形体中等，出土4枚（彩版二七：2）。

标本M1：14，出土于北后室底部。帽顶整体似头盔，呈圆顶状，圆顶近平，微弧壁，折沿近平。四棱锥钉。折沿底面可见4道极浅的凹槽。帽径2.5、帽高1.2、通高1.8厘米（图四一：1）。

标本M1：22，出土于后室底部。钉帽整体似头盔，顶部近平，微弧壁，折沿近平。钉身宽扁，顶宽下尖窄。顶部中心破损成洞，从泡钉内部可见有明显的铸造线痕迹，

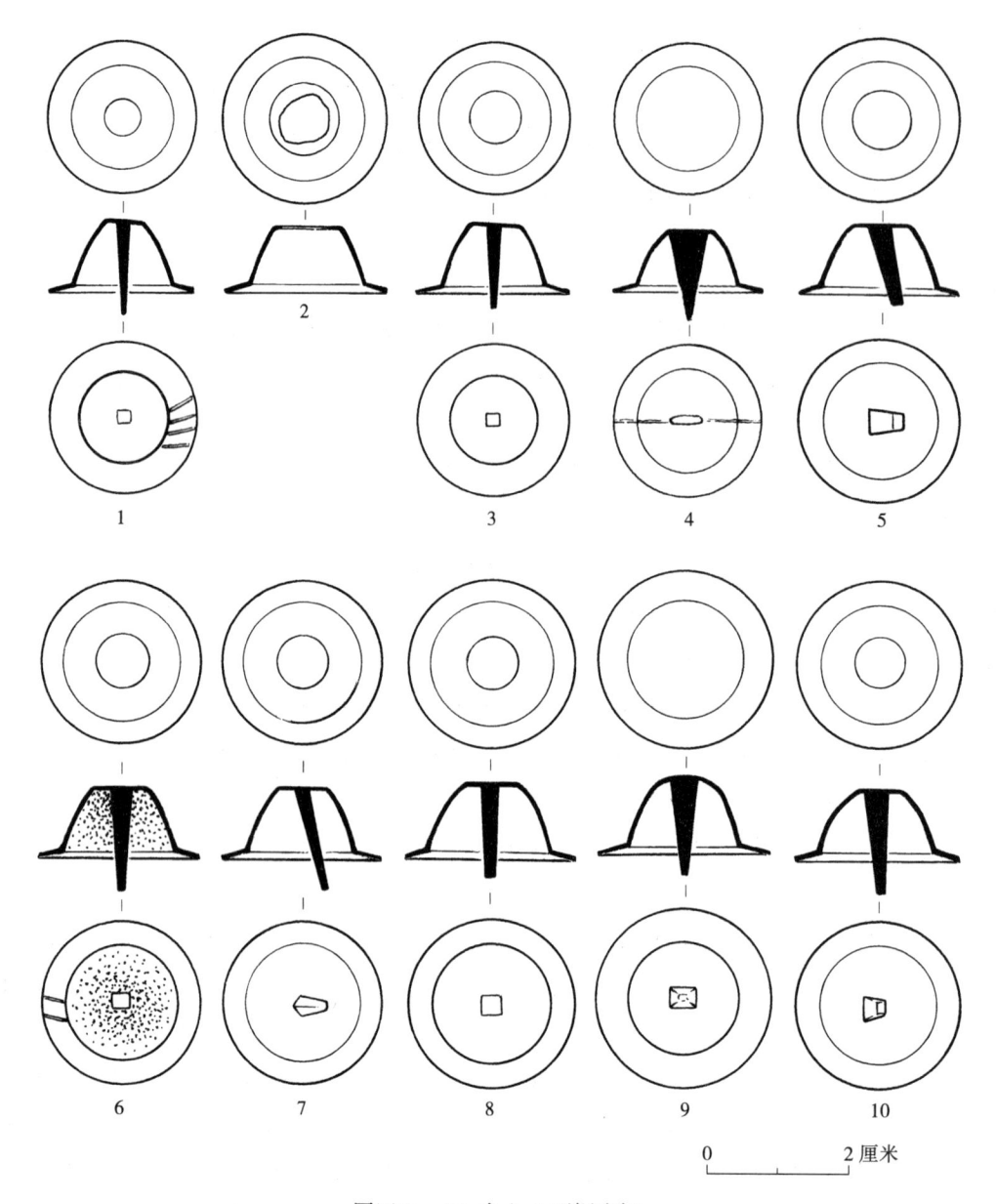

图四〇　M1 出土 A 型铜泡钉

1. M1:13　2. M1:71　3. M1:117-2　4. M1:81　5. M1:111-1　6. M1:75-1　7. M1:75-2　8. M1:109
9. M1:117-1　10. M1:111-2

将泡钉中分为二。帽径2.8、帽高1.2、通高1.6厘米（图四一：4）。

标本 M1:73，出土于中室底部。钉帽整体似头盔，平顶，微弧壁近直，折沿近平。略宽四棱锥钉，尖部残断。折沿内面有3道明显的浅凹槽。帽径2.7、帽高1、通高1.5厘米（图四一：3）。

标本M1∶86，出土于北前侧室底部。钉帽整体似头盔，顶部近平，斜壁微弧，折沿近平。四棱锥钉歪向一侧，尖部稍残。帽径2.7、帽高1.1、通高1.5厘米（图四一∶2）。

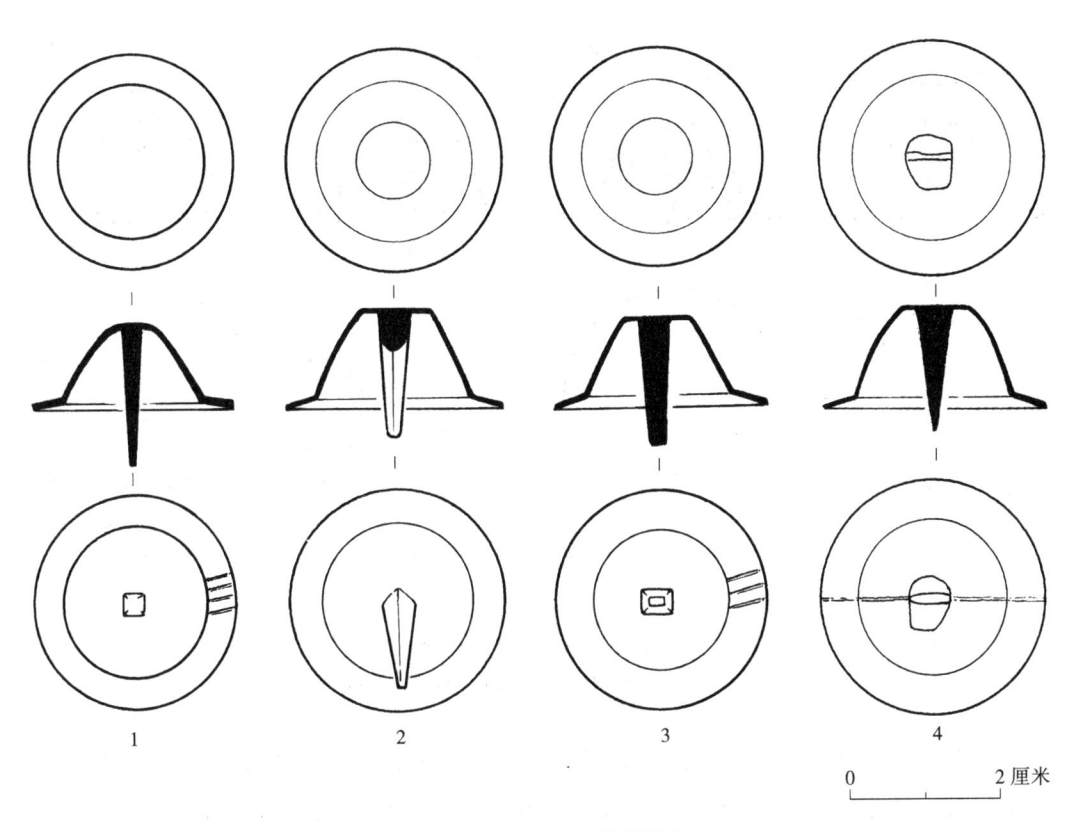

图四一　M1出土B型铜泡钉
1. M1∶14　2. M1∶86　3. M1∶73　4. M1∶22

C型　形体较大，出土4枚（彩版二七∶3）。

标本M1∶99-1，出土于北中侧室底部。钉帽整体似头盔，呈圆顶状，圆顶近平，斜壁微弧，宽折沿近平。四棱锥钉，尖部略偏于一侧。帽径3.8、帽高1.7、通高2.2厘米（图四二∶1）。

标本M1∶99-2，出土于北中侧室底部。钉帽整体似头盔，小平顶，微弧壁，宽折沿近平。四棱锥钉，尖部残断。帽径3.6、帽高1.6、通高1.7厘米（图四二∶2）。

标本M1∶118，出土于北中侧室底部。钉帽整体似头盔，小平顶，斜直壁微弧，宽折沿近平。四棱锥钉偏向一侧。帽径3.6、帽高1.5、通高2.2厘米（图四二∶3）。

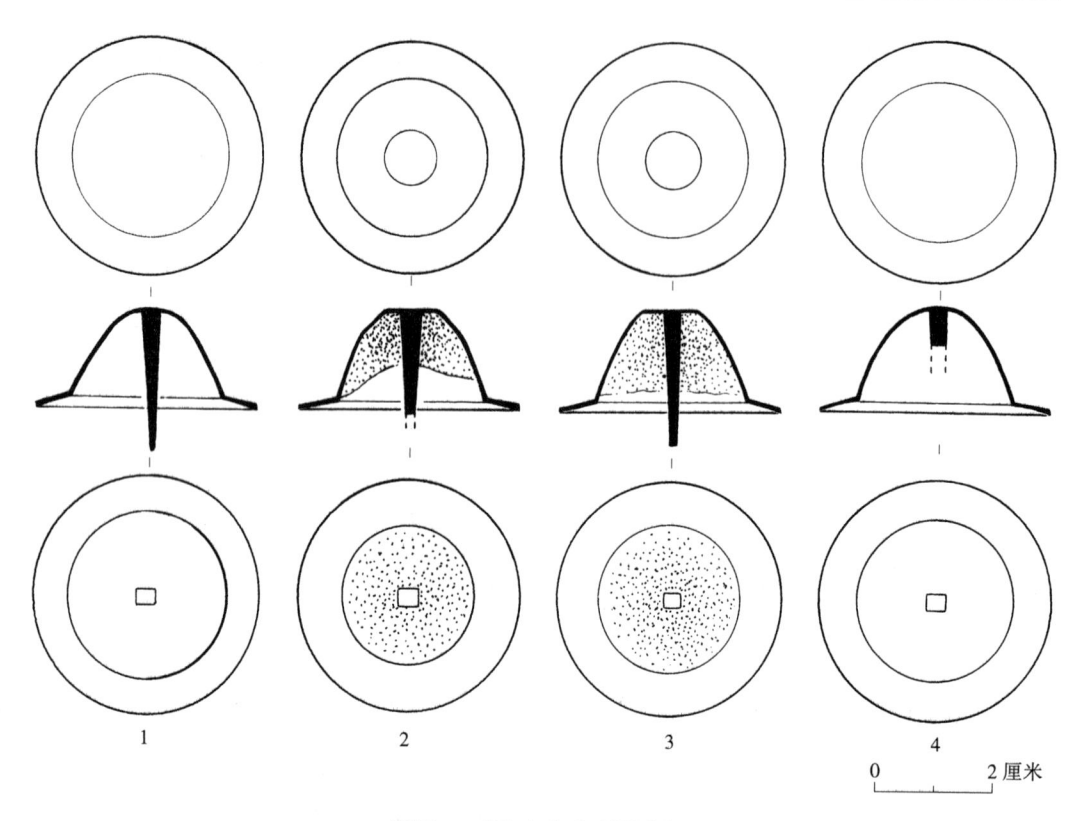

图四二　M1 出土 C 型铜泡钉
1. M1:99-1　2. M1:99-286　3. M1:118　4. M1:135

M1:135，出土于甬道与墓道交接处的北壁填土中。顶帽整体似头盔，呈圆顶状，顶略尖圆，斜壁微弧，宽折沿近平，沿面内侧略凹。四棱锥钉，钉身大部残断。帽径3.6、帽高1.6厘米（图四二：4）。

6. 铃

共计3件。有瘦长扁体和宽厚体两类。

标本 M1:43，出土于北前侧室底部。腹部残缺。腹部圆鼓，顶部有半圆形宽耳，铃顶面可见明显的铸造线痕迹，腹部两侧有明显的脊线，腹部横剖面呈椭圆形，器内无舌。素面。残高4、残宽3.7、残厚3.2厘米，壁厚0.15厘米（图四三：6）。

标本 M1:45，出土于北中侧室底部。瘦长扁体，圆形纽，纽内有近圆形穿。铃身近梯形，两角略下垂，腹两侧脊线凸出，腹部横剖面呈尖角扁椭圆形，腹上部有3个呈"品"字形分布的圆形镂孔对穿，器内有铁质舌，舌已残。素面。高4.5、宽3.1、厚0.9、壁厚0.2厘米（图四三：4；彩版二八：1）。

标本M1∶97，出土于北中侧室底部。瘦长扁体，整体似梯形。上有圆形纽，纽内有近弧边方形穿。两角平齐，腹两侧脊线凸出，腹部横剖面呈尖角扁椭圆形。铃身上部有两个圆形镂孔对穿，器内有铁质铃舌，舌已弯曲。素面。高5、宽1.3—3.2、厚0.9、壁厚0.2厘米（图四三∶3；彩版二八∶2）。

7. 环

共发现5件，两大三小。

标本M1∶34，出土于前室底部。圆形，圆环较粗，形状规整，截面亦为近圆形。外径2.6、环径0.46厘米（图四三∶8；彩版二九∶1）。

标本M1∶76-38，出土于后室底部。小型环，圆形，剖面呈微弧形。外径1.06、内径0.8、环宽0.17厘米（图四三∶14；彩版二九∶3）。

标本M1∶101-1，出土于北中侧室底部。圆形环，圆环较粗，形状规整，截面亦为近圆形。直径3、环径0.46厘米（图四三∶5；彩版二九∶4）。

标本M1∶101-3，出土于北中侧室底部。小型环，近圆形，环较细，剖面内侧略凹。直径1厘米，环宽0.2、厚0.1厘米（图四三∶13；彩版二九∶3、二九∶5）。

标本M1∶189，出土于北中侧室底部。小型环，椭圆形，环径较细，剖面呈弧形。长径1.4、短径0.96、环宽0.25、厚0.09厘米（图四三∶15；彩版二九∶3、二九∶6）。

8. 衔环

计1件，残，应为漆木器上的部件。

标本M1∶208，出土于墓室填土内。上部为一呈U形铜质卷舌，下部为一铁质圆环，卷舌上部残缺。卷舌残长2.8、宽1.8、厚0.5厘米，铁环径3厘米（图四三∶16；彩版二八∶4）。

9. 泡

计1件。

标本M1∶60，出土于北前侧室底部。扁圆丘形，俯视呈圆形，中有一横向穿孔，平底。直径2.8、高1厘米（图四三∶11；彩版三〇∶1）。

10. 圆铜片

计1件。

标本M1∶146，出土于墓室填土内。圆形薄片，一面略鼓凸，中间有圆形铁质断茬口。当为某铜器上的附件。直径2.7、厚0.1厘米（图四三∶12）。

11. 当卢

计1件。

标本 M1:26，出土于南侧室底部。近长椭圆形，一端略大，一端稍细，稍细的一端边缘稍残，稍细的一端有一圆形小孔。素面。残长径 7、短径 2.8、厚 0.2 厘米（图四三：7；彩版二八：3）。

12. 饰件

一般用来装饰漆木器，或给漆木器包边，如盒、奁等。依据其形态的差异，可以分为六类。

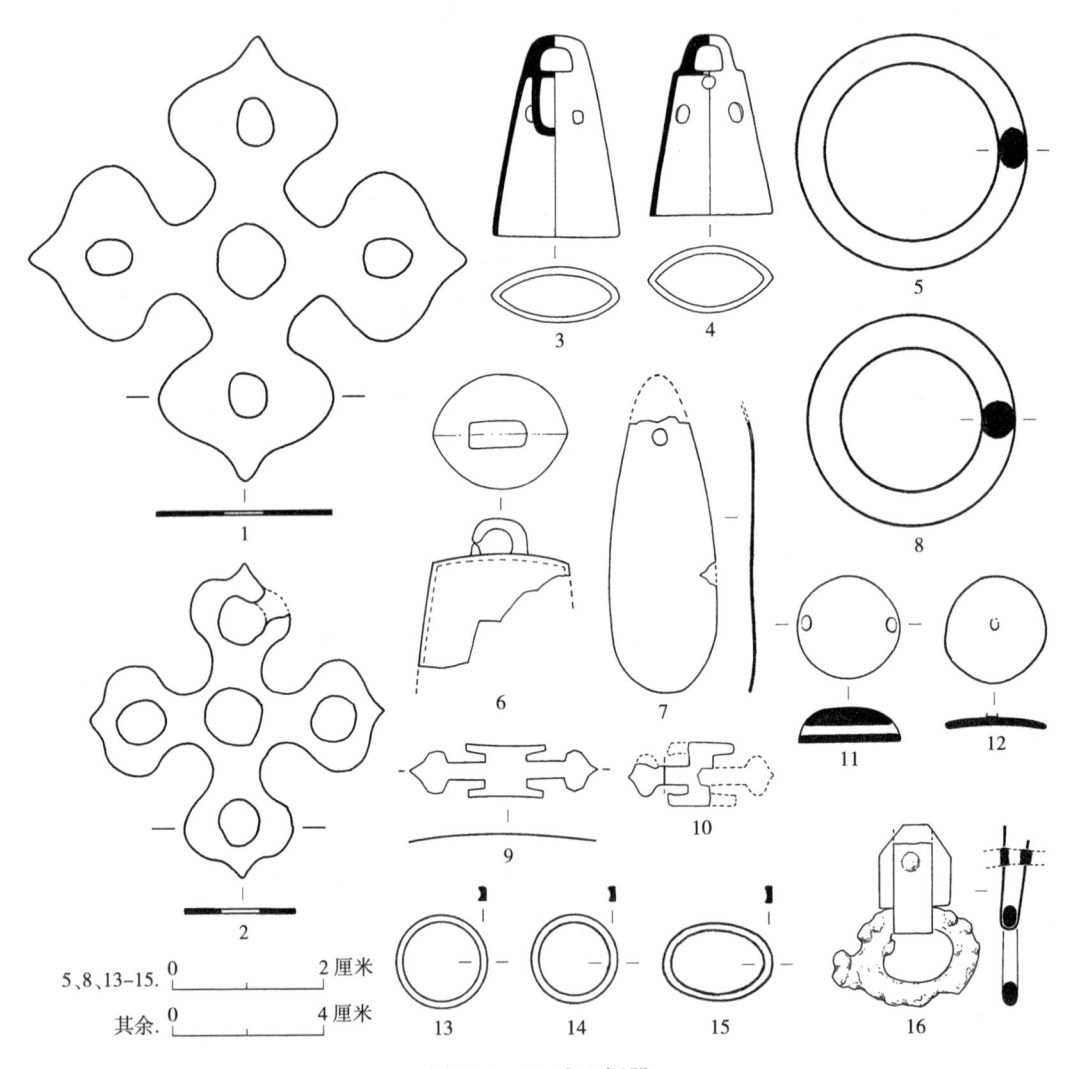

图四三　M1 出土铜器

1. 柿蒂叶饰件（M1:38）　2. 柿蒂叶饰件（M1:121）　3. 铃（M1:97）　4. 铃（M1:45）　5. 环（M1:101-1）
6. 铃（M1:43）　7. 当卢（M1:26）　8. 环（M1:34）　9. 四叶形饰件（M1:65-1）　10. 四叶形饰件（M1:89）
11. 泡（M1:60）　12. 圆片（M1:146）　13. 环（M1:101-3）　14. 环（M1:76-38）　15. 环（M1:189）　16. 衔环（M1:208）

（1）柿蒂叶饰件

发现 2 件。一般与铜泡钉组合使用。

标本 M1：38，出土于北中侧室底部。锈蚀严重。四叶形，中间为较大的圆形孔，向四方伸出 4 个大小相同的扁腹叶，四叶中间各有一近椭圆形孔，各孔形状不甚规则，叶尖似三角形。通径 11.5、厚 0.07、单叶宽 4.5 厘米。其制作方法应为先在铜片上手工剪出外轮廓，然后在预定位置凿出 5 个圆形孔。故铜柿蒂叶饰向外伸出的扁腹叶并非完全规整，且没有严格对齐，特别是 5 个圆形孔，手工痕迹更加明显（图四三：1；彩版二六：1）。

M1：121，出土于北后室与北中侧室之间过道中的圆形小坑（K1）内。锈蚀严重，一叶略残。四叶形，中间为较大的圆形孔，4 个大小相同的扁腹叶，每叶中间各有一近椭圆形孔，孔形不甚规则，叶尖似三角形。通径 7.8、厚 0.6、单叶宽 2.8 厘米。其加工工艺与 M1：38 一致（图四三：2；彩版二六：2）。

（2）四叶形饰件

发现 2 件。

标本 M1：65-1，发现于墓道靠近封门处的填土中。应为漆木器顶盖上的装饰。四叶形，四叶为长条形，两端呈尖角心形，背面略弧，残留有木质痕迹。心形边缘可见明显的剪切加工痕迹。长 4.7、宽 1.3、厚 0.08 厘米（图四三：9；彩版二九：2）。

标本 M1：89，出土于北前侧室底部。残存约一小半。四叶形，四叶为长条形，两端呈尖角心形。应为贴在漆木器顶盖上的装饰。残长 2.7、残宽 1.7、厚 0.05 厘米（图四三：10）。

（3）曲尺形饰件

平面呈曲尺形或横 L 形，外侧直边，由外侧向内侧呈弧形。用于漆木器包边。共发现 4 件，皆出土于北中侧室底部。

标本 M1：24，保存完整。两边等长。长 6.8 厘米，边框宽 1.2 厘米（图四四：4；彩版三〇：2）。

标本 M1：39，保存完整。一边略长，呈横 L 形。长 9.8、宽 7.7、边框宽 1.3 厘米（图四四：2；彩版三〇：3）。

标本 M1：102，保存完整。一边较长，呈横 L 形。长 9.7、宽 7.6、边框宽 1.2 厘米（图四四：1；彩版三〇：4）。

标本 M1：166，完整。一边较长，呈横 L 形。长 9.7、宽 7.6、边框宽 1.2 厘米（图四四：8；彩版三〇：5、6）。

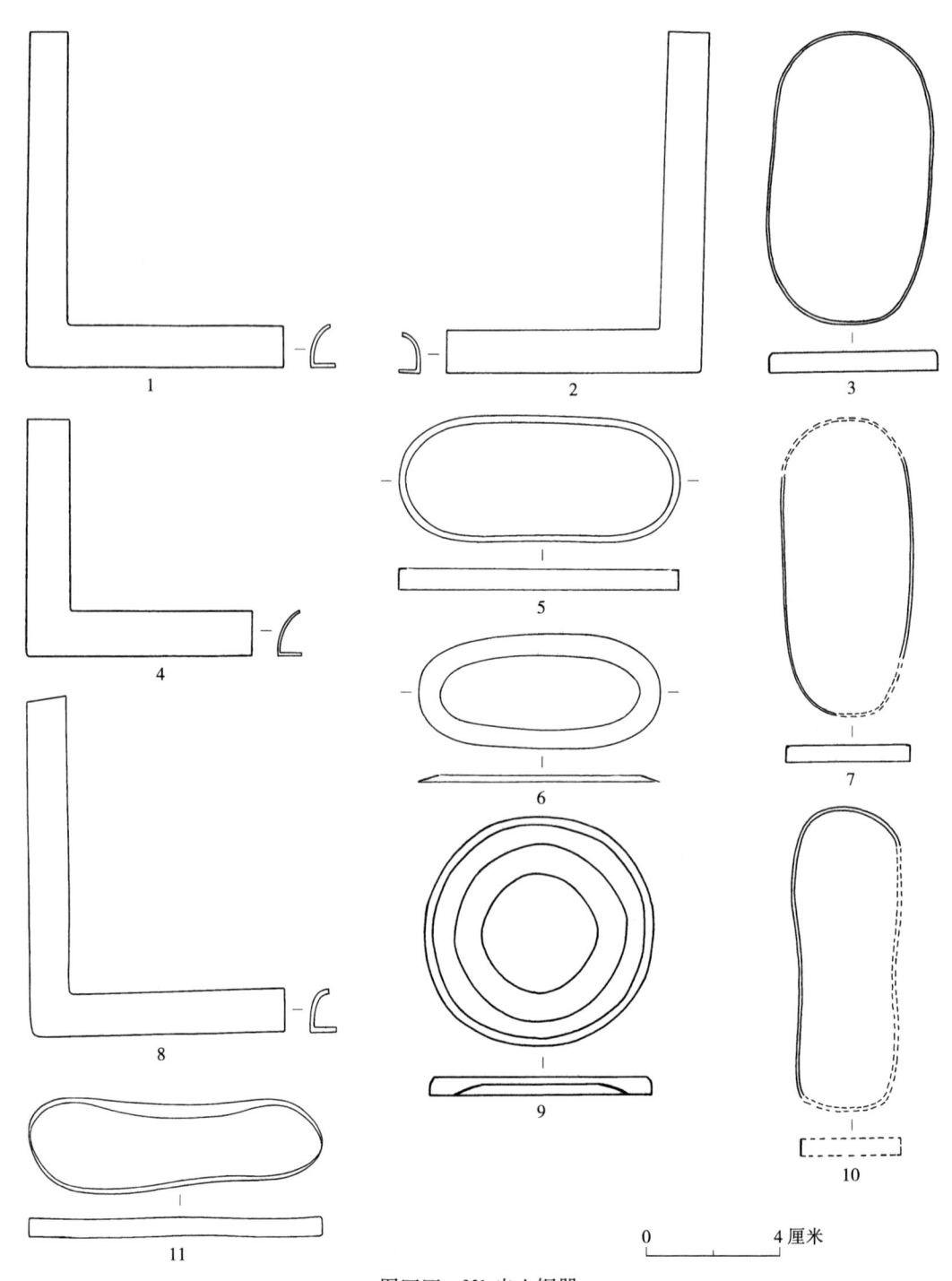

图四四 M1 出土铜器

1. 曲尺形饰件（M1:102） 2. 曲尺形饰件（M1:39） 3. 椭圆形饰件（M1:65-5） 4. 曲尺形饰件（M1:24） 5. 椭圆形饰件（M1:65-3） 6. 椭圆形饰件（M1:65-2） 7. 椭圆形饰件（M1:65-7） 8. 曲尺形饰件（M1:166） 9. 圆形饰件（M1:33） 10. 椭圆形饰件（M1:65-6） 11. 椭圆形饰件（M1:65-4）

（4）圆形或椭圆形饰件

大多体形较小，平面呈圆形或椭圆形。在墓室及墓道接近封门处都有出土，其中尤以墓道接近封门处出土数量最多。可辨认的有7件，现举数例。

标本M1∶33，出土于前室底部。出土时为内、外两圆环相套，边缘上尚附着少量木材朽痕。宽圆环，剖面呈薄片状，从边缘向中心略有鼓起。应为漆木器盖顶饰件。外径5.1、内径3.4、环宽0.8、厚0.08厘米。外圈呈圆形，略显椭圆，剖面呈倒L形。应为漆木器边缘的饰件。外径6—6.5、内径5.6—6.2厘米，环宽0.2、壁厚0.1、高0.4厘米（图四四∶9；彩版三一∶1）。

标本M1∶65-2，发现于墓道靠近封门处的填土中。长椭圆形扁平宽环，从边缘向中心略有鼓起。内面尚残留有黏合痕迹。外径长7、宽3.2厘米，内径长5.8、宽2.1厘米，环宽0.5、厚0.09厘米（图四四∶6；彩版三二∶1）。

标本M1∶65-3，发现于墓道靠近封门处的填土中。长椭圆形，剖面略呈倒L形。内面尚残留有黑色的黏合痕迹。外径长8.2、宽3.6厘米，内径长7.8、宽3.1厘米，环高0.5、厚0.09厘米（图四四∶5；彩版三二∶2）。

标本M1∶65-4，发现于墓道靠近封门处的填土中。长椭圆形，受挤压而略有变形，略显不规则，剖面呈窄条状。长径8.6、短径2.4、环宽0.5、厚0.08厘米（图四四∶11；彩版三二∶4）。

标本M1∶65-5，发现于墓道靠近封门处的填土中。长椭圆形，剖面略呈倒L形。长径8.4、短径4.7、高0.6厘米（图四四∶3）。

标本M1∶65-6，发现于墓道靠近封门处的填土中。残存约二分之一。长椭圆形，受挤压略有变形，剖面呈窄薄条状。复原长径约8.8、短径3.2厘米，高0.5厘米（图四四∶10）。

标本M1∶65-7，发现于墓道靠近封门处的填土中。仅存一部分。长椭圆形，剖面呈倒L形。残长约8、高0.5厘米（图四四∶7）。

标本M1∶82，出土于北中侧室底部。残存约一半，近圆形，剖面呈宽薄条状。当为漆木器盖顶饰件。复原直径约19、宽0.8、厚0.1厘米（图四五∶4）。

（5）不明形状

形体较大，原始形状不明，共发现3件。

标本M1∶41，出土于北前侧室底部。原始形状不明，现为窄长条多重折弯状，剖面呈倒L形，应为单面箍。具体长度不详，宽1.1、厚0.06厘米（图四五∶1；彩版三一∶2）。

标本M1∶47，出土于北前侧室底部。原始形状不明，现呈弯曲状近三角形，剖面呈倒L形，应为单面箍。具体长度不详，宽0.8、厚0.07厘米（图四五∶3；彩版三一∶3）。

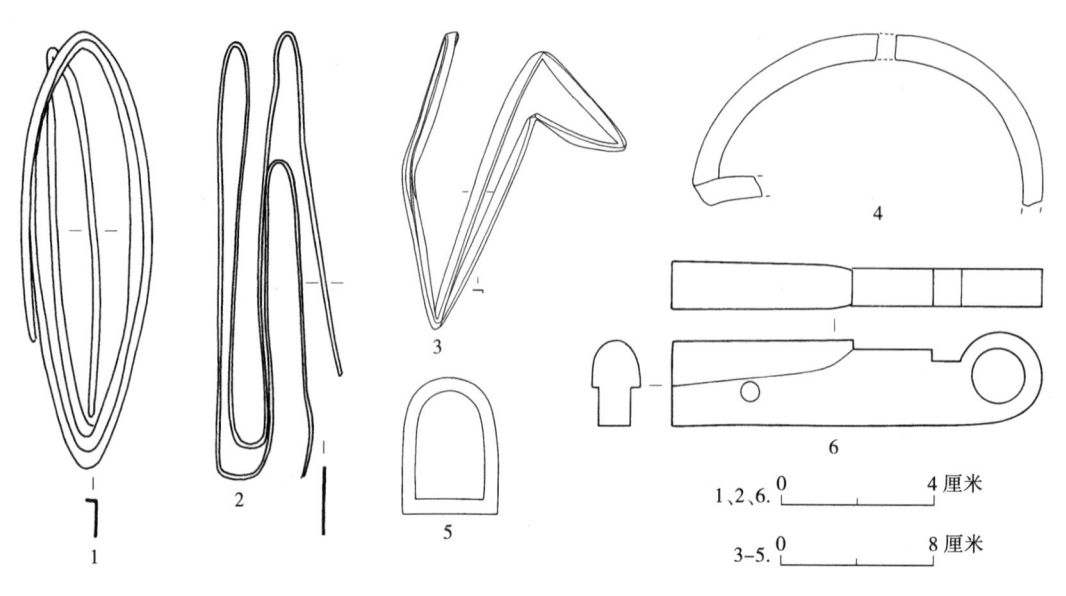

图四五　M1出土铜器
1. 饰件（M1：41）　2. 饰件（M1：136）　3. 饰件（M1：47）　4. 环形饰件（M1：82）　5. 拱形饰（M1：9）　6. 弩机（M1：28）

标本 M1：136，出土于墓道靠近封门处的填土内。原始形状不明，现呈多重弯曲状窄长条，剖面呈宽薄条状。可能为漆木器饰件。具体长度不详，宽1.8、厚0.1厘米（图四五：2；彩版三一：4）。

（6）拱形饰件

计1件。

标本 M1：9，出土于前室与甬道相接处填土内。基本完整，呈扁平拱形。长6.8、宽5、边框宽0.5厘米，厚0.1厘米（图四五：5；彩版三二：3）。

13. 弩机构件

未发现完整器，仅出土1件弩机部件，出土于填土中。

标本 M1：28，通体呈近长方形，前端上部呈圆弧形凸起，下有小圆孔，尾端呈圆环状。应为弩机上的悬刀。长9.6、宽2—2.3、厚0.9—1.2厘米，孔径0.44、环径1.3厘米（图四五：46；彩版三二：5）。

第四节　铜钱

M1出土铜钱数量超过200枚，以五铢钱为主，也有个别货泉。这些铜钱散见于各个墓室，多出土在被扰乱的填土中，其原始位置已不可知，其中，中、后室出土数量较多，南侧室没有铜钱出土。从完整程度来看，五铢钱可以分为完整、磨郭、剪轮、缝环、冥钱等几类。

一 货泉

仅发现2枚。

标本M1:70-4，出土于前室底部。背穿有郭。形体较小，字迹娟秀清晰。直径1.88、穿宽0.8厘米，郭宽0.08、郭厚0.09厘米，重0.91克（图四六：1）。

标本M1:132-2，出土于K1中。形体较大，穿之两面有郭。表面呈铁锈色。字迹较模糊。直径2.34、穿宽0.79厘米，郭宽0.16、郭厚0.21厘米，重3.42克（图四六：2）。

二 五铢钱

出土数量最多，具体分为完整、磨郭、剪轮、缝环、小五铢钱几类介绍。

1. 完整五铢钱

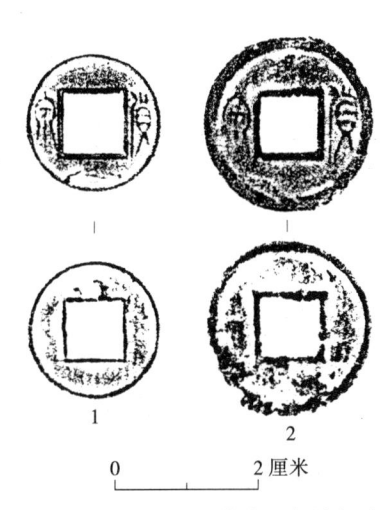

图四六 M1出土"货泉"铜钱拓片
1. M1:70-4 2. M1:132-2

数量最多，可以确定的个体数约87枚，还有一部分由于残破过甚，不能确定数量。皆背穿有郭。

标本M1:3，出土于甬道填土中。表面呈铁锈色。"五"字中间交笔弧曲，形似两上下相对的炮弹，上、下两横两头微出头，"铢"字的"金"旁上部呈三角形，下部四点稍短，"朱"旁上部方圆折，两竖微外敞，下部圆折，两竖较直，下部稍长于上部，上、下部之间的间距较近。字形结构紧凑。直径2.59、穿宽0.98厘米，郭宽0.16、郭厚0.12厘米，重2.45克（图四七：1）。

标本M1:67-1，出土于甬道底部，下同。字形稍凸。"五"字中间两交笔弯曲，"铢"字的"金"旁上部呈三角形，下部四点稍短，"朱"旁上部圆折，两竖微外敞，下部方圆折，上下基本等长，上、下部之间的间距较近。直径2.6、穿宽0.94厘米，郭宽0.2、郭厚0.16厘米，重3.01克（图四七：2）。

标本M1:74-1，出土于后室底部，下同。穿上一星，背面略鼓。"五"字中间两交笔弧曲，"铢"字的"金"旁头部呈大三角形，下部四点稍长，"朱"旁上部方折，两竖较直，下部方圆折，微长于上部，两竖较直，上、下部之间的间距较小。字形结

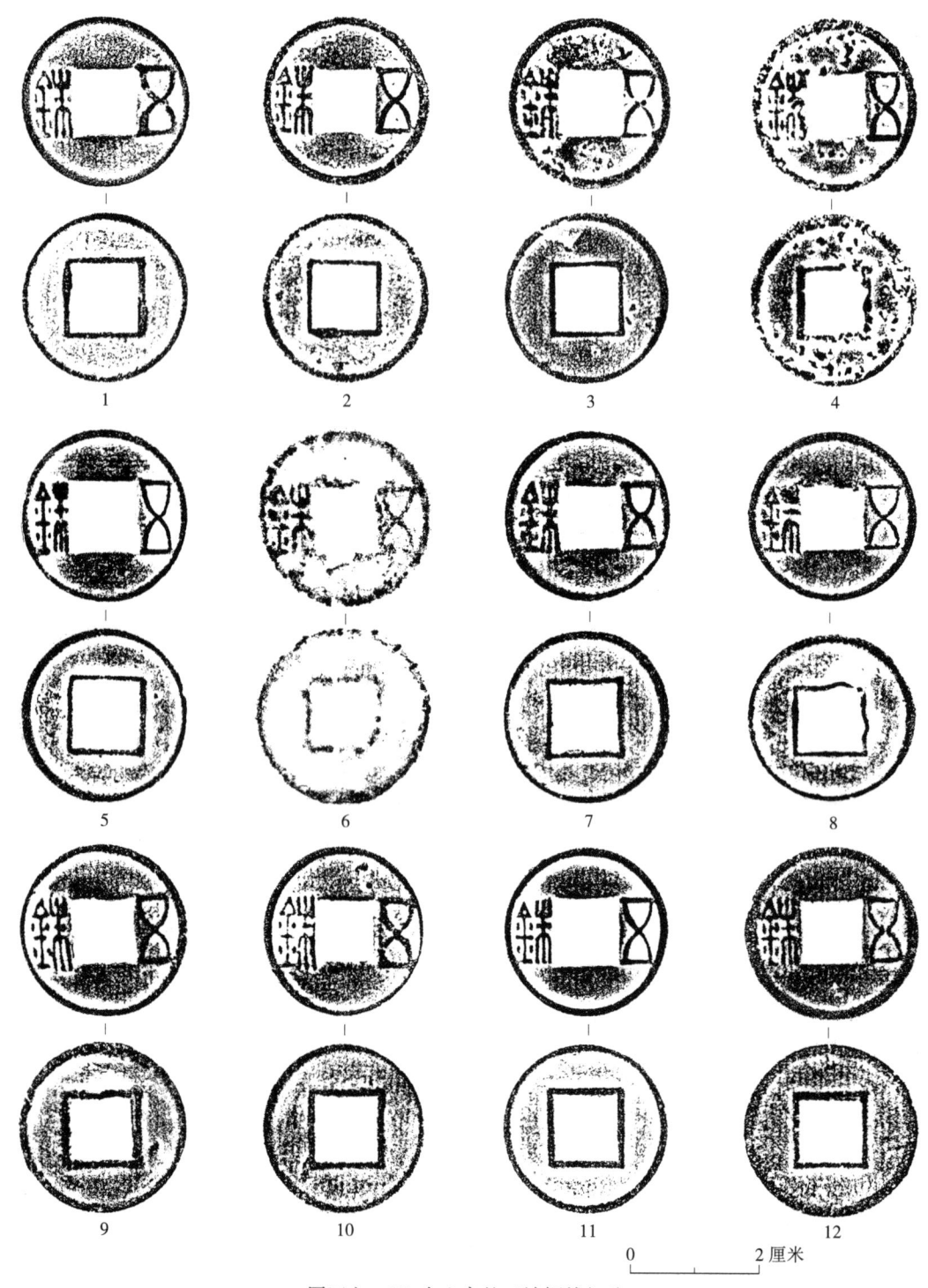

图四七　M1出土完整五铢铜钱拓片

1. M1:3　2. M1:67-1　3. M1:74-1　4. M1:74-2　5. M1:74-3　6. M1:74-8　7. M1:76-1　8. M1:76-2
9. M1:76-3　10. M1:76-4　11. M1:76-5　12. M1:76-6

构紧凑。直径2.57、穿宽0.95厘米，郭宽0.2、郭厚0.19厘米，重2.68克（图四七：3）。

标本M1：74-2，"五"字中间两交笔弧曲，两横两头微出头，"铢"字"金"旁上部呈大三角形，下部四点稍长，"朱"旁上部圆折，两竖较直，下部圆折，略长于上部，上、下部之间的间距较大。字形秀丽清晰。直径2.59、穿宽0.91厘米，郭宽0.15、郭厚0.16厘米，重2.93克（图四七：4）。

标本M1：74-3，字形稍凸。"五"字中间两交笔微曲，"铢"字的"金"旁上部呈三角形，下部四点较短，"朱"旁上部圆折，两竖微外撇，下部圆折，下部明显长于上部，上、下部之间的间距较大。直径2.6、穿宽1.01厘米，郭宽0.17、郭厚0.14厘米，重2.46克（图四七：5）。

标本M1：74-5，肉薄，穿边残存小毛刺，外郭边缘残存毛边。字迹模糊，整体瘦长。"五"字中间两交笔微曲，"铢"字的"金"旁上部呈三角形，下部模糊不清，"朱"旁上部方折，两竖较直，下部圆折，下部长于上部，上、下部之间的间距较大。直径2.37、穿宽0.97厘米，郭宽0.15、郭厚0.13厘米，重2.05克（图五三：11）。

标本M1：74-8，穿部稍残，背郭不显，字迹较浅。"五"字中间两交笔微曲，"铢"字的"金"旁上部呈三角形，下部四点略长，"朱"旁上下部皆圆折，两竖较直，上、下部基本等长，之间间距较大。字形整体宽大。直径2.67—2.73、穿宽0.94厘米，郭宽0.16、郭厚0.13厘米，残重3.22克（图四七：6）。

标本M1：74-9，边缘稍残。字迹清楚。"五"字中间交笔弧曲，"铢"字的"金"旁上部呈大三角形，下部四点较长，"朱"旁上、下部皆圆折，两竖较直，上、下部基本等长，之间间距较大，结构紧凑。直径2.44、穿宽0.93—0.95厘米，郭宽0.13、郭厚0.11厘米，残重1.67克（图五三：12）。

标本M1：74-10，边缘稍残，外郭不甚规整，背面内郭稍现。"五"字中间交笔弯曲，形似两上下相对的炮弹，"铢"字的"金"旁上部呈三角形，下部四点较长，"朱"旁上部方折，两竖微外撇，下部圆折，两竖较直，上、下部基本等长，之间间距较大。铜钱表面呈铁锈色，发黑。直径2.5、穿宽0.9厘米，郭宽0.13、郭厚0.11厘米，残重2.07克（图五四：1）。

标本M1：76-1，出土于后室底部，下同。"五"字中间两交笔屈曲，两横微出头，形似两上下相对的炮弹，"铢"字的"金"旁头部呈大三角形，下部四点较短，"朱"旁上部方折，两竖微外敞，下部方圆折，下部微长于上部，上、下部之间的间距较小。直径2.59、穿宽0.94厘米，郭宽0.15、郭厚0.14厘米，重2.55克（图四七：7）。

标本M1：76-2，字形纤细秀丽。"五"字中间两交笔弧曲，上、下两横两头微出头，"铢"字的"金"旁头部呈大三角形，下部四点稍短，"朱"旁上部方圆折，两竖微外敞，下部圆折，两竖较直，下部长于上部，上、下部之间的间距较小。直径2.57、穿宽0.94厘米，郭宽0.15、郭厚0.14厘米，残重2.59克（图四七：8）。

标本M1：76-3，"五"字中间两交笔弯曲，形似两上下相对的炮弹，"铢"字的"金"旁上部呈三角形，下部四点较短，"朱"旁上部方圆折，两竖较直，下部圆折，下部长于上部，上下部之间的间距较小。直径2.59、穿宽0.91厘米，郭宽0.21、郭厚0.15厘米，重2.68克（图四七：9）。

标本M1：76-4，穿上两星。"五"字中间两交笔屈曲，形似上、下两相对的炮弹，"铢"字的"金"旁头部呈大三角形，与朱旁上部基本等长，下部四点较短，"朱"旁上部方折，两竖较直，下部方圆折，下部长于上部，上、下部之间的间距较小。字形结构紧凑，整体略显瘦长。直径2.54、穿宽0.93厘米，郭宽0.15、郭厚0.11厘米，重2.42克（图四七：10）。

标本M1：76-5，字迹略鼓。"五"字交笔微弧曲，上、下两横两头微出头，"铢"字的"金"旁头部呈三角形，下部四点较长，"朱"旁上部方折，两竖较直，下部方圆折，上、下部之间的间距较近。字形规整、清晰，结构紧凑。直径2.56、穿宽0.95厘米，郭宽0.15、郭厚0.16厘米，重3.5克（图四七：11）。

标本M1：76-6，"五"字中间两交笔呈弯曲状，"铢"字的"金"旁上部呈大三角形，与"朱"旁上部等长，下部四点较长，"朱"旁上部方圆折，两竖微外敞，下部方折，两竖较直，下部长于上部，上、下部之间的间距较大。直径2.63、穿宽0.91厘米，郭宽0.17、郭厚0.13厘米，重2.57克（图四七：12）。

标本M1：76-7，字迹略凸。"五"字中间两交笔弧曲，形似上下相对的炮弹，"铢"字的"金"旁头部呈大三角形，下部四点稍长，"朱"旁上部方折，两竖微外敞，下部方圆折，下部长于上部，上、下部之间的间距较近。字形纤细秀丽，结构紧凑。直径2.59、穿宽0.92厘米，郭宽0.15、郭厚0.15厘米，重3.19克（图四八：1）。

标本M1：76-8，"五"字中间两交笔弧曲，"铢"字的"金"旁上部呈三角形，下部四点稍短，"朱"旁上部方圆折，两竖微外敞，下部圆折，两竖较直，上、下部之间的间距较大。直径2.55、穿宽0.95厘米，郭宽0.17、郭厚0.14厘米，重2.51克（图四八：2）。

标本M1：76-9，"五"字中间两交笔呈弯曲状，形似两上、下相对的炮弹，上、下

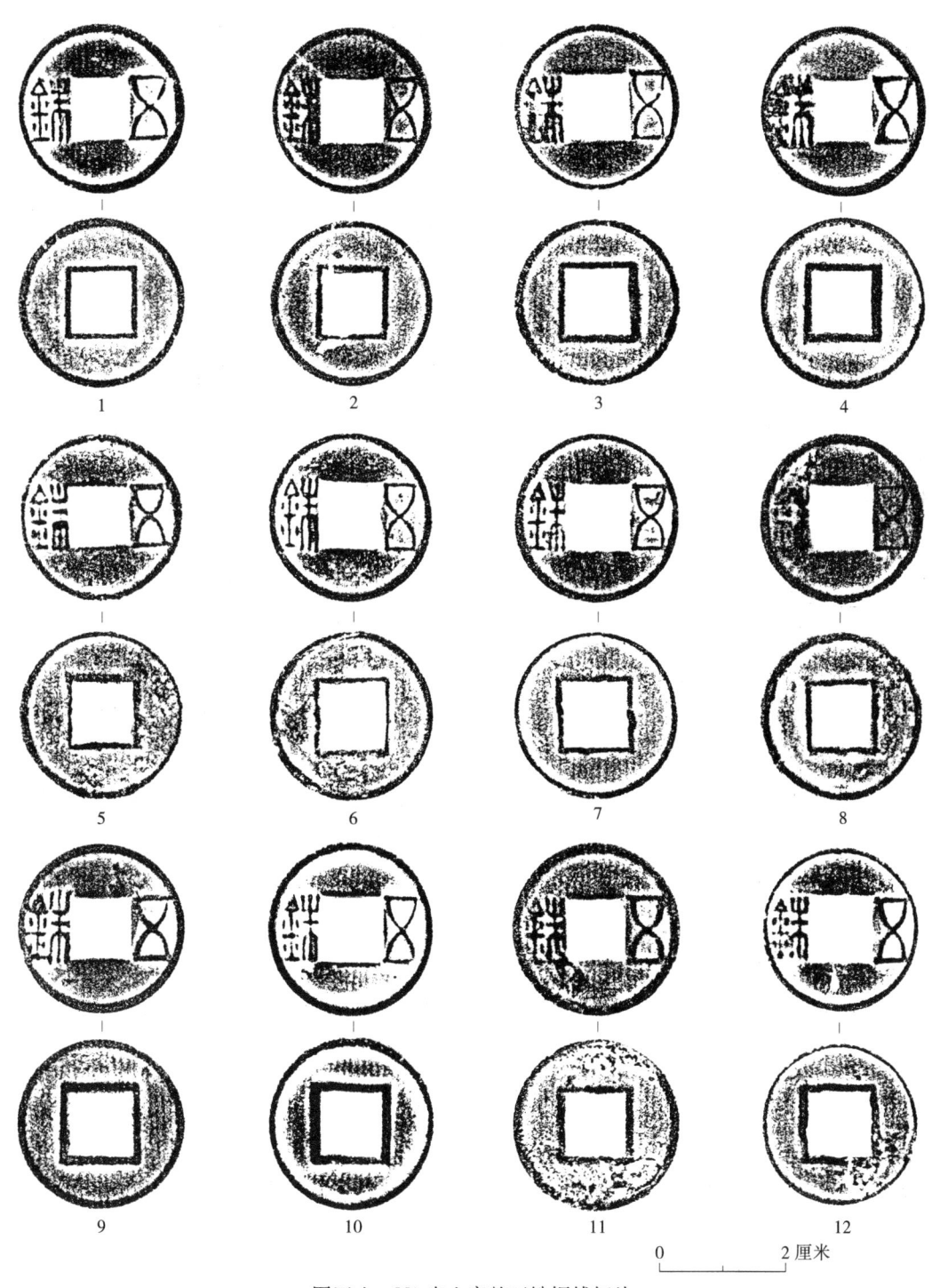

图四八 M1 出土完整五铢铜钱拓片

1. M1:76-7 2. M1:76-8 3. M1:76-9 4. M1:76-10 5. M1:76-11 6. M1:76-12 7. M1:76-13 8. M1:76-14 9. M1:76-15 10. M1:76-16 11. M1:76-17 12. M1:76-18

两横两头微出头，"铢"字的"金"旁上部呈三角形，下部四点较短，不甚清晰，"朱"旁上部圆折，两竖较直，下部方圆折，下部长于上部，上、下部之间的间距较大，字形结构较松散。直径2.57、穿宽0.98厘米，郭宽0.15、郭厚0.13厘米，重2.64克（图四八：3）。

标本M1：76-10，"五"字中间两交笔呈微曲，"铢"字的"金"旁上部呈大三角形，下部四点稍短，"朱"旁上部圆折，两竖微外敞，下部方圆折，两竖较直，下部长于上部，上、下部之间的间距较小。字形整体瘦长，结构紧凑。直径2.62、穿宽0.9厘米，郭宽0.17、郭厚0.15厘米，重3.11克（图四八：4）。

标本M1：76-11，"五"字中间两交笔弧曲，上、下两横两头微出头，"铢"字的"金"旁头部呈大三角形，下部四点稍长，"朱"旁上部方圆折，两竖微外敞，下部方折，稍长于上部，上、下部之间的间距较近。字体较粗，结构较紧凑。直径2.56、穿宽0.87厘米，郭宽0.16、郭厚0.14厘米，重2.62克（图四八：5）。

标本M1：76-12，"五"字中间两笔屈曲，形似两上、下相对的炮弹，"铢"字的"金"旁呈大三角形，下部四点稍长，"朱"旁上部方圆折，下部方折，下部长于上部，上、下部之间的间距较近。字形瘦长秀丽、清晰。直径2.58、穿宽0.96厘米，郭宽0.17、郭厚0.17厘米，重3.02克（图四八：6）。

标本M1：76-13，"五"字中间两交笔屈曲，形似两上、下相对的炮弹，"铢"字的"金"旁头部呈三角形，下部四点稍长，"朱"旁上部方圆折，下部圆折，上、下两竖皆外敞，下部略长于上部，上、下部之间的间距较大，结构稍显松散。字形纤细，秀丽瘦长。直径2.56、穿宽1.02厘米，郭宽0.13、郭厚0.13厘米，重2.75克（图四八：7）。

标本M1：76-14，外郭边缘厚薄不一。"五"字中间两交笔弯曲，形似两上、下相对的炮弹，"铢"字较为模糊，"金"旁上部呈三角形，下部四点较短，"朱"旁上部方圆折，下部圆折，下部长于上部，上、下部之间的间距较近。直径2.6、穿宽0.92厘米，郭宽0.16、郭厚0.19厘米，重3.24克（图四八：8）。

标本M1：76-15，字迹略凸。"五"字中间两交笔弧曲，"铢"字的"金"旁上部呈大三角形，下部四点稍长，"朱"旁上部方圆折，两竖微外敞，下部圆折，微长于上部。字形较粗。直径2.62、穿宽0.9厘米，郭宽0.15、郭厚0.14厘米，重2.98克（图四八：9）。

标本M1：76-16，"五"字中间两交笔微曲，上、下两横笔两头微出头，"铢"字的"金"旁上部呈三角形，下部四点较长，"朱"旁上部方折，下部圆折，两竖较直，下部微长于上部，上、下部之间的间距较大。直径2.61、穿宽0.97厘米，郭宽0.17、郭厚0.17厘米，重2.51克（图四八：10）。

标本M1：76-17，边缘微残。"五"字中交两交笔弯曲，上、下两横微出头，"铢"字的"金"旁上部呈大三角形，下部四点稍长，"朱"旁上部圆折，两竖微外敞，下部圆折，两竖较直，上、下部之间的间距较小，上、下基本等长。直径2.6、穿宽0.92厘米，郭宽0.16、郭厚0.14厘米，残重2.51克（图四八：11）。

标本M1：76-18，表面有气孔。"五"字中间两交笔弧曲，"铢"字的"金"旁上部呈三角形，下部四点较短，"朱"旁上部圆折，两竖较直，下部圆折，两竖较直，下部微长于上部，上、下部之间的间距较近。字形清晰，略显瘦长。直径2.47、穿宽0.97厘米，郭宽0.14、郭厚0.16厘米，残重2.31克（图四八：12）。

标本M1：76-19，穿下有一点。"五"字中间两交笔弯曲，形似两上下相对的炮弹，上下两横微出头，"铢"字的"金"旁上部呈三角形，下部四点稍长，"朱"旁上部方圆折，两竖微外敞，下部方圆折，下部略长于上部。直径2.56、穿宽0.89厘米，郭宽0.16、郭厚0.14厘米，重2.45克（图四九：1）。

标本M1：76-20，"五"字中间两交笔弧曲，上、下两横微出头，"铢"字的"金"旁上部呈大三角形，下部四点稍长，"朱"旁上部圆折，两竖较直，下部圆折，略长于上部，上、下部之间的间距较小。字迹清晰，结构紧凑。直径2.54、穿宽0.89厘米，郭宽0.17、郭厚0.15厘米，重3.13克（图四九：2）。

标本M1：76-21，"五"字中间两交笔弧曲，"铢"字的"金"旁上部呈大三角形，下部四点较短，"朱"旁上部方圆折，两竖较直，下部方折，两竖较直，下部长于上部，上、下部之间的间距较大。字形纤细秀丽清晰，整体略显瘦长。直径2.61、穿宽0.96厘米，郭宽0.16、郭厚0.16厘米，重3.38克（图四九：3）。

标本M1：76-22，字形整体模糊。"五"字交笔微曲，形似两上、下相对的炮弹，"铢"字的"金"旁呈大三角形，下部模糊不清，"朱"旁上部方圆折，两竖较直，下部圆折，上下基本等长，上、下部之间的间距较小。直径2.6、穿宽0.92厘米，郭宽0.18、郭厚0.2厘米，重3.63克（图四九：4）。

标本M1：76-23，"五"字交笔弯曲，形似两个上下相对的炮弹，"铢"字的"金"旁头部呈大三角形，下部四点较长，"朱"旁上部圆折，两竖较直，下部方圆折，下部略长于上部，上、下部之间的间距较大。字迹秀丽清晰，略显瘦长。径2.6、穿宽0.97厘米，郭宽0.16、郭厚0.15厘米，重3.4克（图四九：5）。

标本M1：76-24，"五"字中间两交笔弧曲，"铢"字比较模糊，"金"旁上部呈三角形，下部四点较长，"朱"旁上部方圆折，两竖微外敞，下部圆折，下部长于上部。直径2.6、穿宽0.99厘米，郭宽0.16、郭厚0.17厘米，重3.21克（图四九：6）。

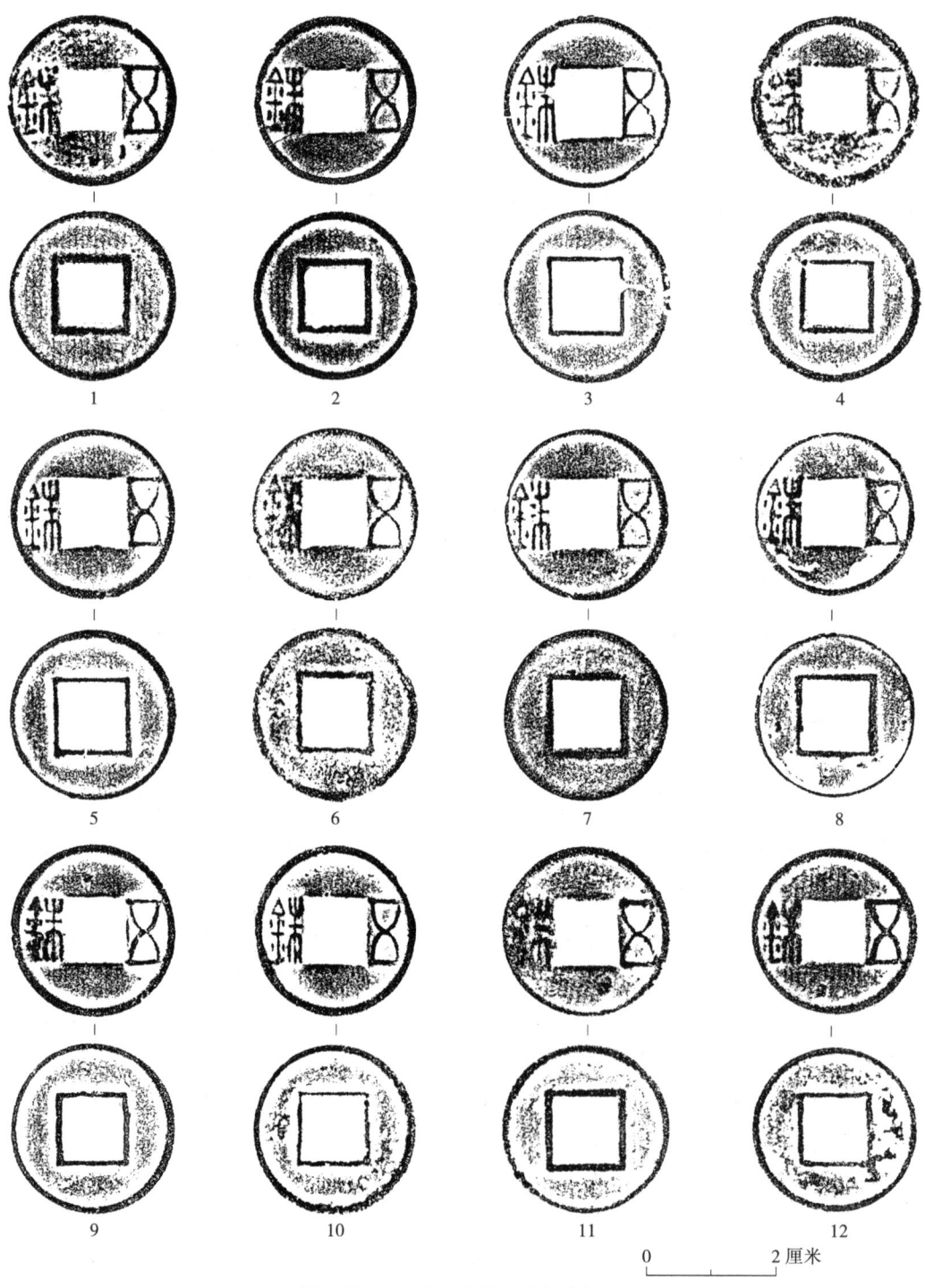

图四九　M1出土完整五铢铜钱拓片

1. M1:76-19　2. M1:76-20　3. M1:76-21　4. M1:76-22　5. M1:76-23　6. M1:76-24　7. M1:76-25
8. M1:76-26　9. M1:76-27　10. M1:76-28　11. M1:83-1　12. M1:83-2

标本M1:76-25，"五"字中间两交笔弯曲，"铢"字的"金"旁上部呈大三角形，下部四点稍短，"朱"旁上部圆折，两竖较直，下部方圆折，两竖较直，下部长于上部，上、下部之间的间距较大。字迹清晰。直径2.56、穿宽0.97厘米，郭宽0.16、郭厚0.16厘米，重2.78克（图四九：7）。

标本M1:76-26，肉薄，中间有砂眼。外郭较窄不甚规则。"五"字中间两交笔屈曲，"铢"字的"金"旁头部呈三角形，下部四点稍长，"朱"旁上部方折，两竖微外敞，下部方圆折，微长于上部，上、下部之间的间距较小，字形结构紧凑。直径2.46、穿宽0.96厘米，郭宽0.12、郭厚0.12厘米，残重1.44克（图四九：8）。

标本M1:76-27，"五"字中间两交笔微弧，上、下两横微出头，"铢"字的"金"旁头部呈三角形，下部四点较短，"朱"旁上部方圆折，两竖近直，下部圆折，下部长于上部，上、下部之间的间距较大，两竖较直。直径2.56、穿宽0.94厘米，郭宽0.16、郭厚0.16厘米，重3.09克（图四九：9）。

标本M1:76-28，"五"字中间两交笔弧曲，形似两上下相对的炮弹，上下两横微出头，"铢"字的"金"旁头部呈大三角形，下部四点稍长，"朱"旁上部圆折，两竖微外敞，下部方圆折，略长于上部，上、下部之间的间距较近。字形秀丽，结构紧凑。直径2.55、穿宽0.96厘米，郭宽0.16、郭厚0.15厘米。重2.9克（图四九：10）。

标本M1:83-1，出土于北中侧室底部，下同。"五"字中间两交笔弯曲，"铢"字的"金"旁较为模糊，依稀可见上部呈三角形，下部四点稍长，"朱"旁上部方圆折，两竖较直，下部方折，下部长于上部，上、下部之间的间距较小。直径2.57、穿宽0.96厘米，郭宽0.16、郭厚0.15厘米，重2.84克（图四九：11）。

标本M1:83-2，"五"字中间两交笔微曲，上下两横微出头，"铢"字的"金"旁上部呈实心三角形，下部四点稍长，"朱"旁上部方圆折，两竖微外敞，下部圆折，两竖较直，下部微长于上部，上、下部之间的间距较小。字形整体瘦长。直径2.52、穿宽0.91厘米，郭宽0.14、郭厚0.13厘米，重2.73克（图四九：12）。

标本M1:83-3，"五"字中间两交笔微曲，"铢"字的"金"旁上部呈三角形，下部三点稍长，"朱"旁上部方圆折，两竖微外敞，下部圆折，两竖较直，上下基本等长，上、下部之间的间距较近。字迹略模糊。直径2.59、穿宽0.93厘米，郭宽0.14、郭厚0.13厘米，重2.43克（图五〇：1）。

标本M1:83-5，边缘略残缺。"五"字中间两交笔屈曲，上下两横微出头，"铢"字的"金"旁上部呈三角形，下部四点稍长，"朱"旁上部方折，两竖较直，下部圆折，两竖较直，下部长于上部，之间的间距较小。直径2.61、穿宽0.93厘米，郭宽0.22、郭厚0.16厘米，残重2.92克（图五〇：2）。

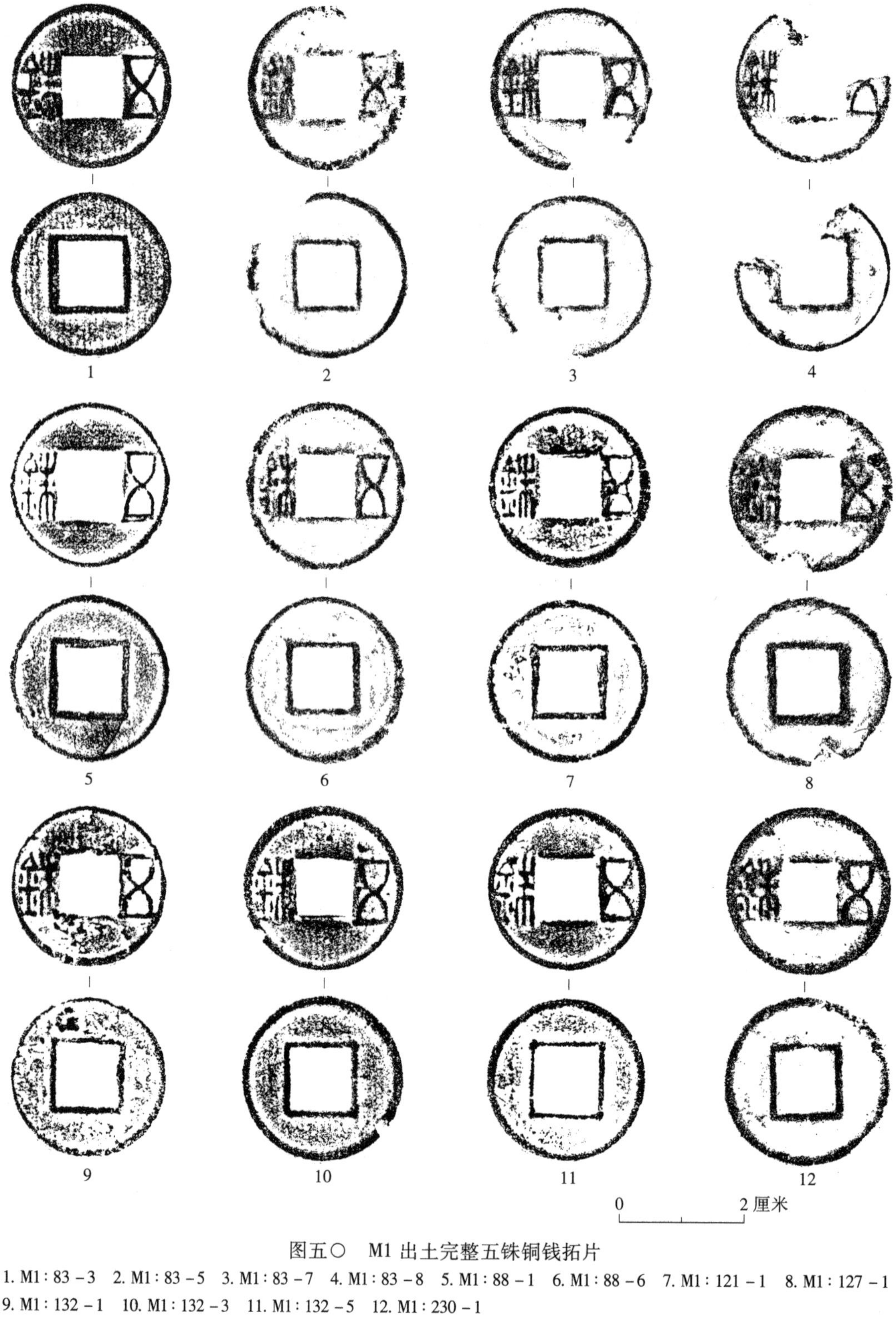

图五〇 M1 出土完整五铢铜钱拓片

1. M1:83-3 2. M1:83-5 3. M1:83-7 4. M1:83-8 5. M1:88-1 6. M1:88-6 7. M1:121-1 8. M1:127-1 9. M1:132-1 10. M1:132-3 11. M1:132-5 12. M1:230-1

标本 M1:83-7，肉薄，部分残缺。"五"字中间两交笔弯曲，"铢"字的"金"旁上部呈大三角形，与"朱"旁上部基本等长，下部四点较长，"朱"旁上、下部皆方折，两竖较直，下部稍长于上部，之间的间距较小。直径2.54、穿宽1厘米，郭宽0.12、郭厚0.14厘米。残重1.66克（图五〇：3）。

标本 M1:83-8，残缺约小部分。"五"字中间两交笔弯曲，"铢"字的"金"旁上部呈实心三角形，下部四点稍长，"朱"旁上部方折，下部方圆折，两竖较直，上、下部基本等长，之间的间距较大。字形整体秀丽纤细。直径2.5、穿宽1厘米，郭宽0.11、郭厚0.1厘米，残重1.3克（图五〇：4）。

标本 M1:88-1，出土于北前侧室底部，下同。"五"字中间两交笔弯曲，上下两横微出头，"铢"字的"金"旁头部呈大三角形，下部四点较长较细，"朱"旁上部方圆折，两竖微外敞，下部圆折，下部微长于上部，上、下部之间的间距较小。字形结构紧凑，秀丽清晰。直径2.57、穿宽0.99厘米，郭宽0.16、郭厚0.14厘米，重2.79克（图五〇：5）。

标本 M1:88-2，外郭边缘有毛刺。字形较模糊。"五"字中间两交笔微曲，"铢"字的"金"旁上部呈三角形，下部四点较长，"朱"旁上、下部皆方折，两竖较直，上下基本等长。字形整体显瘦长。直径2.25、穿宽0.97厘米，郭宽0.16、郭厚0.15厘米，重2.61克（图五四：2）。

标本 M1:88-6，中间有小砂眼。"五"字中间两交笔屈曲，上、下两横微出头，"铢"字的"金"旁上部呈大三角形，与"朱"旁上部基本等长，下部四点较短，"朱"旁上部圆折，两竖微外敞，下部圆折，两竖较直，下部稍长于上部，之间的间距较大。直径2.6、穿宽0.92厘米，郭宽0.17、郭厚0.17厘米，重2.51克（图五〇：6）。

标本 M1:88-8，边缘略残，局部有凿切痕迹，边缘残留有毛边，窄外郭。字形较为模糊。"五"字中间两交笔屈曲，"铢"字的"金"旁上部呈三角形，下部四点较短，"朱"旁上部方折，两竖微外敞，下部圆折，两竖较直，下部稍长于上部，之间的间距较大。直径2.21、穿宽0.85厘米，郭宽0.11、郭厚0.11厘米，残重1.77克（图五四：3）。

标本 M1:121-1，表面有小砂眼。"五"字中间两交笔弧曲，"铢"字的"金"旁上部呈大三角形，下部四点较长，"朱"旁上部方折，两竖较直，下部圆折，下部微长于上部，上、下部之间的间距较小。字形纤细秀丽，整体略显瘦长。直径2.6、穿宽0.98厘米，郭宽0.19、郭厚0.17厘米。重2.87克（图五〇：7）。

标本 M1:127-1，出土于K1中，下同。边缘略残缺。字迹极浅，字形模糊。

"五"字中间两交笔微曲,"铢"字的"金"旁上部似带翼箭镞,下部四点较短,"朱"旁上部圆折,两竖微外敞,下部方折,两竖较直,下部稍长于上部,之间间距较近。直径2.62、穿宽0.97厘米,郭宽0.17、郭厚0.15厘米,残重2.81克(图五〇:8)。

标本M1:132-1,出土于K1中,下同。"五"字交笔呈屈曲状,上、下两横微出头,"铢"字的金旁头部呈大三角形,与"朱"旁上部基本等高,下部四点较长,"朱"旁上部方折,两竖微外敞,下部圆折,两竖较直,下部稍长于上部,上、下部之间的间距较近。直径2.54、穿宽0.98厘米,郭宽0.15、郭厚0.17厘米,重2.43克(图五〇:9)。

标本M1:132-3,边缘稍残。"五"字交笔呈微曲,上、下两横微出头,"铢"字的"金"旁头部呈大三角形,下部四点稍短,"朱"旁上部方折,两竖较直,下部圆折,上、下部之间的间距较近。直径2.59、穿宽0.89厘米,郭宽0.15、郭厚0.15厘米,残重2.59克(图五〇:10)。

标本M1:132-5,"五"字交笔微直,"铢"字的"金"旁呈大三角形,下部四点较长,"朱"旁上部方折,两竖微外敞,下部方圆折,下部微长于上部,上、下部之间的间距较大。直径2.56、穿宽0.99厘米,郭宽0.16、郭厚0.14厘米,重2.54克(图五〇:11)。

标本M1:230-1,"五"字中间两交笔屈曲,上、下两横微出头,"铢"字的"金"旁上部呈三角形,下部四点较短,"朱"旁上部圆折,两竖微外敞,下部圆折,两竖较直,下部稍长于上部,上、下部之间的间距较小。字体较粗。直径2.59、穿宽0.9厘米,郭宽0.19、郭厚0.15厘米,重2.91克(图五〇:12)。

标本M1:230-2,"五"字中间两交笔屈曲,"铢"字的"金"旁上部呈三角形,下部四点较短,"朱"旁上部圆折,两竖较直,下部方圆折,两竖较直,下部稍长于上部,上、下部之间的间距较大。直径2.53、穿宽0.97厘米,郭宽0.15、郭厚0.17厘米,重2.63克(图五一:1)。

标本M1:230-4,中间有砂眼。"五"字中间两交笔弧曲,上、下两横微出头,"铢"字的"金"旁上部呈三角形,下部四点较短,"朱"旁上部方折,两竖较直,下部圆折,两竖较直,下部长于上部,上、下部之间的间距较大。字形纤细秀丽,结构紧凑。直径2.54、穿宽0.89厘米,郭宽0.1、郭厚0.15厘米。残重2.67克(图五一:2)。

标本M1:230-5,小半部残缺。"五"字中间两交笔微曲,"铢"字残缺。直径2.62、穿宽0.92厘米,郭宽0.15、郭厚0.12厘米,残重1.85克(图五一:3)。

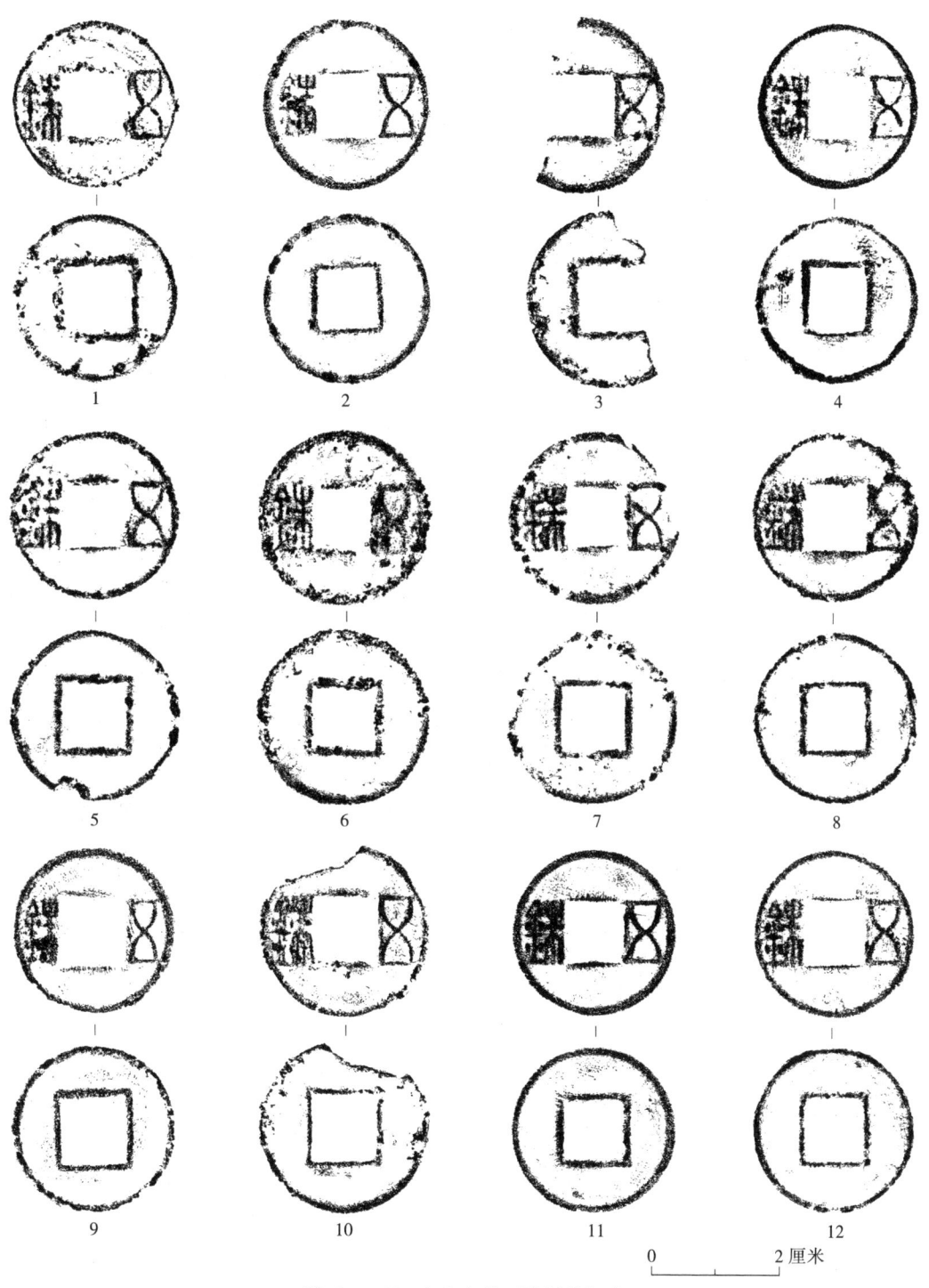

图五一 M1 出土完整五铢铜钱拓片
1. M1:230-2 2. M1:230-4 3. M1:230-5 4. M1:230-6 5. M1:230-7 6. M1:230-8 7. M1:230-9
8. M1:230-10 9. M1:230-12 10. M1:230-13 11. M1:230-14 12. M1:230-15

标本 M1：230－6，"五"字中间两交笔微曲，上、下两横微出头，"铢"字的"金"旁上部呈三角形，下部四点稍长，"朱"旁上部方折，两竖较直，下部方圆折，两竖较直，下部稍长于上部，上、下部之间的间距较大。直径 2.52、穿宽 0.94 厘米，郭宽 0.13、郭厚 0.23 厘米，重 2.52 克（图五一：4）。

标本 M1：230－7，"五"字中间两交笔屈曲，"铢"字的"金"旁上部呈三角形，下部四点稍长，"朱"旁上部方圆折，两竖微外敞，下部圆折，两竖较直，上、下部基本等长，之间间距较大。直径 2.57、穿宽 0.91 厘米，郭宽 0.19、郭厚 0.2 厘米，重 3.25 克（图五一：5）。

标本 M1：230－8，表面有铁锈。"五"字中间两交笔屈曲，"铢"字的"金"旁上部呈大三角形，下部四点稍长，"朱"旁上、下部皆圆折，两竖较直，下部稍长于上部，上、下部之间的间距较近。直径 2.68、穿宽 0.93 厘米，郭宽 0.18、郭厚 0.19 厘米，重 2.71 克（图五一：6）。

标本 M1：230－9，表面有砂眼，边郭局部稍残。"五"字中间两交笔屈曲，上、下两横微出头，"铢"字的"金"旁上部呈三角形，下部四点稍长，"朱"旁上部圆折，两竖较直，下部方圆折，两竖较直，下部稍长于上部，上、下部之间的间距较大。直径 2.57、穿宽 0.89 厘米，郭宽 0.16、郭厚 0.11 厘米，残重 2.45 克（图五一：7）。

标本 M1：230－10，"五"字中间两交笔微曲，"铢"字的"金"旁上部呈三角形，下部四点稍短，"朱"旁上部方圆折，两竖较直，下部圆折，两竖较直，下部长于上部，上、下部之间的间距较大。直径 2.58、穿宽 0.97 厘米，郭宽 0.15、郭厚 0.18 厘米，重 3.24 克（图五一，8）。

标本 M1：230－12，表面有细小砂眼。"五"字中间两交笔屈曲，"铢"字的"金"旁上部呈三角形，下部四点较长，"朱"旁上、下部皆圆折，两竖较直，上、下部基本等长，上、下部之间的间距较大。直径 2.49、穿宽 0.99 厘米，郭宽 0.18、郭厚 0.14 厘米，重 1.87 克（图五一，9）。

标本 M1：230－13，边缘残缺。"五"字中间两交笔屈曲，"铢"字的"金"旁上部呈大三角形，与"朱"旁上部基本相等，下部四点较短，"朱"旁上部方折，两竖较直，下部圆折，两竖较直，下部稍长于上部，上、下部之间的间距较大。直径 2.67、穿宽 0.94 厘米，郭宽 0.13、郭厚 0.17 厘米，残重 2.36 克（图五一：10）。

标本 M1：230－14，"五"字中间两交笔屈曲，"铢"字的"金"旁上部呈三角形，下部四点较短，"朱"旁上、下部皆圆折，两竖较直，下部稍长于上部，上、下部之间的间距较近。字体较粗，字形清晰规范。直径 2.5、穿宽 0.92 厘米，郭宽 0.13、郭厚 0.15 厘米，重 3.17 克（图五一：11）。

标本 M1∶230－15，"五"字中间两交笔屈曲，"铢"字的"金"旁上部呈三角形，下部四点稍长，"朱"旁上、下部皆圆折，两竖较直，下部稍长于上部，上、下部之间的间距较大。字形清晰规范。直径 2.48、穿宽 0.93 厘米，郭宽 0.13、郭厚 0.16 厘米，重 2.92 克（图五一∶12）。

标本 M1∶230－16，中间有两个小砂眼。字迹较浅，"铢"字比较模糊。"五"字中间两交笔屈曲，上、下两横微出头，"铢"字的"金"旁上部呈三角形，下部四点稍长，"朱"旁上部圆折，两竖较直，下部方折，两竖较直，下部稍长于上部，上、下部之间的间距较大。直径 2.59、穿宽 0.87 厘米，郭宽 0.2、郭厚 0.16 厘米，残重 2.44 克（图五二∶1）。

标本 M1∶230－17，"五"字中间两交笔弧曲，上、下两横微出头，"铢"字的"金"旁上部呈三角形，下部四点较短，"朱"旁上部圆折，两竖微外敞，下部圆折，两竖较直，下部稍长于上部，之间的间距较大。字形规范清晰。直径 2.6、穿宽 0.93 厘米，郭宽 0.13、郭厚 0.17 厘米，重 3.09 克（图五二∶2）。

标本 M1∶230－19，边缘略残。"五"字中间两交笔微曲，上、下两横微出头，"铢"字的"金"旁上部呈三角形，下部四点较短，"朱"旁上、下部皆圆折，两竖较直，下部稍长于上部，之间的间距较大。直径 2.6、穿宽 0.87 厘米，郭宽 0.16、郭厚 0.15 厘米，残重 2.68 克（图五二∶3）。

标本 M1∶230－20，"五"字中间两交笔屈曲，形似上、下两相对的炮弹，"铢"字的"金"旁上部呈三角形，下部四点较短，"朱"旁上、下部皆圆折，上部两竖微外敞，下部两竖较直，下部长于上部，之间的间距较大。直径 2.6、穿宽 0.94 厘米，郭宽 0.18、郭厚 0.18 厘米，重 2.6 克（图五二∶4）。

标本 M1∶230－21，"五"字中间两交笔屈曲，形似上、下两相对的炮弹，"铢"字的"金"旁上部呈三角形，下部四点较长，"朱"旁上、下部皆圆折，两竖较直，下部稍长于上部，之间的间距较小。字形较粗。直径 2.6、穿宽 0.96 厘米，郭宽 0.17、郭厚 0.16 厘米，重 3.02 克（图五二∶5）。

标本 M1∶230－22，边缘微残。"五"字中间两交笔屈曲，"铢"字的"金"旁上部呈三角形，下部四点较短，"朱"旁上、下部皆圆折，两竖较直，下部明显长于上部，之间的间距较大。直径 2.59、穿宽 0.92 厘米，郭宽 0.15、郭厚 0.15 厘米，残重 2.5 克（图五二∶6）。

标本 M1∶230－26，"五"字中间两交笔微曲，"铢"字的"金"旁上部呈三角形，下部四点较长，"朱"旁上部圆折，两竖较直，下部圆折，两竖略外敞，下部明显长于上部，之间的间距较大。直径 2.6、穿宽 0.99 厘米，郭宽 0.17、郭厚 0.15 厘米，重 2.83 克（图五二∶7）。

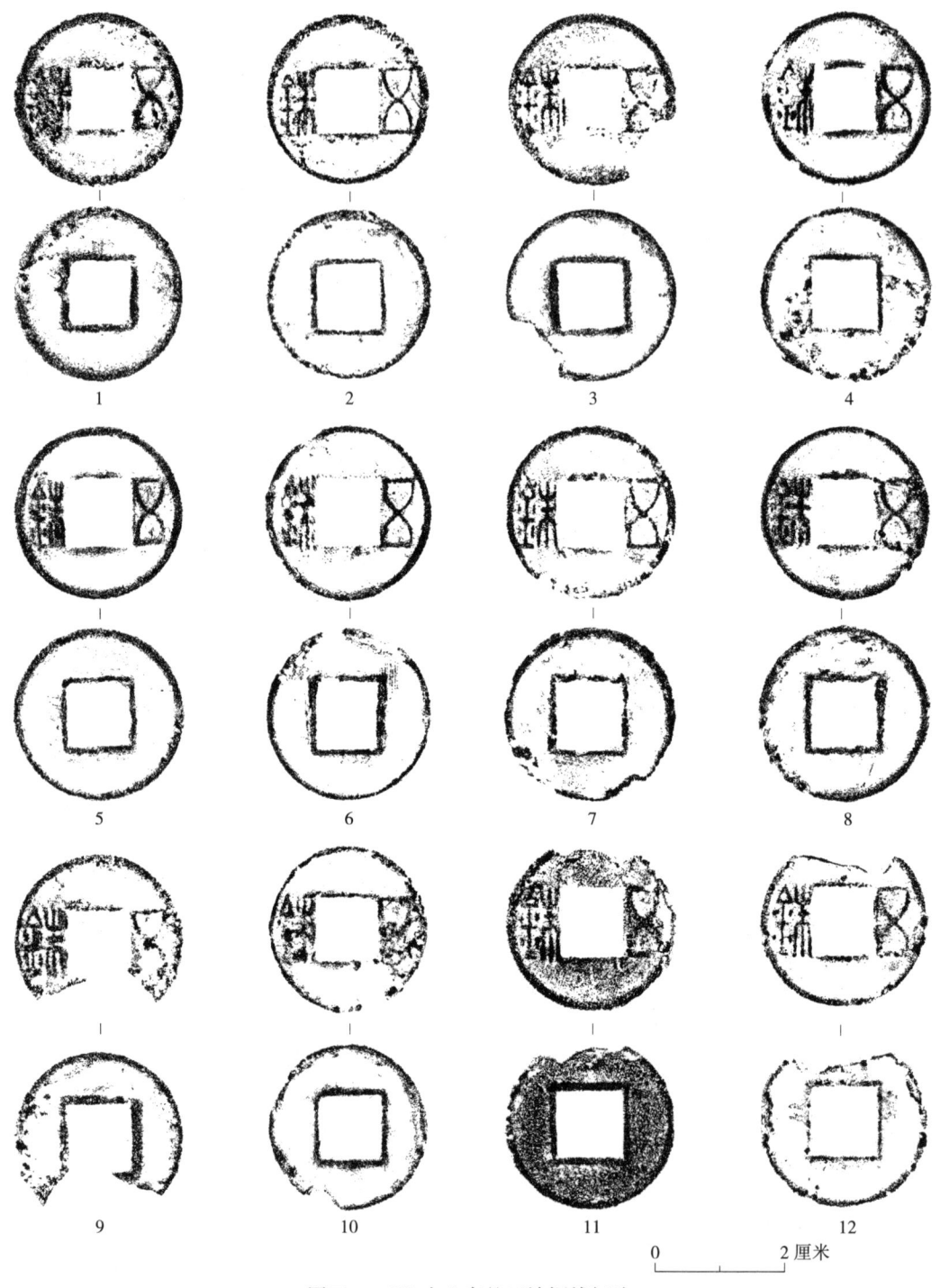

图五二　M1 出土完整五铢铜钱拓片

1. M1：230－16　2. M1：230－17　3. M1：230－19　4. M1：230－20　5. M1：230－21　6. M1：230－22　7. M1：230－26　8. M1：230－27　9. M1：230－28　10. M1：230－29　11. M1：230－31　12. M1：230－32

标本 M1∶230－27，"五"字中间两交笔屈曲，上、下两横微出头，"铢"字的"金"旁上部呈大三角形，与"朱"旁上部基本相等，下部四点较长，"朱"旁上部圆折，两竖微外敞，下部圆折，两竖较直，下部长于上部，之间的间距较大。直径 2.6、穿宽 0.98 厘米，郭宽 0.15、郭厚 0.18 厘米，重 2.7 克（图五二∶8）。

标本 M1∶230－28，部分残缺。"五"字中间两交笔微曲，"铢"字的"金"旁上部呈大三角形，与"朱"旁上部基本相等，下部四点较长，"朱"旁上部方圆折，两竖较直，下部圆折，两竖较直，下部长于上部，之间的间距较小。直径 2.64、穿宽 0.92 厘米，郭宽 0.15、郭厚 0.17 厘米，残重 2.94 克（图五二∶9）。

标本 M1∶230－29，边缘略残，表面锈蚀严重。"五"字仅见上部，可见中间交笔微曲，"铢"字的"金"旁上部呈大三角形，下部四点较短，"朱"旁上部方圆折，两竖较直，下部圆折，两竖较直，下部长于上部，之间的间距较大。直径 2.46、穿宽 0.93 厘米，郭宽 0.14、郭厚 0.16 厘米，残重 2.11 克（图五二∶10）。

标本 M1∶230－31，边缘残缺。字形较浅。"五"字中间两交笔微曲，"铢"字的"金"旁上部呈三角形，下部四点较短，"朱"旁上、下部皆圆折，上部两竖微外敞，下部长于上部，之间的间距较大。直径 2.57、穿宽 0.97 厘米，郭宽 0.14、郭厚 0.15 厘米，残重 2.14 克（图五二∶11）。

标本 M1∶230－32，边缘略残。"五"字中间两交笔较直，"铢"字的"金"旁上部呈大三角形，与"朱"旁上部基本相等，下部四点较短，"朱"旁上部圆折，两竖较直，下部方圆折，两竖较直，下部长于上部，之间的间距较大。直径 2.61、穿宽 0.93 厘米，郭宽 0.16、郭厚 0.16 厘米，残重 2.64 克（图五二∶12）。

标本 M1∶230－33，穿部略残，中间有小沙眼。字迹极浅，"五"字模糊，依稀可见中间两交笔微曲。"铢"字的"金"旁上部呈三角形，下部四点较短，"朱"旁上、下部皆圆折，两竖较直，下部稍长于上部，之间的间距较小。直径 2.53、穿宽 0.91 厘米，郭宽 0.16、郭厚 0.15 厘米，残重 2.24 克（图五三∶1）。

标本 M1∶230－36，肉薄，中间残缺，背面平整，背郭不显，表面有小沙眼。"五"字中间两交笔屈曲，"铢"字的"金"旁上部呈三角形，下部四点稍长，"朱"旁上、下部皆圆折，两竖较直，下部长于上部，之间的间距较大。直径 2.55、穿宽 0.96 厘米，郭宽 0.14、郭厚 0.14 厘米，残重 1.68 克（图五三∶2）。

标本 M1∶230－40，部分残缺。"五"字中间两交笔弯曲，形似两上下相对的炮弹，上、下两横微出头，"铢"字的"金"旁上部呈三角形，下部四点较短，"朱"旁上下部皆圆折，两竖较直，下部长于上部，之间的间距较大。字迹略凸，字迹秀丽清晰。直径 2.61、穿宽 0.97 厘米，郭宽 0.18、郭厚 0.16 厘米，残重 1.91 克（图五三∶3）。

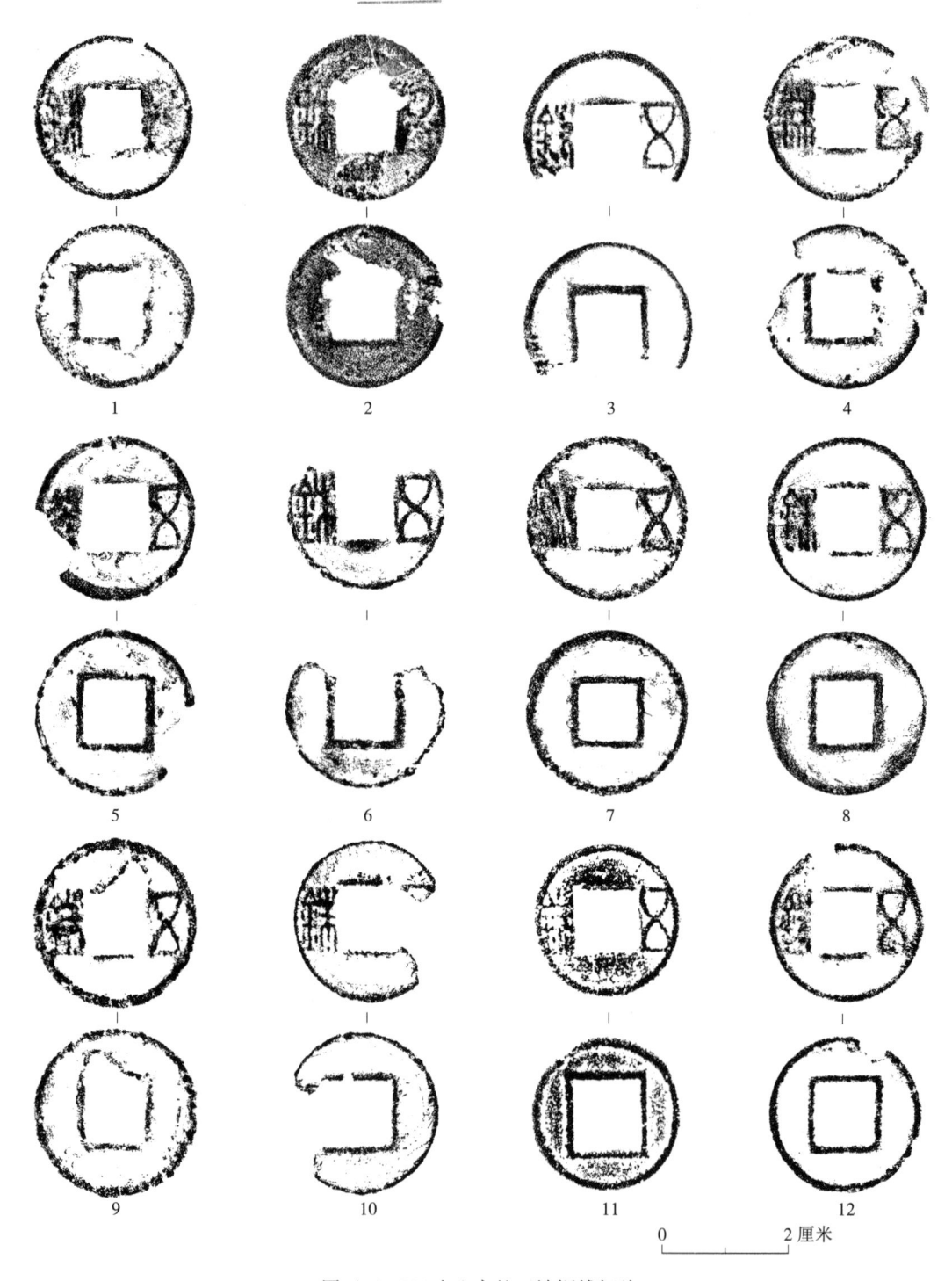

图五三　M1 出土完整五铢铜钱拓片

1. M1:230-33　2. M1:230-36　3. M1:230-40　4. M1:230-41　5. M1:230-42　6. M1:230-47　7. M1:230-48　8. M1:230-49　9. M1:250-2　10. M1:250-4　11. M1:74-5　12. M1:74-9

标本 M1：230－41，部分残缺。"五"字边缘稍有残损。"五"字中间两交笔微曲，"铢"字的"金"旁上部呈三角形，下部四点较短，"朱"旁上部方折，两竖微外敞，下部方圆折，两竖较直，下部稍长于上部，之间的间距较大。直径 2.55、穿宽 0.9 厘米，郭宽 0.16、郭厚 0.11 厘米，残重 2.04 克（图五三：4）。

标本 M1：230－42，边缘略残。"五"字中间两交笔微曲，形似两上、下相对的炮弹，"铢"字下部残缺，"金"旁上部呈三角形，"朱"旁上部方折，两竖微外敞。直径 2.57、穿宽 0.94 厘米，郭宽 0.2、郭厚 0.16 厘米。残重 2.59 克（图五三：5）。

标本 M1：230－47，部分残缺。"五"字中间两交笔弯曲，形似两上、下相对的炮弹，"铢"字的"金"旁上部呈三角形，下部四点较长，"朱"旁上下部皆圆折，两竖较直，下部略长于上部，之间的间距较大。直径 2.58、穿宽 0.93 厘米，郭宽 0.13、郭厚 0.15 厘米，残重 2.06 克（图五三：6）。

标本 M1：230－48，铢字模糊不清。"五"字中间两交笔弧曲。字体较粗。直径 2.58、穿宽 0.93 厘米，郭宽 0.19、郭厚 0.18 厘米，重 3.34 克（图五三：7）。

标本 M1：230－49，"五"字中间两交笔屈曲，上、下两横微出头，"铢"字的"金"旁上部呈三角形，下部四点较短，"朱"旁上下部皆圆折，上部两竖微外敞，下部两竖较直，上、下部基本等长，之间的间距较大。直径 2.53、穿宽 0.87 厘米，郭宽 0.16、郭厚 0.17 厘米，重 2.68 克（图五三：8）。

标本 M1：250－2，中间略残，穿下一星。字迹清楚，钱文高耸。"五"字交笔微曲，较显瘦高，"铢"字的"金"字头呈三角形，四点较短，"铢"字的"朱"旁上、下部皆方折，上、下两竖皆不出头，下部稍长于上部，之间的间距较大。直径 2.61、穿宽 0.92 厘米，郭宽 0.17、郭厚 0.15 厘米，重 2.32 克（图五三：9）。

标本 M1：250－4，部分残缺，外郭不甚规整。"五"字残缺，"铢"字的"金"旁上部呈大三角形，下部四点较长，朱旁上部圆折，两竖微外撇，下部方圆折，下部稍长于上部，上、下部之间的间距较大。直径 2.5、穿宽 0.98 厘米，郭宽 0.11、郭厚 0.12 厘米，残重 1.5 克（图五三：10）。

2. 磨郭五铢

出土数量较多，约 18 枚。

标本 M1：74－4，完整。外郭不甚规则，可能系磨去边郭（廓）取铜所致。字形细且浅。"五"字中间两交笔微曲，"铢"字的"金"旁头部呈大三角形，下部四点较短，不甚清晰，"朱"旁上部方圆折，两竖微外敞，下部圆折，长于上部，上、下部之间的间距较小。直径 2.47、穿宽 0.94 厘米，郭宽 0.14、郭厚 0.14 厘米，重 2.25 克（图五四：4）。

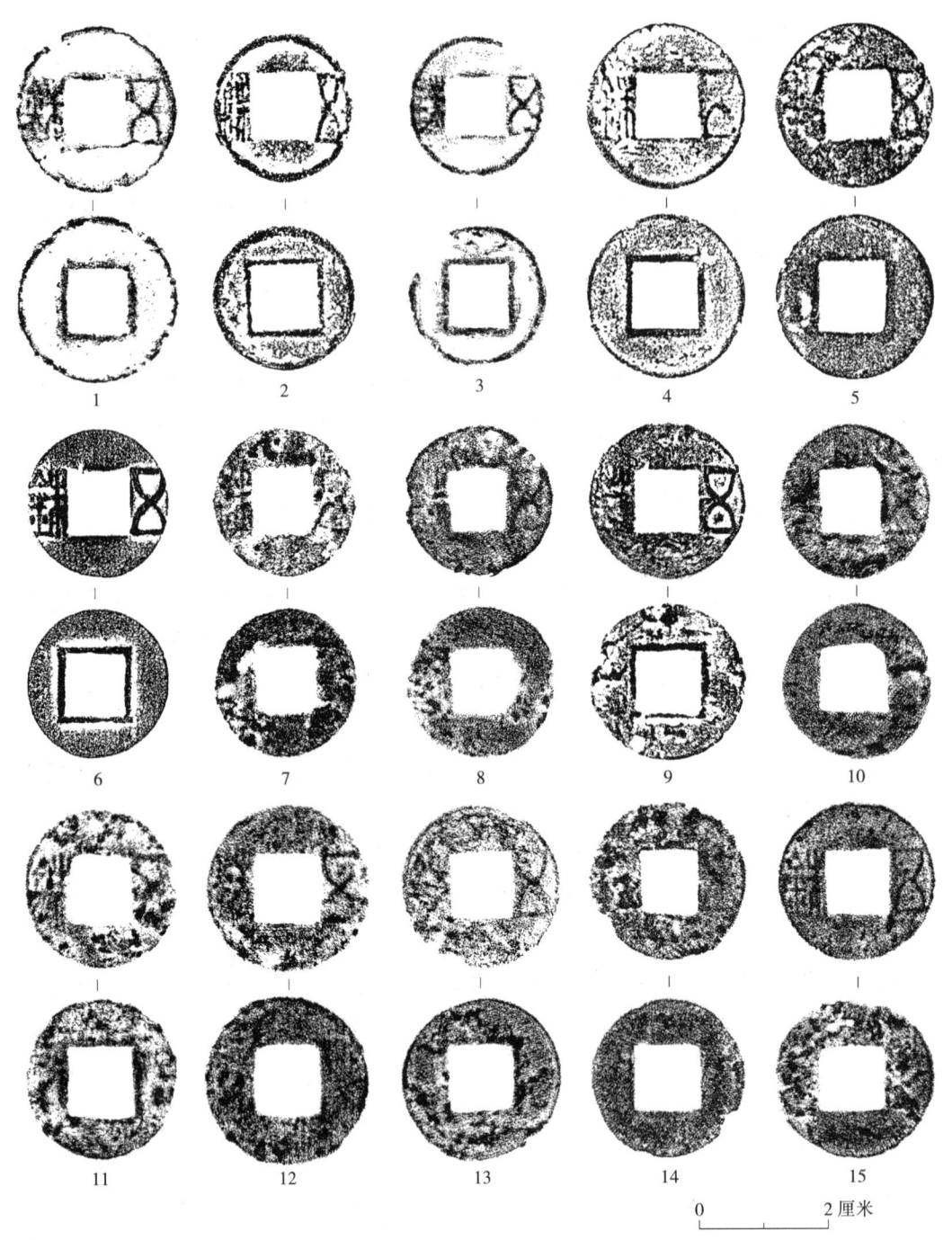

图五四 M1 出土五铢铜钱拓片（1—3. 完整五铢，4—15. 磨郭五铢）

1. M1:74-10 2. M1:88-2 3. M1:88-8 4. M1:74-4 5. M1:76-29 6. M1:76-31 7. M1:76-37
8. M1:83-6 9. M1:132-4 10. M1:230-3 11. M1:230-11 12. M1:230-23 13. M1:230-24 14. M1:230-25 15. M1:230-30

标本M1:76-29，整体完整。背郭似被磨平。字形完整，字迹不甚清晰，"铢"字极为模糊。"五"字中间交笔微曲，"铢"字的"金"旁头部呈三角形，"朱"旁上部圆折，两竖微外敞，下部方圆折，上、下部之间的间距较近。直径2.45、穿宽0.99厘米，重2.42克（图五四：5）。

标本M1:76-31，字形边缘略残，基本完整。"五"字中间两交笔略弯曲，"铢"字的"金"旁头部呈大三角形，下部四点较短，"朱"旁上部方圆折，两竖略外敞，下部圆折，上、下部之间的间距较近，下部略长于上部。字形清晰，结构紧凑，略显瘦长。直径2.22、穿宽0.89厘米，重2.5克（图五四：6）。

标本M1:76-37，表面呈铁锈色，边缘规整，穿的背郭不显。字迹极浅，较模糊。"五"字中间两交笔微曲，"铢"字的"金"旁稍残，可见上部呈三角形，下部两点较长，"朱"旁上部圆折，两竖微外敞，下部方圆折，两竖较直，下部略长于上部，之间的间距较小。直径2.2、穿宽0.9厘米，重1.6克（图五四：7）。

标本M1:83-6，表面呈铁锈色，穿背无郭，字迹极浅且模糊。"五"字中间两交笔微曲，"铢"字的"金"旁上部呈大三角形，下部四点较长，"朱"旁上部圆折，两竖微外敞，下部方圆折，两竖较直，上、下部基本等长，之间的间距较小。直径2.26、穿宽0.89厘米，肉厚0.13厘米，残重2.08克（图五四：8）。

标本M1:132-4，表面发黑。背郭不甚明显。字形基本完整，不甚清晰。"五"字中间两交笔弯曲，"铢"字模糊不清。直径2.37、穿宽0.92厘米，重1.64克（图五四：9）。

标本M1:230-3，穿背无郭，字迹极浅且不甚清晰。"五"字中间两交笔较直，"铢"字较模糊，可见"金"旁上部呈三角形，"朱"旁上部圆折，两竖较直。直径2.32、肉厚0.09、穿宽0.93厘米，重1.55克（图五四：10）。

标本M1:230-11，背郭不甚清楚。字迹极浅且较为清晰，"五"字边缘微有残损。"五"字中间两交笔微曲，"铢"字的"金"旁上部呈三角形，下部四点稍长，"朱"旁上部方圆折，两竖微外敞，下部比较模糊，隐约可见方圆折，两竖较直，上、下部基本等长，之间的间距较近。直径2.41、肉厚0.08、穿宽0.91厘米，重2.39克（图五四：11）。

标本M1:230-23，背郭不显，字迹极浅且不甚清晰。"五"字中间两交笔屈曲，"铢"字的"金"旁上部呈三角形，下部四点较长，"朱"旁上部圆折，两竖较直，下部方圆折，两竖较直，下部略长于上部，之间的间距较小。直径2.57、肉厚0.09、穿宽0.97厘米，重2.31克（图五四：12）。

标本M1:230-24，字迹极浅且较为清晰。"五"字中间两交笔弧曲，"铢"字的

"金"旁上部呈三角形,下部四点较短,"朱"旁上、下部皆圆折,两竖较直,上、下部基本等长,之间的间距较小。直径2.46、肉厚0.1、穿宽0.92厘米,重2.11克(图五四:13)。

标本 M1:230-25,边缘稍残,背郭不显,字迹极浅模糊,锈蚀严重。"五"字中间两交笔弯曲,"铢"字锈蚀严重,依稀可见"金"旁上部呈三角形。直径2.36、肉厚0.08、穿宽0.91厘米,重1.95克(图五四:14)。

标本 M1:230-30,背郭不显,字迹极浅,较为清晰。"五"字中间两交笔弧曲,"铢"字的"金"旁上部呈三角形,下部四点较长,"朱"旁上、下部皆方圆折,两竖皆较直,下部长于上部,之间的间距较大。字形整体瘦长、秀丽。直径1.43、肉厚0.07、穿宽0.95厘米,重1.87克(图五四:15)。

标本 M1:230-34,背郭不显,字形较为清晰,边缘微有残损。"五"字中间两交笔屈曲,"铢"字的"金"旁上部呈大三角形,与"朱"旁上部基本相等,下部四点较长,"朱"旁上部圆折,两竖微外敞,下部方圆折,两竖较直,下部略长于上部,上、下部之间的间距较大。直径2.16、肉厚0.09、穿宽0.89厘米,残重1.64克(图五五:1)。

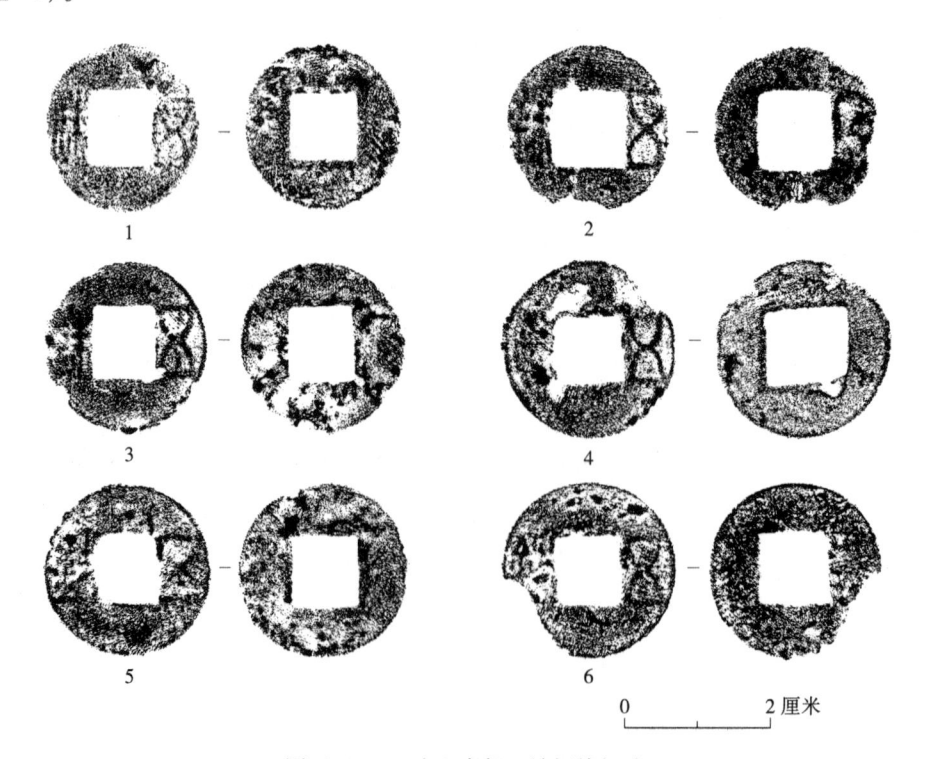

图五五　M1出土磨郭五铢铜钱拓片
1. M1:230-34　2. M1:230-37　3. M1:230-39　4. M1:230-43　5. M1:230-44　6. M1:230-45

标本 M1∶230-37，边缘稍残缺，背郭不显。字迹较浅，字形边缘稍残。"五"字中间两交笔屈曲，"铢"字的"金"旁上部呈三角形，下部四点较短，"朱"旁上、下部皆圆折，两竖较直，下部长于上部，之间的间距较大。直径2.31厘米、肉厚0.09、穿宽0.97厘米，残重1.62克（图五五∶2）。

标本 M1∶230-39，局部可见细窄外郭，边缘微残，背郭不显。字迹极浅，较为清晰。"五"字中间两交笔屈曲，"铢"字的"金"旁上部呈三角形，下部四点较短，"朱"旁上部圆折，两竖微外敞，下部圆折，两竖较直，下部长于上部，之间的间距较近。直径2.36、肉厚0.08、穿宽0.86厘米，残重1.95克（图五五∶3）。

标本 M1∶230-43，表面有砂眼，边缘略残，背郭不显。字迹极浅，不甚清晰。"五"字中间两交笔屈曲，"铢"字模糊不清。直径2.35、肉厚0.07、穿宽0.99厘米，残重1.92克（图五五∶4）。

标本 M1∶230-44，外郭隐隐可见，背郭不显，字迹极浅，不甚清晰，字形完整。"五"字中间两交笔较直，"铢"字极为模糊，可见"金"旁上部呈三角形，下部四点较短，"朱"旁上部圆折，两竖微外敞，下部圆折，两竖较直，上、下部基本等长，之间的间距较大。直径2.35、肉厚0.09、穿宽0.91厘米，重2.28克（图五五∶5）。

标本 M1∶230-45，边缘略残，穿背无郭。字迹极浅，不甚清晰。"五"字中间两交笔微曲，"铢"字的"金"旁上部呈大三角形，下部残存的两点较短，"朱"旁上部方折，两竖微外敞，下部圆折，两竖较直，上、下部基本等长，之间的间距较小。直径2.44、肉厚0.1、穿宽0.87厘米，残重2.1克（图五五∶6）。

3. 剪轮五铢

出土数量较多，约24枚。

标本 M1∶67-2，肉薄，边缘及穿部有小毛刺及毛边。字迹极浅，较为模糊，"铢"字不清。"五"字中间两交笔较直，"铢"字的"金"旁不显，"朱"旁上部方折，两竖微外敞，下部不清。直径2.17、肉厚0.07、穿宽1.05厘米，残重1.16克（图五六∶1）。

标本 M1∶70-1，肉薄，背面平整。穿之两面皆无郭。字形残损近半，字形较为清晰。"五"字中间交笔弯曲，"铢"字的"金"旁残缺，"朱"旁上、下部圆折，两竖较直，上、下部基本等长，之间的间距较近。直径1.78、穿宽0.91、肉厚0.08厘米，重0.81克（图五六∶2）。

标本 M1∶70-2，肉薄。字形边缘略有残损，字形较为清晰。"五"字中间交笔弯曲，形似两上、下相对的炮弹，"铢"字的"金"旁残缺，"朱"旁上、下部圆折，基本等长，两竖微外敞，上、下部之间的间距较近。直径1.93、穿宽0.97、肉厚0.08厘米，重0.93克（图五六∶3）。

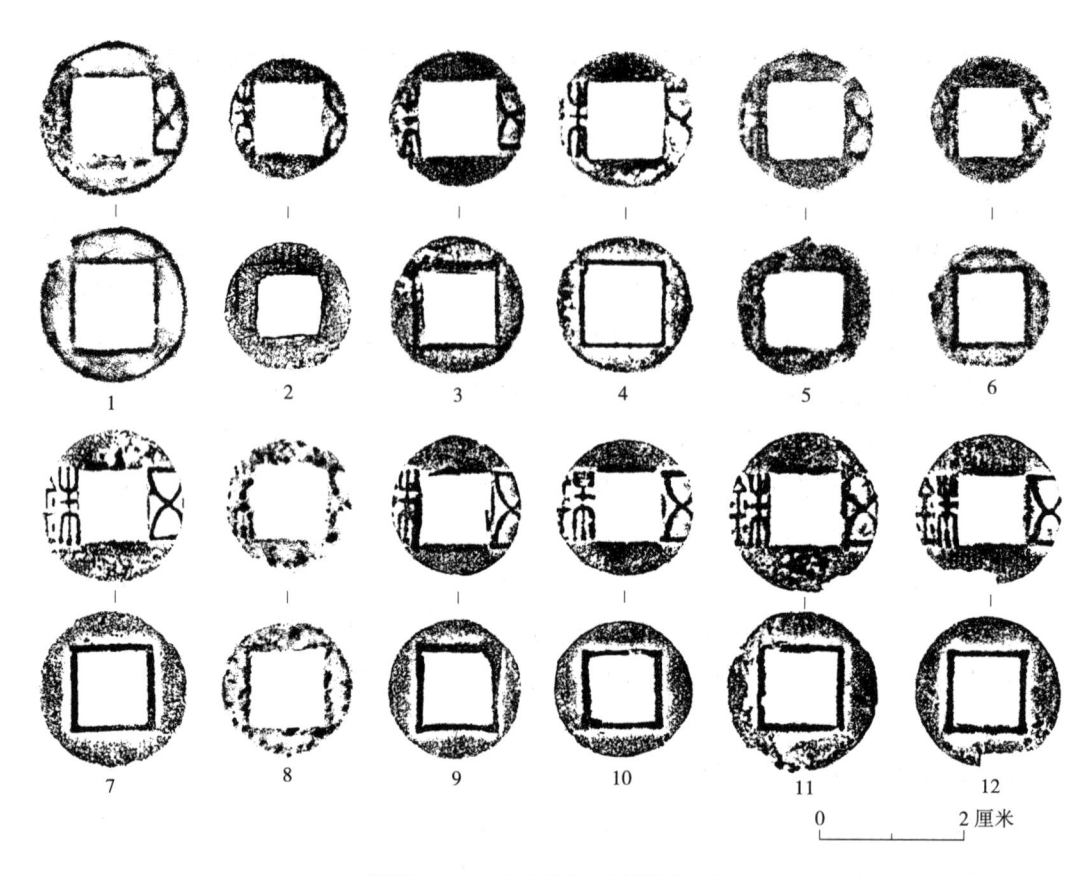

图五六　M1 出土剪轮五铢铜钱拓片

1. M1∶67-2　2. M1∶70-1　3. M1∶70-2　4. M1∶70-3　5. M1∶70-5　6. M1∶70-8　7. M1∶74-6　8. M1∶74-11　9. M1∶76-32　10. M1∶76-33　11. M1∶76-34　12. M1∶76-35

标本 M1∶70-3，表面有砂眼，肉薄。字形边缘残损。"五"字中间交笔微弧曲，"铢"字的"金"旁残损，"朱"旁上部圆折，下部方圆折，上、下基本等长，上、下部之间的间距较近，两竖较直。字形瘦长。直径 1.9、穿宽 1.01、肉厚 0.08 厘米，残重 1.16 克（图五六∶4）。

标本 M1∶70-5，肉薄，边缘有毛刺，背郭不甚明显。字形较浅，但较清楚，整体显瘦长，字形边缘稍残。"五"字中间交笔弯曲，"铢"字的"金"旁残缺，隐约可见上部三角，下部两点稍长，"朱"旁上、下部皆方圆折，两竖较直，上部短于下部，上、下部间距较小。直径 1.9、肉厚 0.06、穿宽 0.97 厘米，重 0.75 克（图五六∶5）。

标本 M1∶70-8，边缘不甚规整，背面内郭凸起。字形较清楚，字形边缘残缺。"五"字中间交笔弧曲，"铢"字的"金"旁残缺，"朱"旁上部方圆折，两竖略外敞，下部略长于上部，下部圆折，两竖较直。直径 1.75、肉厚 0.07、穿宽 0.87 厘米，残重

0.96 克（图五六：6）。

标本 M1：74-6，完整。字形边缘略有残损，字形清楚，略显瘦长。"五"字中间两交笔微弧曲，"铢"字的"金"旁稍残，头部呈三角形，下部两点较长，"朱"旁上部圆折，两竖较直，下部方圆折，下部略长于上部，上、下部中间的间距较近。直径2.05、穿宽0.92、肉厚0.09厘米，重1.5克（图五六：7）。

标本 M1：74-11，字形清楚，字形残损严重。"五"字中间交笔弧曲，"铢"字的"金"旁残缺，"朱"旁上、下部皆圆折，两竖较直，上、下部间距较近，字形瘦长、秀丽。直径1.8、穿宽0.97、肉厚0.07厘米，重0.99克（图五六：8）。

标本 M1：76-32，肉薄。字形残损约一半，字形清晰。"五"字中间交笔略弧曲，"铢"字的"金"旁残损，依稀可见头部呈三角形，"朱"旁上部方折，两竖较直，下部方圆折，下部略长于上部，两竖较直。上、下部之间的间距较近。直径1.85、穿宽0.89、肉厚0.1厘米，重1.33克（图五六：9）。

标本 M1：76-33，肉薄。字形残损一小半。"五"字中间交笔略弧曲，两横两头略出头，"铢"字的"金"旁残损，可见头部呈三角形，下面残存的两点较短，"朱"旁上部方折，两竖略外敞，下部圆折，略长于上部，上、下部之间的间距较近。字形清晰、秀丽，略显瘦长。直径1.86、穿宽0.9、肉厚0.07厘米，重1.17克（图五六：10）。

标本 M1：76-34，字形边缘略有残损。"五"字中间交笔略弯曲，"铢"字的"金"旁头部呈三角形，下部四点略长，"朱"旁上部圆折，两竖较直，下部圆折，略长于上部，上、下部之间的间距较近。直径2.05、穿宽0.91、肉厚0.08厘米，残重1.51克（图五六：11）。

标本 M1：76-35，肉薄，边缘略残。字形残损一小半，字形清晰。"五"字中间交笔弯曲，形似两上、下相对的炮弹，"铢"字的"金"旁上部呈三角形，下部四点较短，"朱"旁上部方折，两竖微外敞，下部方圆折，下部微长于上部，上、下部之间的间距较近。字形略显宽大，字形结构紧凑。直径2、穿宽0.91、肉厚0.08厘米，残重1.51克（图五六：12）。

标本 M1：76-36，穿上一月牙，边缘略残。字形边缘残损一小半，字形清晰。"五"字中间交笔弧曲，"铢"字的"金"旁残损，头部呈三角形，下部一点较短小，"朱"旁上部圆折，两竖外敞，下部方圆折，上、下部之间的间距较近，上下基本等长。字形清晰、秀丽。直径1.91、穿宽0.85、肉厚0.07厘米，重1.08克（图五七：1）。

标本 M1：83-4，背面平整，穿之两面皆无郭，字形残损约一般，字形清晰。"五"字中间两交笔屈曲，形似两上、下相对的炮弹，"铢"字的"金"旁上部呈三角形，下部四点较长，"朱"旁上部圆折，两竖较直，下部方折，下部长于上部，上、下部之间的间距较小。直径2.15、穿宽1.04、肉厚0.1厘米，重1.52克（图五七：2）。

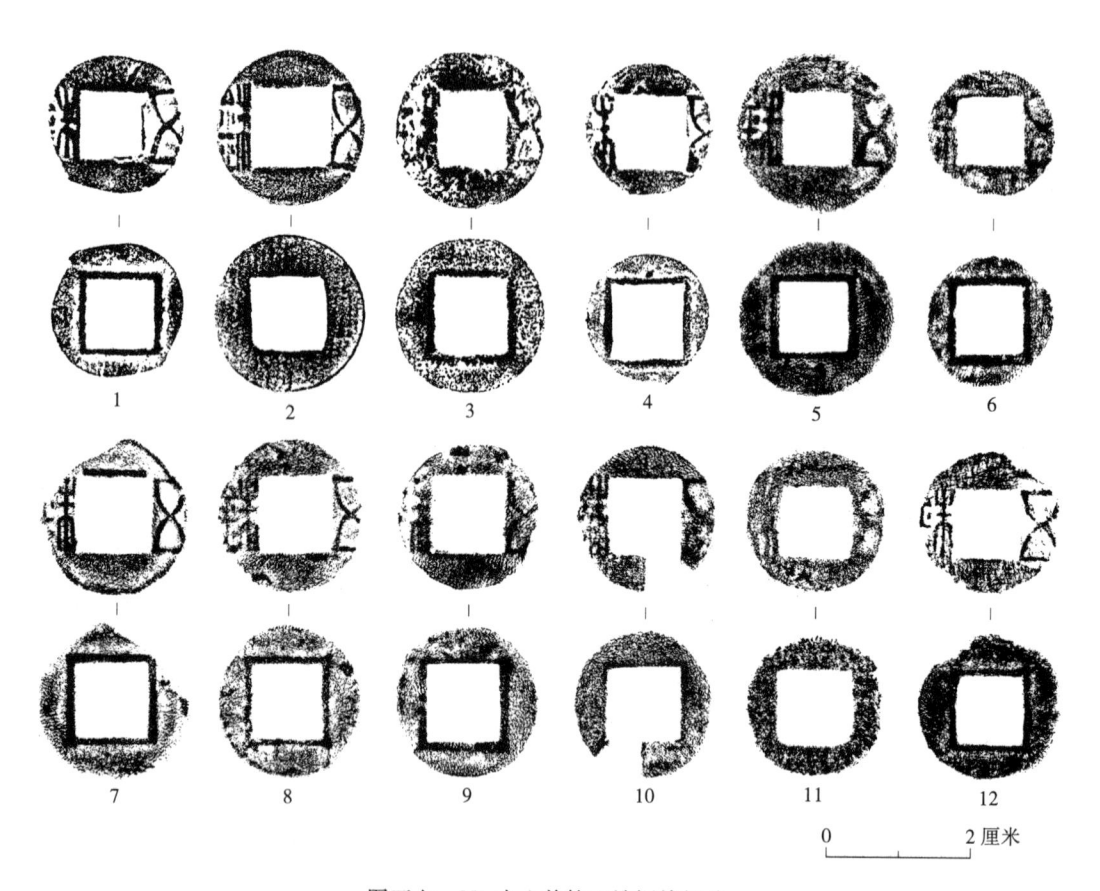

图五七　M1 出土剪轮五铢铜钱拓片

1. M1∶76-36　2. M1∶83-4　3. M1∶88-3　4. M1∶88-4　5. M1∶88-7　6. M1∶127-2　7. M1∶230-18
8. M1∶230-35　9. M1∶230-38　10. M1∶230-46　11. M1∶250-1　12. M1∶250-3

标本 M1∶88-3，字形边缘略有残损，字迹轻浅模糊。"五"字中间两交笔微曲，"铢"字的"金"旁模糊不清，上部呈三角形，"朱"旁上部方圆折，两竖微外敞，下部模糊不清。铜钱表面呈铁锈色。直径 2.09、穿宽 0.91、肉厚 0.1 厘米，重 1.57 克（图五七∶3）。

标本 M1∶88-4，向背面略凹。字形残损近半，字形较为纤细清晰。"五"字中间两交笔弧曲，"铢"字的"金"旁残缺，"朱"旁上部圆折，下部方圆折，下部长于上部，上、下部之间的间距较大。直径 1.77、穿宽 0.94、肉厚 0.09 厘米，重 0.94 克（图五七∶4）。

标本 M1∶88-7，边缘略显不规整。字形边缘微有残缺。"五"字中间两交笔屈曲，"铢"字的"金"旁上部呈三角形，下部四点较短，"朱"旁上部圆折，两竖较直，下部圆折，下部明显长于上部，上、下部之间的间距较小。字体整体较肥。直径2.25、穿宽0.99、肉厚0.09厘米，重1.83克（图五七：5）。

标本M1：127-2，边缘不甚规整，字形残缺小半。"五"字较为模糊，隐约可见中间两交笔弧曲，"铢"字的"金"旁残缺，"朱"旁上部圆折，两竖较直，下部圆折，两竖较直，中间一竖超出铢字长度，上、下部长度基本相等，上、下部之间的间距较小。直径1.74、穿宽0.88、肉厚0.08厘米，残重0.82克（图五七：6）。

标本M1：230-18，正面穿上一横，边缘残缺，不甚规整。字形边缘微残。"五"字中间两交笔屈曲。"铢"字的"金"旁残缺，仅存小部，可见下部右边两点较短，"朱"旁上部方折，两竖较直，下部方圆折，两竖较直，下部长于上部，上、下部之间的间距较大。字形清晰，整体略显瘦长。直径2.12、穿宽0.97、肉厚0.08厘米，残重1.17克（图五七：7）。

标本M1：230-35，穿背郭明显。字形不完整，"五"字边缘残损小半。"五"字中间交笔弯曲，较显宽大。"铢"字的"金"旁上部呈三角形，下部四点较短，"朱"旁上部圆折，两竖近直，下部方圆折，两竖较直，上、下部基本等长，之间的间距较大。直径2.06、穿宽0.93、肉厚0.09厘米，重1.67克（图五七：8）。

标本M1：230-38，边缘不甚规整。字迹较浅，残缺一小半。"五"字中间两交笔屈曲。"铢"字的"金"旁残缺，依稀可见上部呈三角形，下部仅存两点较短，"朱"旁上部方折，两竖较直，下部圆折，两竖较直，下部明显长于上部，上、下部之间的间距较大。直径1.97、穿宽0.9、肉厚0.08厘米，残重1.13克（图五七：9）。

标本M1：230-46，残缺一小部分。字形残缺小部分。"五"字中间两交笔弧曲，"铢"字的"金"旁残缺，隐约可见上部三角的残留，"朱"旁上部方折，两竖较直，下部方圆折，两竖较直，下部长于上部，上、下部之间的间距较大。字形整体显瘦长。直径1.92、穿宽0.96、肉厚0.08厘米，残重0.92克（图五七：10）。

标本M1：250-1，边缘较规整，穿背郭不显。字迹极浅、模糊，字形边缘残缺约一半。"五"字中间两交笔屈曲，"铢"字的"金"旁残缺，"朱"旁上部模糊不清，下部圆折，两竖较直，上、下部基本等长。直径1.9、肉厚0.07、穿宽0.95厘米，重0.97克（图五七：11）。

标本M1：250-3，边缘稍残。字形纤细，秀丽清晰，字形边缘稍残。"五"字中间两交笔微曲，"铢"字的"金"旁呈三角形，下部残存的两点较短，"朱"旁上部方折，两竖较直，下部方圆折，两竖较直，下部明显长于上部，之间的间距较大。"朱"旁中间竖画较长，其下端超出"铢"字本身长度。直径1.9、肉厚0.08、穿宽0.95厘米，重1.03克（图五七：12）。

4. 綖环五铢

出土数量较少，仅见3枚。

标本 M1∶74-7，字形全无，仅存外郭部分。直径2.62、内径1.94厘米，郭宽0.14、郭厚0.12厘米，重1.66克（图五八∶1）。

标本 M1∶76-30，完整，字形仅残存约一半。"五"字中间两交笔较直，"铢"字仅存"金"旁，头部呈三角形，下部四点可见三点，较短。字形整体略显瘦长。直径2.55、内径1.7厘米，郭宽0.16、郭厚0.17厘米，重2.48克（图五八∶2）。

标本 M1∶101-2，字迹全无，仅存外郭部分。直径2.63厘米，肉厚0.13厘米，残重1.92克（图五八∶3）。

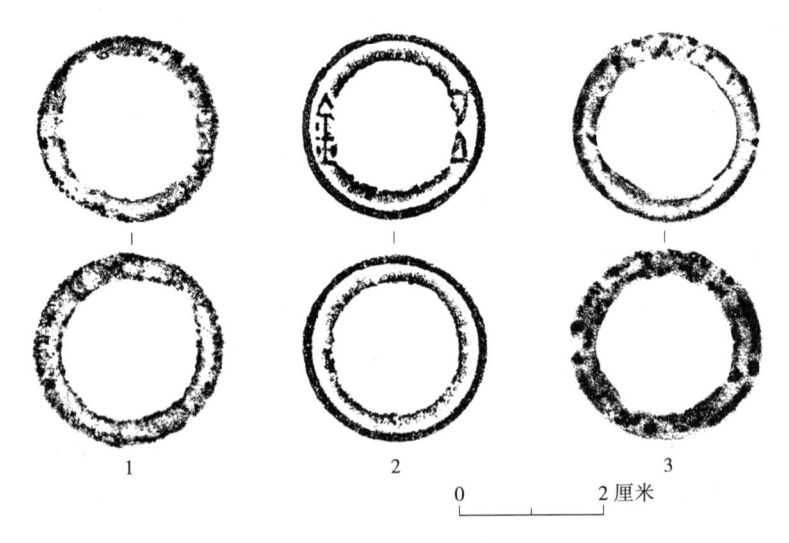

图五八　M1出土綖环五铢铜钱拓片
1. M1∶74-7　2. M1∶76-30　3. M1∶101-2

5. 冥钱

这一类五铢钱尺寸小，直径多在1.5—1.7厘米之间。肉薄，穿背无郭，表面略鼓，背面平整，边缘常有小毛刺。部分铜钱肉很窄，近似小薄圆环，重量极轻，很多还不到1克，最小的不到0.5克，正面字迹十分模糊或者无字，背面平整。部分铜钱严重锈蚀、粘连，最小个体数约30枚。下举数例说明。

标本 M1∶70-6，残缺约四分之一，穿背无郭，背面平整。字形较模糊，"五"字仅存上半部，可见中间交笔微曲，"铢"字的"金"旁残缺，"朱"旁瘦长，上、下部皆方折，两竖较直，上、下部基本等长，之间的间距较小。直径1.8、肉厚0.08、穿宽0.85—0.96厘米，残重0.7克（图五九∶1）。

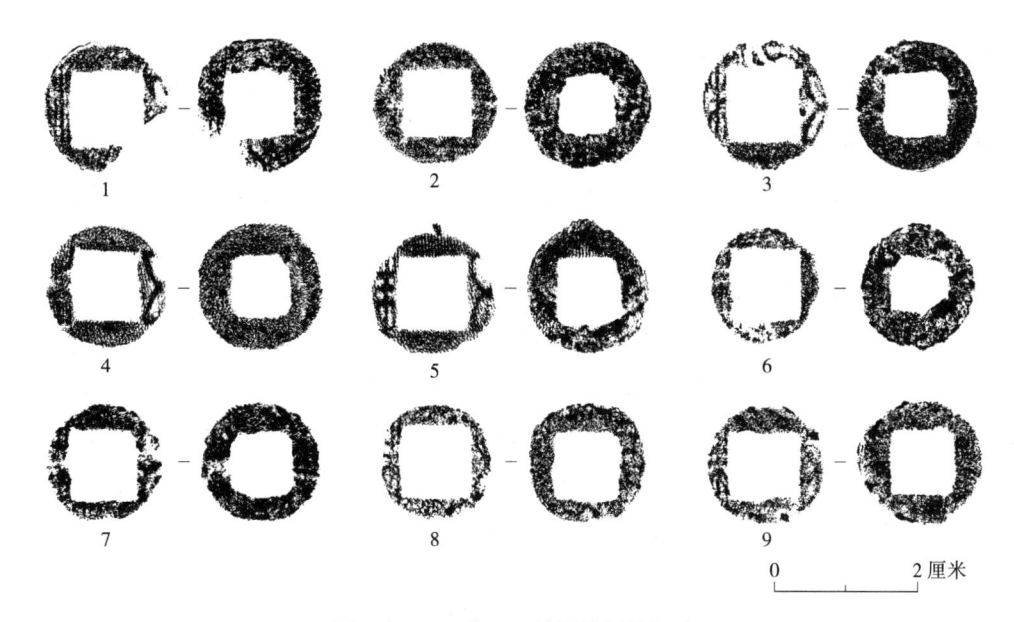

图五九　M1出土五铢冥钱铜钱拓片

1. M1:70-6　2. M1:70-7　3. M1:70-10　4. M1:88-5　5. M1:88-9　6. M1:88-10　7. M1:88-11　8. M1:88-12　9. M1:88-13

标本M1:70-7，穿背无郭，穿部边缘不甚规整，背面平整。锈蚀严重，字形模糊。直径1.75、肉厚0.11、穿宽0.84厘米，重1.05克（图五九：2）。

标本M1:70-10，穿背无郭，背面平整。字形清楚，字形边缘残缺。"五"字中间交笔弯曲，"铢"字的"金"旁残缺，"朱"旁上、下部皆圆折，上部两竖略外敞，中间一笔略微超出了"铢"字的长度，上、下部基本等长，之间的间距较小。直径1.78、肉厚0.1、穿宽0.94厘米，重1.04克（图五九：3）。

标本M1:88-5，穿部无郭，背面平整。字形残损严重，仅存约一半。"五"字交笔弧曲，"铢"字的"金"旁残缺，"朱"旁较为模糊，隐约可见上部圆折，两竖微外敞，下部圆折，两竖较直，上、下部之间的间距较大。字形整体瘦长。直径1.7、肉厚0.09、穿宽0.85厘米，重0.88克（图五九：4）。

标本M1:88-9，肉薄，背穿无郭，背面平整。字形残损约一半。"五"字中间两交笔弧曲，"铢"字的"金"旁残缺，"朱"旁上下部皆方折，两竖较直，上、下部基本等长，之间的间距较近。字形整体宽浅，较为模糊。直径1.72、肉厚0.09、穿宽0.92厘米，重0.64克（图五九：5）。

标本M1:88-10，穿部边缘还留有铸造的毛边，穿背无郭，背面平整，边缘不甚整齐。字形模糊，字形残损严重。"五"字不显，"铢"字的"金"旁残损，"朱"旁上、下部皆方折，两竖较直，下部明显长于上部，之间的间距较小。直径1.57、肉厚

0.1、穿宽 0.86 厘米，重 0.95 克（图五九：6）。

标本 M1：88－11，肉薄，穿背无郭，背面平整。字形异常模糊。直径 1.62、肉厚 0.08、穿宽 0.9 厘米，重 0.65 克（图五九：7）。

标本 M1：88－12，肉薄，穿背无郭，背面平整。字迹极浅，不甚清楚，字形残损严重，仅残存约一半。"五"字中间两交笔弧曲，"铢"字的"金"旁残缺，"朱"旁上、下部皆圆折，两竖较直，上、下部基本等长，之间的间距较大。直径 1.6、肉厚 0.06、穿宽 0.94 厘米，残重 0.56 克（图五九：8）。

标本 M1：88－13，肉薄，穿背无郭，背面平整，边缘不甚整齐。字迹极浅，较模糊，字形边缘残损严重。"五"字中间两交笔弯曲，"铢"字的"金"旁残缺，"朱"旁上部方折，两竖近直，下部圆折，两竖微外敞，上、下部基本等长，间距较小。直径 1.68、肉厚 0.05、穿宽 0.9 厘米，残重 0.47 克（图五九：9）。

第五节　铁器

铁器出土数量较多，仅部分可辨认器形，共计 38 件。以生产工具为主，还有少量生活用具和个别武器，可辨器形的有釜、镜、灯、权、帐钩、箅子、刀、削、管、铲、舀、斧、铧冠、镰、箍、圈、锤、棺钉等。还有部分铁器过于残破，器形不辨。

1. 釜

器形残破，或为 1 件。出土于前室底部。

标本 M1：19，锈蚀严重。残，只剩口沿，口微敛，圆唇，折腹，折痕处凸起一道箍，弧腹下收。腹以下残。残高 11.6 厘米（图六〇：1）。

标本 M1：228，锈蚀严重。残，只剩底部，厚饼底。或与 M1：19 为同一件。底径 12、残高 3 厘米（图六〇：2）。

2. 镜

共计 2 件。均出土于墓道靠近封门位置填土的上部。

标本 M1：7，锈蚀严重。基本完整，边缘稍残。圆形，镜面向后微弧翘，背面有扁圆形纽。镜面直径 16.7、厚 0.6 厘米，纽径 4.6、高 0.6—0.8 厘米（图六〇：5；彩版三三：1）。

标本 M1：8，锈蚀严重。基本完整，边缘稍残。圆形，镜面向后微弧翘，背面有扁圆形纽。镜面直径 14、厚 0.6 厘米，纽径 4.2、高 0.4—0.7 厘米（图六〇：10；彩版三三：2）。

第三章 M1 出土遗物   99

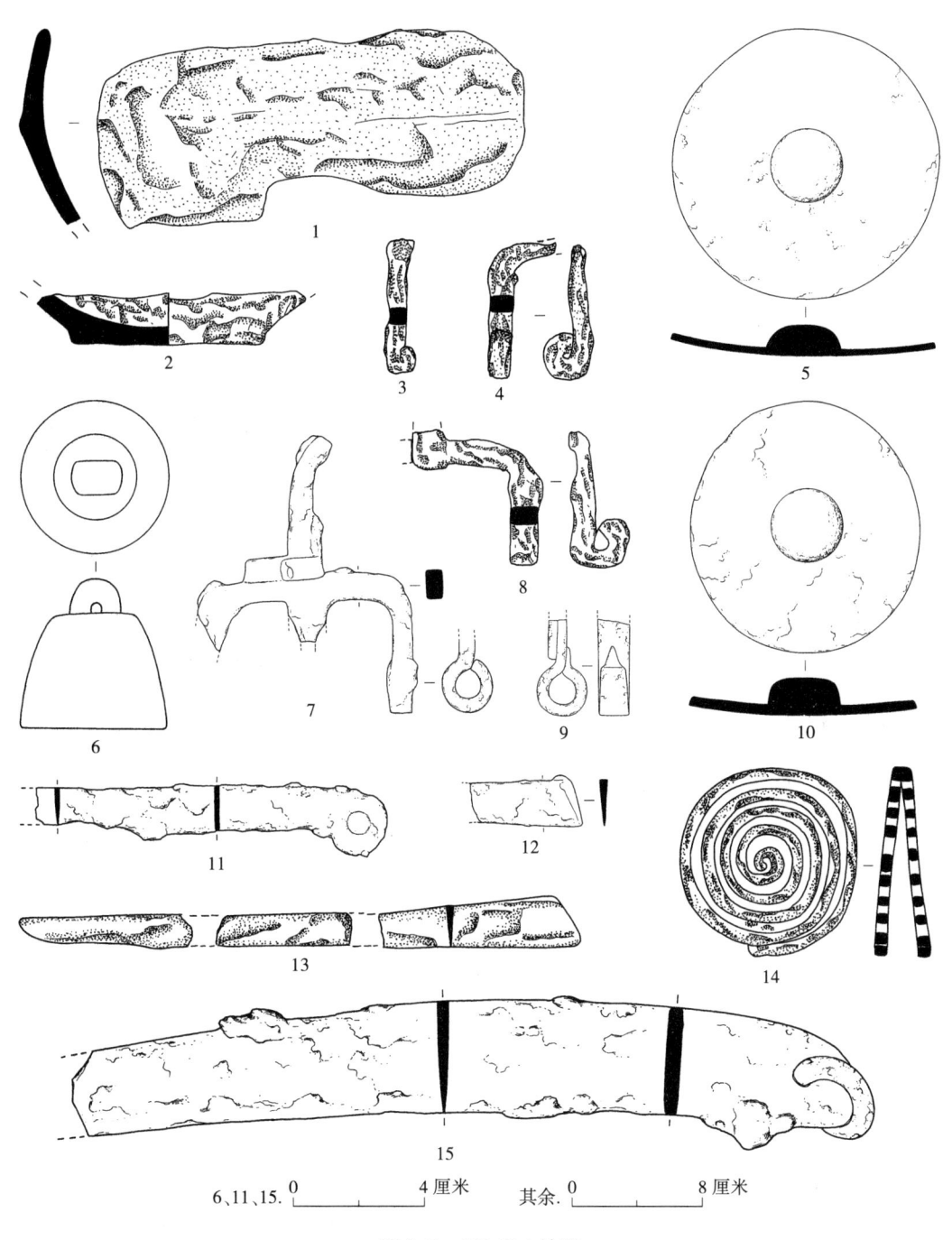

图六〇　M1 出土铁器

1. 釜（M1∶19） 2. 釜（M1∶228） 3. 帐钩（M1∶216） 4. 帐钩（M1∶221） 5. 镜（M1∶7） 6. 权（M1∶143） 7. 帐钩（M1∶142） 8. 帐钩（M1∶219） 9. 帐钩（M1∶218） 10. 镜（M1∶8） 11. 削（M1∶224） 12. 刀（M1∶6） 13. 刀（M1∶18） 14. 算子（M1∶137） 15. 刀（M1∶57）

3. 灯

共计 1 件。出土于前室西北部。

标本 M1：20，过于腐朽，具体形状不明。

4. 权

共计 1 件。出土于墓室填土内，具体出土位置不详。

标本 M1：143，表面锈蚀严重。正面呈半椭圆形，弧壁，顶部有带穿孔的半圆形纽，平底。底径 5、通高 5 厘米（图六〇：6；彩版三三：3）。

5. 帐钩

此类铁器大多残缺，原始完整形状不详，应为勾连物件之用器。因过于残缺，难以精确统计数量，约 5 件。散落分布于墓室填土内。

标本 M1：142，锈蚀严重。小部分残缺。呈三股叉形，上端有两叉，叉首内卷曲呈圆形穿孔，下端残缺。残高 16、残宽 1.2—2.8、通宽 13、厚 1.2—1.6 厘米（图六〇：7；彩版三四：1）。

标本 M1：216，锈蚀严重。仅残存叉部一侧，叉首内卷曲为圆形穿孔。残高 8、残宽 1.2—1.8、厚 1 厘米（图六〇：3）。

标本 M1：218，锈蚀严重。仅残存叉部一侧的小部分，叉首内卷曲呈圆环。残长 6、宽 2、厚 0.9 厘米，环径 1.5—2 厘米（图六〇：9）。

标本 M1：219，锈蚀严重。仅残存叉部半边，叉首内卷曲为圆形穿孔。残高 8、残宽 1—1.4、通宽 4、厚 1 厘米（图六〇：8）。

标本 M1：221，锈蚀严重。仅残存叉部一侧，叉首内卷曲呈圆形穿孔状。残高 8、残宽 1—1.6、通宽 4.6、厚 0.8 厘米，孔径 0.8—1 厘米（图六〇：4）。

6. 箅子

发现 2 件，或为熏炉一类器物的附属构件。出土于甬道内靠近封门处。

标本 M1：137，锈蚀严重。两件粘连在一起，一件完整，另一件边缘略残。整体呈圆盘形，形似现代蚊香，均为多重卷曲圆环形镂空网状，内中空。直径 11、单件厚约 0.8 厘米（图六〇：14；彩版三三：4）。

7. 削

计 1 件。出土于墓室填土中。

标本 M1：224，锈蚀严重。刃部残断。器形较小。圆形首，短柄，直背，刃部略内凹，尖部残断。残长 10.7、柄宽 1.4—2、刃宽 1.1、厚 0.4 厘米（图六〇：11；彩版三四：2）。

8. 刀

多数残破，难以精确统计数量，约3件。散落分布于多个墓室中。

标本 M1∶6，出土于墓室中部填土内。锈蚀严重。仅存一小部分。直背，斜刃，柄部与刀尖部均残缺，残长6.8、残宽2.2—2.7、厚0.5厘米（图六〇∶12）。

标本 M1∶18，出土于前室底部。锈蚀严重。长条形，断成数段，柄部残缺，直背，直刃，仅在刀尖一小段收成弧形。具体长度不详，残宽2.2—3、厚0.3—0.8厘米（图六〇∶13）。

标本 M1∶57，出土于北前侧室底部。锈蚀严重。刃部残断。整体呈弧形，弧背略厚，刃部略弯曲，刃部保存较好，尾部有穿，穿上附一圆环。残长25.6、宽2.4—4.6、厚0.2—0.6厘米（图六〇∶15；彩版三四∶3）。

9. 铲

为常见的铁制农具，发现数量较多，共计8件，散落分布于多个墓室内。现举6例。

标本 M1∶36，出土于南侧室底部。锈蚀严重，刃部残缺。铲身近弧边方形，两面刃，弧肩。上端有长方形柄，柄顶端有长方形銎，銎口内凹，呈深V形。銎内填满锈土。残长14、厚0.3—2.8厘米，铲身长9、宽9.7厘米，柄宽6—7厘米（图六一∶1；彩版三五∶1）。

标本 M1∶48，出土于北前侧室底部。锈蚀严重，保存完整。器身近弧边方形，两面刃，弧肩，器身向一侧略弧。上端有长方形柄，柄顶端有长方形銎，銎口内凹，呈深V形。通长13、厚0.3—3厘米，铲身长10、宽9.8厘米，柄宽约5.2厘米，銎进深4.1、长3.2、宽1.4、壁厚0.6厘米（图六一∶2；彩版三五∶2）。

标本 M1∶52，出土于北中侧室底部。锈蚀严重，铲身一角残缺。铲身呈近长方形，圆弧肩，直刃，铲身向一面略弧。上端有长方形柄，柄顶端有长方形銎，銎口内凹，呈V形。銎口内填满锈土。通长14、厚0.6—3厘米，铲身长9.8、宽9.2厘米，柄长4.3、宽5.8厘米，銎进深5.5、长5.6、宽3、壁厚0.7厘米（图六一∶3；彩版三五∶3）。

标本 M1∶56，出土于北前侧室底部。锈蚀严重，刃部残缺。形体较小，铲身呈近圆角方形，圆弧肩，弧刃，刃部较短。上端有长方形柄，柄顶端有长方形銎，銎口内凹，呈深V形。通长10、厚0.3—2.6厘米，铲身长6、宽8厘米，柄长3.4、宽5—5.2厘米，銎进深5.5、宽2.4、壁厚0.4厘米（图六一∶5；彩版三五∶4）。

标本 M1∶108，出土于北中侧室底部。锈蚀严重。基本完整，仅残缺一角。铲身呈近方形，弧肩，直刃。顶端有长方形柄，柄顶端有长方形銎，銎口内凹，呈深"V"字形。通长13、宽9.8厘米，柄长3.7、宽5.5厘米，銎进深5.4、长5.6、宽2.6、壁厚0.7厘米（图六一∶6；彩版三六∶1）。

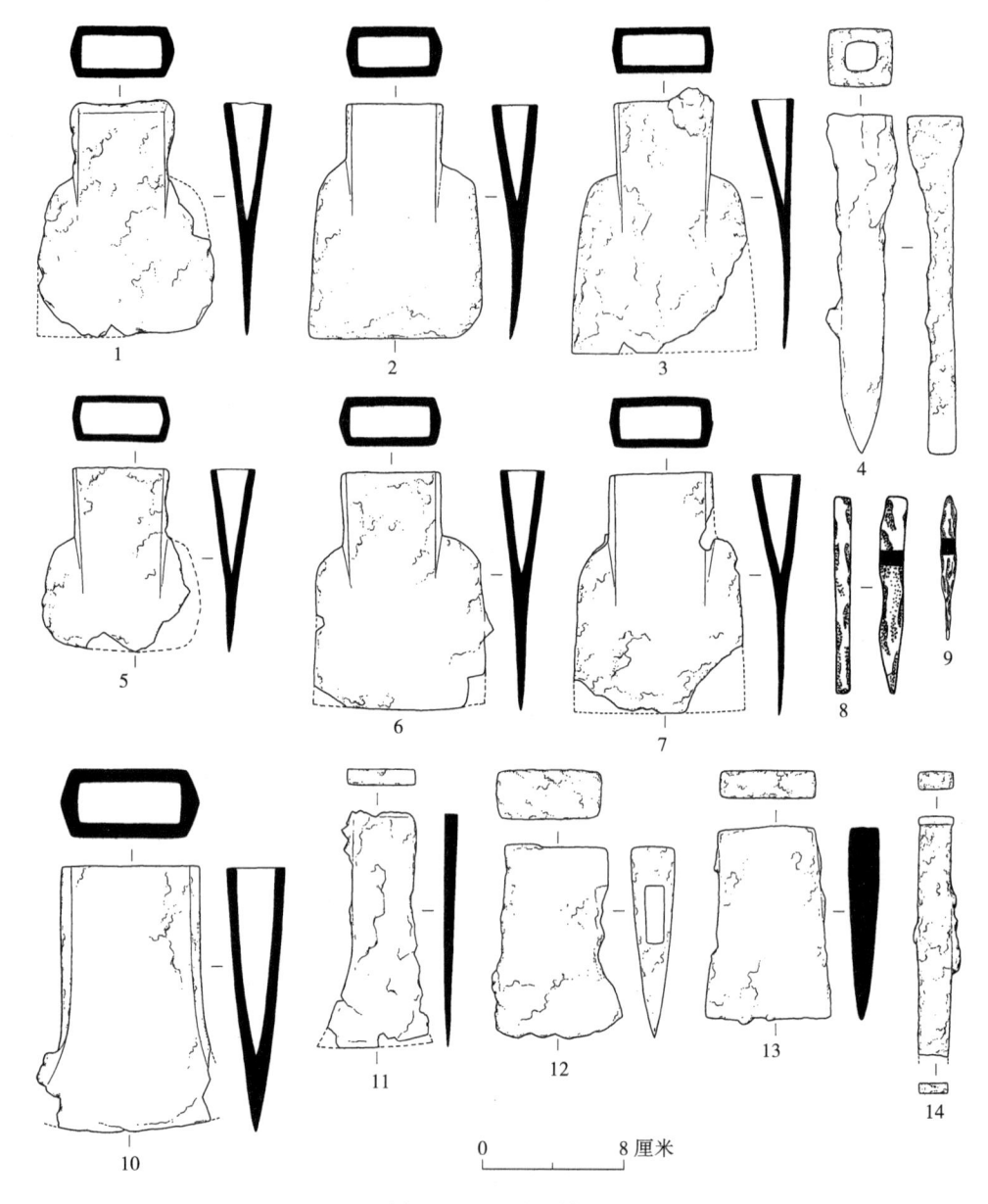

图六一 M1 出土铁器

1. 铲（M1:36） 2. 铲（M1:48） 3. 铲（M1:52） 4. 凿（M1:66） 5. 铲（M1:56） 6. 铲（M1:108） 7. 铲（M1:114） 8. 凿（M1:233） 9. 箭镞（M1:12） 10. 斧（M1:35） 11. 斧（M1:133） 12. 斧（M1:29） 13. 斧（M1:141） 14. 凿（M1:215）

标本 M1:114，出土于北中侧室底部。锈蚀严重，刃部大部残缺。铲身近弧边长方形，两面刃，弧肩。顶端有长方形柄，柄顶端有长方形銎，銎口内凹，呈深"V"字形。銎口内填满锈土。通长 14、畚身长 10、宽 7.5—9 厘米，柄宽约 6.4 厘米，厚

0.4—3 厘米（图六一：7；彩版三六：2）。

10. 凿

铁制工具，共计4件。

标本M1：5，出土于墓葬填土内。锈蚀严重。长条形。顶端略窄，帽不明显，凿身细长，两面刃，刃部残断。通长21、宽2—3、厚0.2—1.3厘米（图六二：4；彩版三六：3）。

标本M1：66，出于北前侧室底部。锈蚀严重。长条形，上宽下窄。顶部有长方形銎，銎内呈"凹"字形，凿身横剖面呈长方形，两面刃。器形规整。通长19、凿身宽1.8、厚2.5厘米，銎口进深4、长2、宽1.6、壁厚0.6—0.8厘米（图六一：4；彩版三六：4）。

标本M1：215，出土于墓室填土内。锈蚀严重。长条形，刃部残断，尾部略大，有较明显的打击痕迹。可能为凿。残长13.2、宽1.8—3、厚约0.6厘米（图六一：14）。

标本M1：233，具体出土位置不详。锈蚀严重。形体较小。扁长条形，双面刃，横剖面呈长方形，尖部稍残。残长11、残宽1、残厚1.4厘米（图六一：8；彩版三七：1）。

11. 箭镞

计1件。出土于墓室填土内。

标本M1：12，四棱锥状镞身，镞尖锋利。铤较细长，亦呈四棱锥状，铤尾削薄为两面尖状。通长8厘米，镞身长5.3、最宽处0.9厘米。铤长2.7、最宽处0.3厘米（图六一：9；彩版三七：2）。

12. 斧

为铁制工具，共计4件。散落分布于甬道及墓室内。

标本M1：29，出土于甬道填土内。锈蚀严重。横銎斧。平面近梯形，平顶，刃部一角略弧翘。斧身上部一侧有横向长方形銎，銎内空为"凹"字形。长10.4、宽5.6—8、厚0.2—3.3厘米，銎进深2.6、长2.8、宽1.6厘米（图六一：12；彩版三七：3）。

标本M1：35，出土于前室底部。锈蚀严重。空首斧。形体较大，两刃角残缺。平面近梯形，上窄下宽，刃部两角略外翘，两侧有脊。弧刃，顶部较平，有纵向长方形銎，銎内凹，呈深V形。銎内残留已碳化的木柄。长15、宽7.2—10、厚0.4厘米，銎进深5.2、长5.6、宽2.8、壁厚0.6厘米（图六一：10；彩版三七：4）。

标本M1：133，出土于北前侧室底部。锈蚀严重。器形整体较轻薄。形状基本完整，仅刃部部分残缺。平面呈长条形，近刃部两角向外弧翘。背部平顶，直刃微凸。残长13、残宽3.6—6、厚0.6—1厘米（图六一：11；彩版三八：1）。

标本M1∶141，出土于墓室填土内。锈蚀严重。基本完整。平面近梯形，上窄下宽，刃部两角略外翘。顶部平直略残，直刃。长11、宽6—7、厚0.6—2.4厘米（图六一∶13；彩版三八∶2）。

13. 铧冠

共计2件，平面形状皆呈V形。

标本M1∶4，出土于墓室东部填土上部。锈蚀较重。仅存一叶，略呈弧形，叶外侧有刃，尖部正面正中隆起有脊，刃角略弧，背部呈銎状，横剖面呈V形。残长20.2、宽约3、厚约0.4—2厘米（图六二∶1；彩版三八∶3）。

标本M1∶220，具体出土位置不详。锈蚀较重。仅存一叶的一小部分。叶外侧有刃，背部呈銎状，横剖面呈V形。残长14.6、残宽3.8、厚1.5厘米。

14. 销钉环

计1件，出土位置不明。其形制与门鼻非常接近。

标本M1∶231，锈蚀严重。"八"字形，一翼残断，尾部圆环系钉身圆转折而成。残宽5.6、残长4.6、厚1.2厘米（图六二∶13；彩版三九∶1）。

15. 管

计1件。出土于墓室填土内。

标本M1∶222，锈蚀严重。长筒形，两端残缺，内中空。应为长条形铁片内卷而成，可见内卷两边的相接痕迹。残长12、直径2.4、壁厚0.4—0.6厘米（图六二∶5）。

16. 锤

计1件，具体出土位置不详。

标本M1∶227，锈蚀严重，柄部残断。首部呈短圆柱状，柄部横剖面呈圆形。首部直径2、高4.7厘米，柄残长1.4厘米（图六二∶6；彩版三九∶2）。

17. 圈

计1件。

标本M1∶62，出土于北前侧室底部。锈蚀严重。基本完整。平面形状呈圆形。径18、宽2.8—3、厚0.6厘米（图六二∶21；彩版三九∶3）。

18. 镰

共计2件，具体出土位置不详。现举两例。

标本M1∶190，柄部及尖部残断，平面呈弧形，刃部略弧，背部较厚，刃部较尖。残长17.8、宽2—2.3、厚0.6厘米（图六二∶10；彩版三九∶4）。

标本M1∶237，两端皆残断。平面呈弧形，刃部略内凹，背部较厚，刃部稍薄。残长12、宽2.6厘米（图六二∶17）。

第三章　M1 出土遗物　105

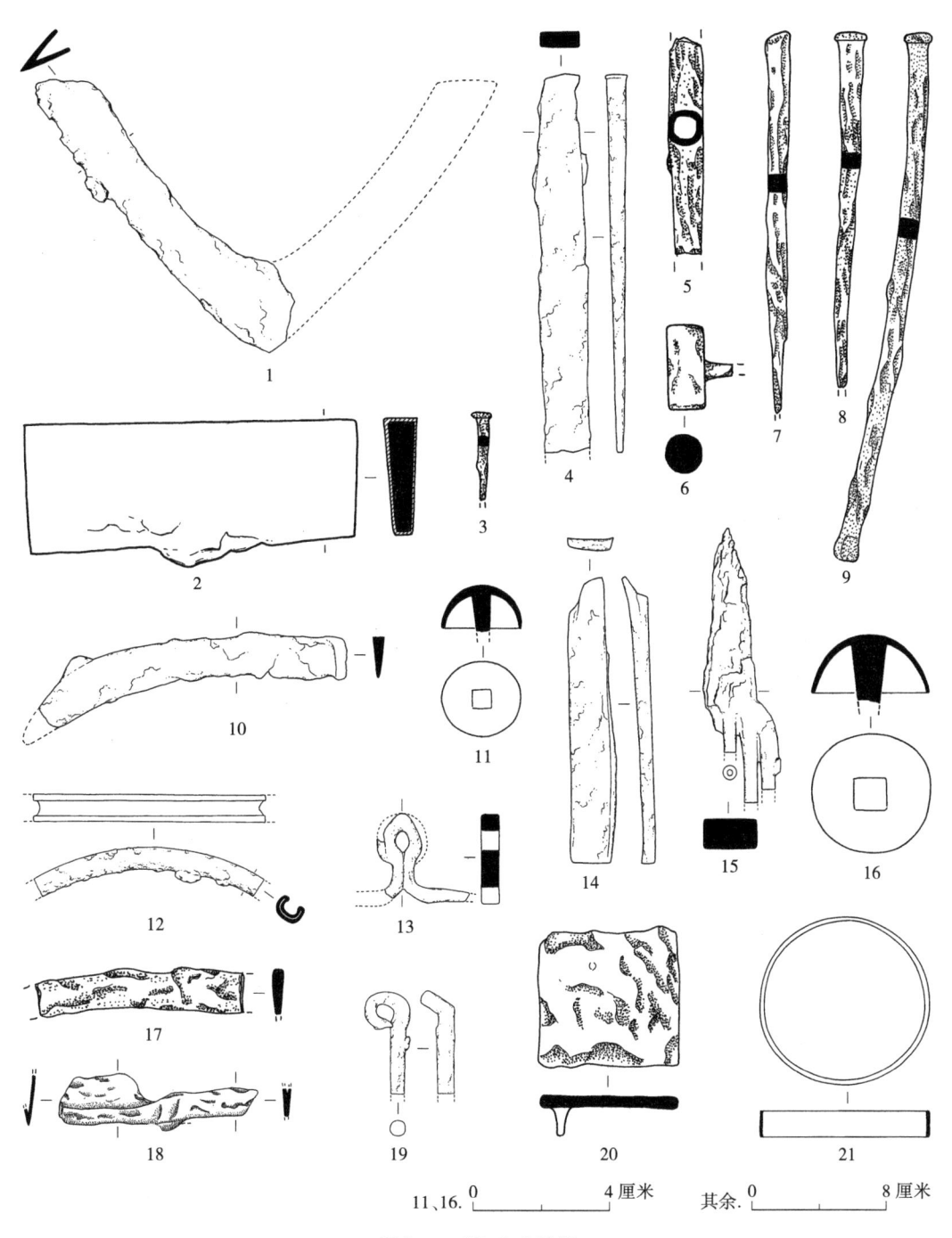

图六二　M1 出土铁器
1. 铧冠（M1:4）　2. 不明器（M1:144）　3. 棺钉（M1:225）　4. 凿（M1:5）　5. 管（M1:222）　6. 锤（M1:227）　7. 棺钉（M1:214）　8. 棺钉（M1:213）　9. 棺钉（M1:212）　10. 镰（M1:190）　11. 泡钉（M1:235）　12. 箍（M1:230）　13. 销钉环（M1:231）　14. 不明器（M1:226）　15. 不明器（M1:236）　16. 泡钉（M1:234）　17. 镰（M1:237）　18. 锸（M1:223）　19. 环首扦（M1:232）　20. 不明器（M1:217）　21. 圈（M1:62）

19. 箍

仅发现1件，具体出土位置不详。

标本M1：230，残缺，仅存一小部分。圆形，系由两层厚铁皮卷曲而成，圆唇，剖面近半圆形。残长6厘米，复原直径25.2厘米（图六二：12）。

20. 棺钉

形状多样，长短不一，发现数量较多，现举4件。均出于墓室填土内。

标本M1：212，完整。四棱锥钉，上有近方形钉帽，钉身修长且弯曲，横剖面呈近方形。通长30、钉帽径长1.7厘米（图六二：9；彩版四〇：1）。

标本M1：213，形体较大。四棱锥钉，钉身横剖面呈近方形，上有方形钉帽，尖部稍残。残长20、钉帽径长2厘米（图六二：8；彩版四〇：2）。

标本M1：214，基本完整。四棱锥钉，上有方形钉帽，稍残，钉身较修长。通长21.6厘米（图六二：7；彩版四〇：3）。

标本M1：225，形体较小。四棱锥钉，钉身横剖面呈近方形，上有方形顶帽。尖部残断。残长5、钉帽径长1.2厘米（图六二：3；彩版四〇：4）。

21. 环首扦

发现1件。

标本M1：232，圆柱形，环首系钉身弯曲而成，钉身横剖面呈圆形，尖部残断。残长5.7、径0.8厘米（图六二：19；彩版三八：4）。

22. 泡钉

发现2件，具体出土位置不明。

标本M1：234，四棱锥钉，近半球状钉帽，尖部残断。残高1.9、钉帽直径3、帽高1.6厘米（图六二：16）。

标本M1：235，四棱锥钉，近半球状钉帽，尖部残断。残高1.1、钉帽直径2、帽高1厘米（图六二：11）。

23. 锸

仅发现1件，出土于墓葬填土中，具体出土位置不详。

标本M1：223，锈蚀严重。形体较小，应为直口锸。残缺严重，仅存部分刃部，刃缘部分残缺，剖面呈V形。残长11.7、残宽3、残厚0.8厘米（图六二：18）。

24. 不明器

还有部分铁器由于残破过甚，不能辨别器形。现举数例。

标本M1：144，出土于墓室填土内。锈蚀严重，两面皆粘连残铁块痕迹。基本完整。外包一层厚约0.1厘米的铅皮，内部为铁质材料。详见第四章第五节的测试报告。

长方形，背部略内弧，较厚，刃部较薄。长9.6、宽3.7、厚0.5—1厘米，残重218.3克（图六二：2；彩版三九：5）。

标本M1：217，出土于墓室填土内。锈蚀严重，残。原始器形不详。正面为方形，一端有一圆形镂孔，底有一小矮足。残长8.7、宽7.8、厚0.6、高2.2厘米（图六二：20）。

标本M1：226，出土于墓室填土内。锈蚀严重。一端残缺。平面呈长条状，两头略翘，横剖面略呈梯形。残长16、宽2.1—2.7、厚1厘米（图六二：14）。

标本M1：236，具体出土位置不详。锈蚀严重。器形不明，尾部残断。前半部形似剪，尖头，后半部残留三股，股的剖面皆呈圆形，皆残断。残长15.5、残宽4.3厘米（图六二：15；彩版三九：6）。

第六节　石器

发现的石器数量较多，种类有砚、黛板、研子、石杵、石珠、小石卵、石料、石饼、石块等。

1. 黛板

共计5件。一般呈长方形薄板。

标本M1：16，出土于前室底部。灰黄色中细砂岩。一角稍残。长方形薄板，边缘规整。正面光滑平整，磨制精细，且残留有近椭圆形墨迹；背面较粗糙，沙砾感强。长13.6、宽6.3、厚0.3厘米（图六三：2；彩版四一：1）。

标本M1：31，出土于前室底部。红褐色中细砂岩。保存完整。窄长方形薄板，较长的两侧略外弧，正面光滑平整，背面局部脱落，较粗糙。长9.7、宽3.8、厚0.34厘米（图六三：4；彩版四一：2）。

标本M1：95，出土于中室与后室之间的过道内。灰黄色中细砂岩。残存约一半。长方形薄板，边缘修齐，正面光滑平整，背面较粗糙。长13.5、残宽5.4、厚0.25厘米（图六三：3）。

标本M1：130，出土于北后室与北中侧室之间过道的圆形小坑（K1）中。鲕粒灰岩。长方形薄板，残存约一半。正面光滑平整，磨制精细；背面整体未修平整，大部较粗糙。边缘规整，向背面略有收分。正面局部可见墨痕，背面局部可见淡红色痕迹，可能属于漆痕。残长8.5、宽7.5、厚0.6厘米（图六三：5）。

标本M1：138，出土于北前侧室底部。深灰色中细砂岩。长方形薄板，一角残缺，背面脱落，边缘不甚规整，留有打制的茬口，未修齐，四边有铜边框装饰。正面中心光滑平整，可能系长期使用所致，边缘不甚平整，有小凹坑。正面残留墨迹，背面较粗糙。长 15、宽 9.2、残厚 0.3 厘米，铜边框宽约 0.2、高 0.8 厘米，根据铜边框推测，黛板厚度应为 0.8 厘米（图六三：1；彩版四一：3）。

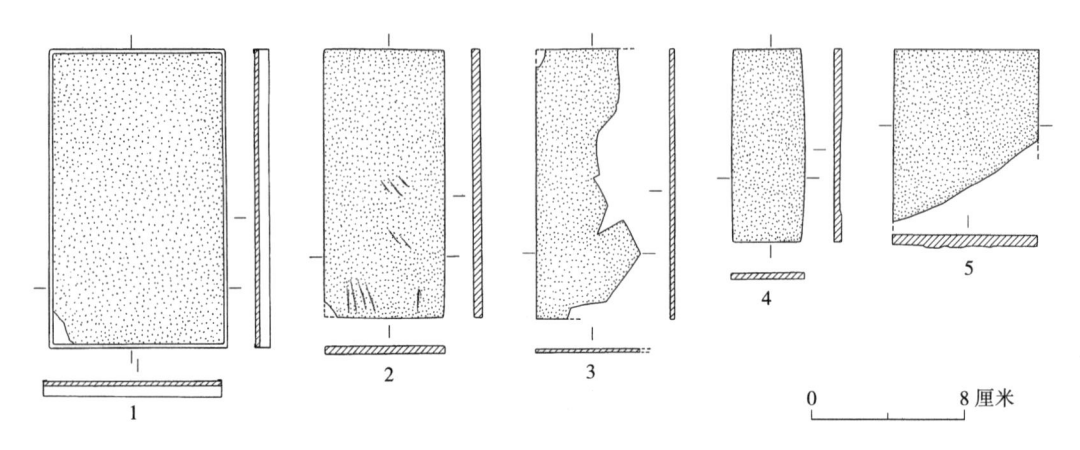

图六三　M1 出土石黛板
1. M1：138　2. M1：16　3. M1：95　4. M1：31　5. M1：130

2. 砚台

仅发现 1 件。

标本 M1：17，出土于前室底部。用一块石头整体雕刻而成，紫红色粉砂岩，质地细腻，磨制精细。正面中央凸起呈圆饼状，边缘减地，厚方缘，砚身边缘与足相接处有 3 个凸起，下有 3 个矮粗六边形柱体足。台面光滑整洁，背面较粗糙。台面直径 10.4、厚 1.3、高 2.4 厘米（图六四：1；彩版四二：1）。

3. 石杵

仅发现 1 件。

标本 M1：23，出土于前室底部。花岗岩质地。近椭圆柱状短粗柄，下接椭圆球形杵身。杵身下球底面的碾磨痕迹明显。杵身球径 6—6.5、通高 8 厘米（图六四：2；彩版四一：4）。

4. 研子

共计 2 件。其中一件为玻璃质地，暂放于此。

标本 M1：46，出土于北前侧室底部。玻璃质地，测试报告详见第四章第四节。与标本 M1：138 一起出土。淡黄绿色，上有扁圆形捉手，研身为弧角方形薄板状。研身下底沾满墨迹。捉手直径 2、研身径长 2.1、高 1.2 厘米（图六四：14；彩版四二：2、4）。

标本 M1：51，出土于前室与中室之间的过道内。淡褐色砾岩，风化严重，质地疏松。上有半球形捉手，捉手顶面鼓凸，研身为方形薄板状。捉手直径4、研身径长4、通高3.6厘米（图六四：13；彩版四二：3）。

5. 圆饼形器

石饼发现数量较多，质地较软，多呈黄白色或灰白色，均为灰白色石灰岩。分析报告详见第四章第五节。多为近圆形，皆为一面较为平整光滑，另一面较粗糙，边缘从光滑的一面向粗糙的面内收。部分过于破碎，无法准确统计数量，可以辨认出的个体有14块，现举12例。均散落分布于墓室填土内。

标本 M1：211-1，残存约一小半。平面形状近圆形，边缘较规整。一面光滑平

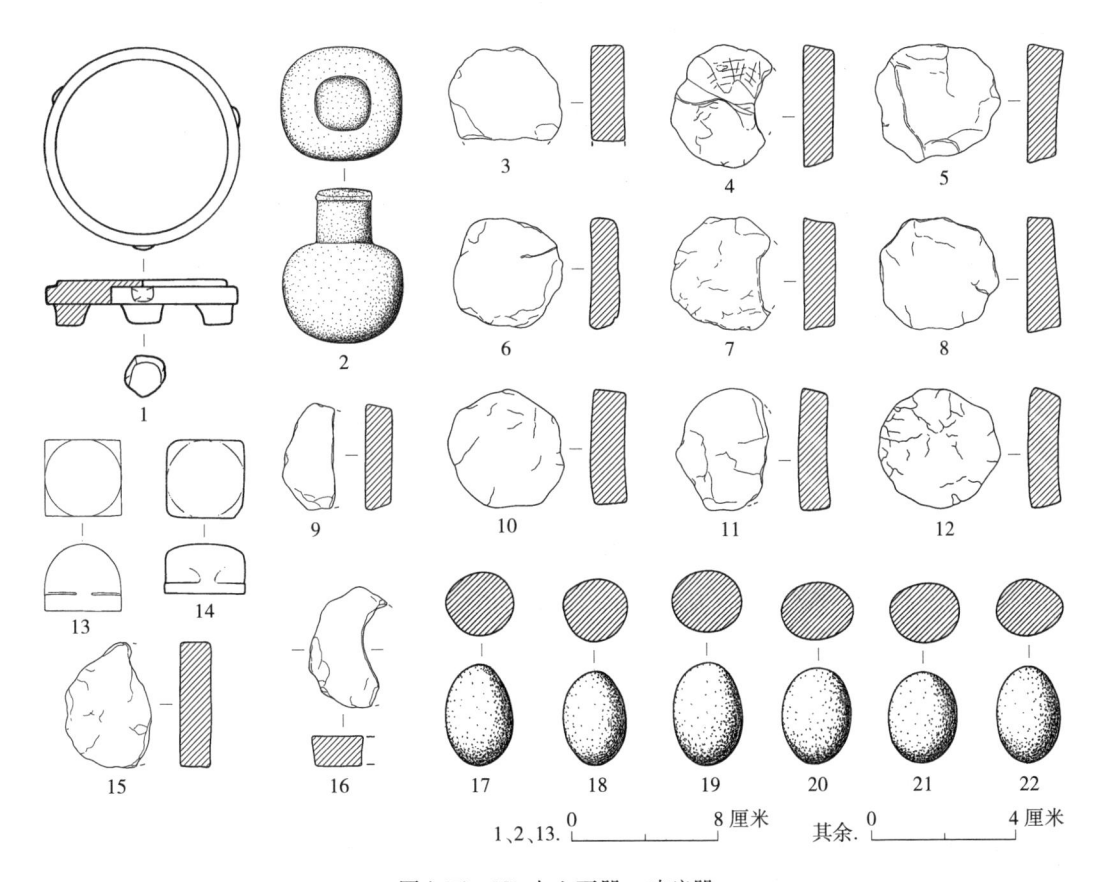

图六四　M1出土石器、玻璃器

1. 石砚（M1：17）　2. 石杵（M1：23）　3. 石圆饼（M1：211-4）　4. 石圆饼（M1：211-3）　5. 石圆饼（M1：211-8）　6. 石圆饼（M1：211-5）　7. 石圆饼（M1：211-7）　8. 石圆饼（M1：211-9）　9. 石圆饼（M1：211-2）　10. 石圆饼（M1：211-11）　11. 石圆饼（M1：211-12）　12. 石圆饼（M1：211-10）　13. 石研子（M1：51）　14. 玻璃研子（M1：46）　15. 石圆饼（M1：211-6）　16. 石圆饼（M1：211-1）　17. 小石卵（M1：87-1）　18. 小石卵（M1：87-2）　19. 小石卵（M1：92）　20. 小石卵（M1：93-1）　21. 小石卵（M1：122-1）　22. 小石卵（M1：122-2）

整，似经修整，另一面较粗糙。表面有小裂缝。直径6.5、残宽4.4、厚1.7厘米（图六四：16）。

标本M1：211-2，大部残缺，仅存一小部分。平面形状近圆形，边缘较整齐，一面光滑平整，另一面较粗糙。残长5.7、残宽3.7、直径6.5、厚1.5厘米（图六四：9）。

标本M1：211-3，部分残缺。平面形状近圆形，边缘较规整，似经修整。一面光滑平整，边缘有一光滑的V形切口；另一面较粗糙，不甚平整。径长6.5、厚1.8厘米（图六四：4）。

标本M1：211-4，残缺一小半。平面形状似圆形，边缘较规整。一面光滑平整，似经修整；另一面较粗糙，粗糙的一面及边缘有小裂缝。径长6.2、残宽5、厚1.7厘米（图六四：3；彩版四二：5）。

标本M1：211-5，完整。平面呈近圆形，边缘较规整，似经修整，局部略有残损。一面光滑平整，另一面较粗糙。光滑的一面有一条裂缝，粗糙的一面有附着痕迹。径长5.8、厚1.8厘米（图六四：6）。

标本M1：211-6，残存约一半。平面形状近圆形，边缘较规整，似经修整。一面光滑平整，另一面较粗糙。两面及边缘皆有小裂缝。径长6.7、厚1.8厘米（图六四：15）。

标本M1：211-7，残缺一小块。平面形状近圆形，边缘较规整，似经修整。一面光滑平整，另一面较粗糙。两面及边缘有小裂缝。径长6.2、厚1.7厘米（图六四：7）。

标本M1：211-8，完整。平面近圆形，边缘较规整，似经修整。一面光滑平整，另一面较粗糙。光滑的一面有数条较深的裂缝。径长6.4—6.9、厚1.5—1.8厘米（图六四：5；彩版四二：6）。

标本M1：211-9，完整，平面近圆形，边缘较规整。一面光滑平整，另一面较粗糙。径长6—6.5、厚1.3—1.8厘米（图六四：8；彩版四三：1）。

标本M1：211-10，完整。平面呈近圆形，边缘略显不规则，一面光滑平整，另一面略显粗糙。两面皆有裂纹，其中粗糙的一面裂纹多而且深。直径6.4—6.7、厚1.7厘米（图六四：12；彩版四三：2）。

标本M1：211-11，完整。平面呈近圆形，边缘略显不规则，一面光滑规整，另一面略显粗糙。两面皆有裂纹，其中粗糙的一面裂纹多而且深。直径6.1—6.3、厚2厘米（图六四：10；彩版四三：3）。

标本M1：211-12，小半残缺。平面形状近圆形，不甚规则，一面光滑规整，另一面微显粗糙。两面皆有裂纹。径长6.3、残宽4.8、厚1.7厘米（图六四：11）。

6. 小石卵

原始出土位置不详，在墓葬填土以及部分墓室底部皆有出土。共计33枚，详见表一。皆为石英岩质地。均呈比较规则的圆卵形，磨制细腻光滑，颜色大多为白色、灰白色、蓝白色，少量为黄白色、灰黑色。长径多在2.3—2.6厘米之间，短径多在1.7—2厘米之间，重量多在10—11克之间，最轻的8.67克，最重的11.95克（彩版四四：2）。现举6例。

表一　　　　　　　　　　M1出土小石卵尺寸

序号	标本	出土位置	长径（mm）	圆径（mm）	重量（g）
1	M1：69	北前侧室	26.48	15.85	10.69
2	M1：72－1	中室	25.78	14.31	9.38
3	M1：72－2	中室	25.61	14.57	10.63
4	M1：72－3	中室	25.75	15.46	9.86
5	M1：72－4	中室	26.28	13.7	9.55
6	M1：72－5	中室	24.43	17.38	11.5
7	M1：72－6	中室	26.53	16.94	10.88
8	M1：72－7	中室	25.82	15.35	10.2
9	M1：72－8	中室	25.53	15.6	10.52
10	M1：72－9	中室	24.29	15.81	9.85
11	M1：72－10	中室	24.98	16.51	10.64
12	M1：72－11	中室	24.16	17.23	10.28
13	M1：77	后室	26.64	17.59	11.26
14	M1：79－1	北后室	23.88	15.08	9.29
15	M1：79－2	北后室	26.14	14.04	10.44
16	M1：79－3	北后室	25.38	15.31	10.36
17	M1：79－4	北后室	23.8	17.43	10.28
18	M1：84	中室	24.45	18.54	11.95
19	M1：87－1	北前侧室	25.91	16.26	10.27
20	M1：87－2	北前侧室	23.96	16.2	9.29
21	M1：87－3	北前侧室	24.34	16.18	10.22
22	M1：92	南侧室	26.4	15.93	10.98

续表

序号	标本	出土位置	长径（mm）	圆径（mm）	重量（g）
23	M1∶93-1	填土	24.56	15.29	9.92
24	M1∶93-2	填土	24.53	15.06	9.47
25	M1∶93-3	填土	25.52	15.5	10.75
26	M1∶93-4	填土	25.41	14.74	9.26
27	M1∶122-1	K1	23.3	15.09	9.17
28	M1∶122-2	K1	24.32	14.68	8.67
29	M1∶122-3	K1	26.71	15.81	10.2
30	M1∶122-4	K1	25.28	17.05	11.26
31	M1∶122-5	K1	25.15	16.05	10.26
32	M1∶122-6	K1	25.8	16.16	9.98
33	M1∶122-7	K1	25.26	16.55	9.92

标本M1∶87-1，出土于北前侧室底部。剖面近圆形。长径2.6、短径1.6厘米（图六四∶17）。

标本M1∶87-2，出土于北前侧室底部。剖面近圆形。长径2.4、短径1.6厘米（图六四∶18）。

标本M1∶92，出土于南侧室底部。剖面近圆形。长径2.6、短径1.6厘米。（图六四∶19）。

标本M1∶93-1，出土于墓室填土内。剖面稍显椭圆形。长径2.5、短径1.5厘米（图六四∶20）。

标本M1∶122-1，出土于北后室与北中侧室之间过道的圆形小坑K1内。剖面近圆形。长径2.3、短径1.5厘米（图六四∶21）。

标本M1∶122-2，出土于北后室与北中侧室之间过道的圆形小坑K1内。剖面近圆形。长径2.4、短径1.5厘米（图六四∶22）。

7. 石料

共计2件。

标本M1∶120，出土于北中侧室底部。方解石。形状不规则，颜色发灰白，半透明。长5.5、宽3.8、厚2.5厘米（彩版四三∶5、6）。

标本M1∶229，出土于填土中，具体出土位置不详。石英岩。形状不规则，色白，局部残留砾石皮，半透明，表面有油脂光泽。长4.8、宽2.5、厚2.7厘米（彩版四三：4)。

8. 石块

出土于墓室底部的填土中。皆为灰岩质地残块（M1：248），表面大多风化比较明显，无固定形状，厚薄不一。数量较多，大小不一，大者可达10×7厘米。其出土的原始位置、用途不详（彩版四四：1）。

第七节 其他

其他材质的出土物还有骨质印章、铅器、骨器、海贝、琥珀、玻璃珠、水晶饰件、石英碎块、赤铁矿块等。

1. 印章

仅发现1枚。

标本M1：110，出土于北中侧室底部，印文边缘稍残。骨质，经火烧，局部呈灰黑色。长方体柱状，中间有圆形穿孔，两端均有印文。两端的印文分别为"张砥"和"宣孟"。长2.1、宽0.95、高1厘米，孔径0.35厘米（图六五：1、2；彩版四五）。

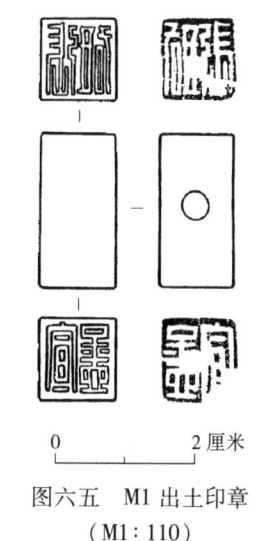

2. 骨条

共发现6件，皆呈长条状，剖面呈长方形，大小、形状、尺寸都比较接近。皆出土于墓室底部填土中，原始位置已被扰乱。

标本M1：50，出土于北前侧室底部。深褐色，发黑。长条状，通体磨制，光滑精细，一端可见有先切割再折断的茬口。长4.1、宽1.1、厚0.48厘米（图六六：2；彩版四六：1）。

图六五 M1出土印章（M1：110）

标本M1：85，出土于北后室底部。一角稍残。黄褐色，一面局部经火烧，呈灰黑色，质地细腻。长方形条状，通体磨制，精细光滑，一端可见切割留下的茬口，已被基本磨齐。长3.8、宽1.1、厚0.46厘米（图六六：3；彩版四六：1）。

标本M1：98，出土于北中侧室底部填土中。深褐色，一面经火烧，颜色发黑，质地细腻。长条状，通体磨制，精细光滑，一端可见有先切割再折断的茬口，茬口附近表面有划痕。长4.1、宽1.2、厚0.48厘米（图六六：4；彩版四六：1）。

标本M1：103，出土于北中侧室底部填土中。深褐色发黑，质地细腻。长方形条状，通体磨制，精细光滑，一端可见有先切割再折断的茬口，茬口基本被磨齐。长

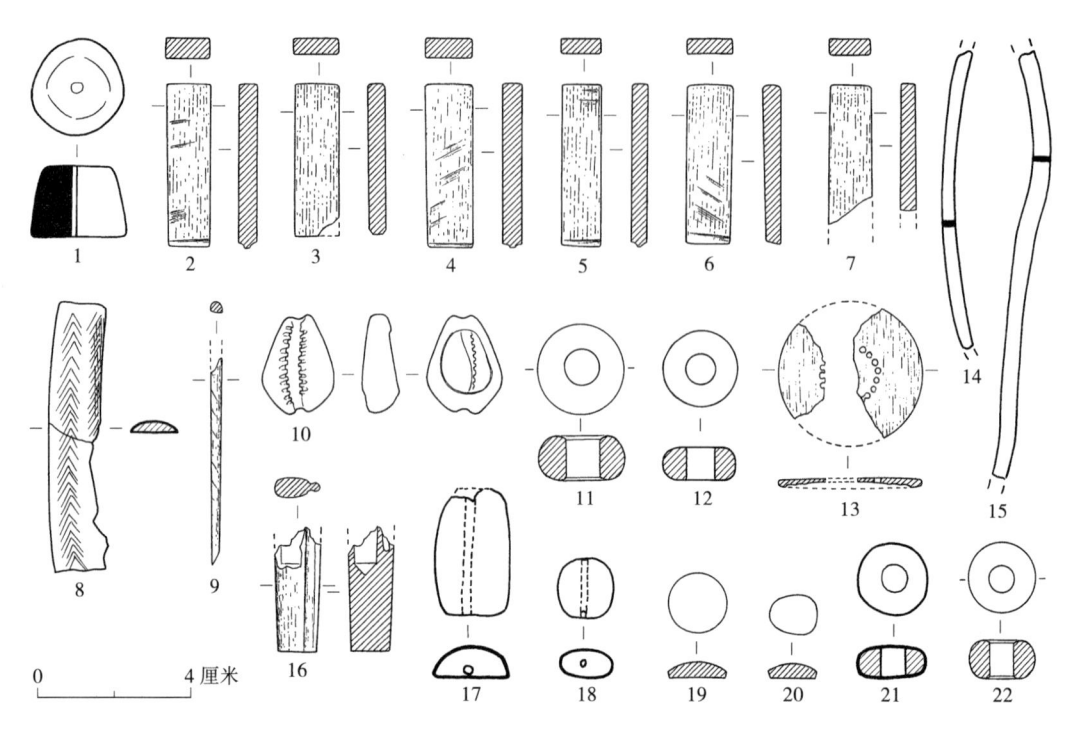

图六六　M1 出土器物

1. 铅权（M1∶61） 2. 骨条（M1∶50） 3. 骨条（M1∶85） 4. 骨条（M1∶98） 5. 骨条（M1∶103） 6. 骨条（M1∶105） 7. 骨条（M1∶106） 8. 骨片（M1∶112） 9. 骨针（M1∶49） 10. 海贝（M1∶113） 11. 玻璃珠（M1∶116） 12. 玻璃珠（M1∶104） 13. 骨饰（M1∶30） 14. 铅饰（M1∶25） 15. 铅饰（M1∶78-1） 16. 骨器残件（M1∶129） 17. 琥珀饰件（M1∶94） 18. 琥珀饰件（M1∶126） 19. 水晶饰件（M1∶125） 20. 水晶饰件（M1∶124） 21. 玻璃珠（M1∶59-1） 22. 玻璃珠（M1∶59-2）

4.1、宽 1.1、厚 0.45 厘米（图六六∶5；彩版四六∶1）。

标本 M1∶105，出土于北中侧室底部。基本完整。深灰色，一面经火烧炭化，呈青灰色，质地细腻。长条状，通体磨制，精细光滑，一端有先切割再折断的茬口，茬口已基本磨齐。长 4、宽 1.2、厚 0.48 厘米（图六六∶6；彩版四六∶1）。

标本 M1∶106，出土于北中侧室底部。一端残断。深褐色，整体已炭化，呈灰色，质地细腻。长条状，通体磨制光滑，一端略窄，另一端残断。残长 3.5、宽 1.1、厚 0.44 厘米（图六六∶7；彩版四六∶1）。

3. 骨饰

共计 2 件。

标本 M1∶30，出土于后室底部。残，仅存部分。黄白色，磨制精细，光滑细腻。圆形，里侧有数个排列规整的圆形小孔。复原直径 3.6、厚 0.2 厘米（图六六∶13；彩版四六∶2）。

标本M1∶112，出土于北中侧室底部。长条形，一端残。截面呈半扁体椭圆形，正面略弧凸，磨制光滑，底平，为骨切割面。正面阴线刻多道短斜线纹。残长6.7、残宽1.4、厚0.3厘米（图六六∶8；彩版四六∶3）。

4. 骨针

发现1件。

标本M1∶49，出土于北前侧室底部。两头残，横剖面呈不甚规则的椭圆形，磨制精细，表面十分光滑。残长5.2、直径0.2—0.29厘米（图六六∶9；彩版四六∶4）。

5. 骨器残件

在墓室底部堆积，过筛时发现。大多形状不明，部分过于残破，未能准确统计数量。现举1例。

标本M1∶129，出土于北后室与北中侧室之间过道的圆形小坑K1内。经火烧，呈灰白色发黑。仅存一小部分。长方形条状，残存一端，可见两个小圆孔，一侧两面皆有竖向浅凹槽。残长3.1、宽1.1、厚0.5厘米（图六六∶16）。

6. 铅权

发现1件。

标本M1∶61，出土于北前侧室底部。顶部边缘略残。浅灰色，表面布满灰白色斑点。圆台状，中间有贯通的竖向圆孔。上径1.6、下径2.4、高1.8厘米，孔径上0.4、下0.6厘米。残重64.26克（图六六∶1；彩版四七∶1）。

7. 铅饰

均呈细条状，不知其原始形态，难以统计具体数量。现清理出7根，长短不一（彩版四七∶2），皆出土于后室底部。现举2例。

标本M1∶25，已残。原始形状不明，现呈弯曲条状，剖面呈窄长条形。残长7.6、宽0.4、厚0.2厘米。残重4.85克（图六六∶14）。

标本M1∶78-1，已残，原始形状不明，现呈弯曲条状，剖面呈窄长条形。残长11、宽0.5、厚0.2厘米。残重6.7克（图六六∶15）。

8. 海贝

发现1件，黄宝螺（环纹货贝）。

标本M1∶113，出土于北中侧室底部填土中。背部残破。表面呈黄白色，轻度风化。长径2.4、短径1.6、残厚1.5厘米（图六六∶10；彩版四七∶3）。

9. 琥珀饰件

共计2件，测试分析报告详见第四章第五节。

标本M1∶94，出土于南侧室底部。一角略残。表面风化严重，呈黄色，内部呈橙红色。近弧边长方形，正面弧壁，底平，内有近圆形纵向穿孔。长3.2、宽1.9、厚0.95厘米，孔径0.3厘米（图六六：17；彩版四八：1）。

标本M1：126，出土于北后室与北中侧室之间过道的圆形小坑K1内。形体较小。表面呈黑色，胎为半透明状赤色。扁椭圆形，中间有纵向穿孔。长径1.57、短径1.53、厚0.84厘米，孔径0.2厘米（图六六：18；彩版四八：2）。

10. 水晶饰件

水晶饰品也有少量发现，皆为小型装饰件。

标本M1：124，出土于北后室与北中侧室之间过道的圆形小坑K1内。形体较小，扁椭圆形，顶面圆鼓，直壁内斜，平底。长径1.2、短径1.1、厚约0.37厘米（图六六：20；彩版四八：3）。

标本M1：125，出土于北后室与北中侧室之间过道的圆形小坑K1中。形体较小，圆形，顶面圆鼓，直壁内斜，平底。直径1.5、厚约0.43厘米（图六六：19；彩版四八：4）。

11. 玻璃珠

共计4件。形如算珠，皆为铅玻璃质地，详见第四章的分析报告。

标本M1：59-1，出土于北前侧室底部。表面轻微风化。灰白色。圆环状，中有圆形孔，边缘圆弧。直径1.9、孔径0.7、厚0.9厘米（图六六：21；彩版四九：1）。

标本M1：59-2，出土于北前侧室底部。表面风化较重，略发黄。形体较小，圆环状，中有圆形孔，边缘圆鼓。直径1.8、孔径0.6、厚0.9厘米（图六六：22；彩版四九：2）。

标本M1：104，出土于北中侧室底部。表面风化严重。灰白色，略发黄。圆环状，中有近圆形孔，穿孔略偏于一侧，边缘圆鼓。直径1.8、孔径0.6、厚0.7厘米（图六六：12；彩版四九：3）。

标本M1：116，出土于北中侧室底部。灰黄色。圆环状，中有圆形孔，边缘圆鼓。直径2.2、孔径0.8、厚1厘米（图六六：11；彩版四九：4）。

12. 石英、水晶碎块

共计7件，有水晶和石英两类，皆为小碎块，从表面可见的加工痕迹看，应是装饰品的残块。现举3例。

M1：100，出土于北中侧室底部。残缺，仅存一小部分。残长1.2、残宽0.7、厚0.4厘米（彩版四八：5）。

M1：119-1，出土于北中侧室底部。残存一小部分，不规则形状，布满疤痕。残长1.8、残宽1、厚约0.5厘米（彩版四八：6）。

M1：119-2，出土于北中侧室底部。残存一小部分，不规则形状，布满疤痕。残长1.3、残宽1、厚约0.6厘米（彩版四八：6）。

13. 贝壳

墓葬填土中还出土了少量贝壳（M1：249），其具体出土位置不详。由于经过火烧，多数已经灰化，呈浅灰色，十分破碎，具体个数不详（彩版四七：4）。

14. 赤铁矿

发现1块，出自墓葬填土，具体出土位置不详。

标本M1：238，赤铁矿。形状不规则，小残块。长2.1、宽1.6、厚1.4厘米（彩版三四：4）。

第四章　M1 出土遗物研究

虽然遭到了严重的盗扰破坏，坡赵 M1 仍出土了数量较多的各类遗物，我们分别对各类遗物进行了初步的研究，下面是各类遗物的具体研究情况。

第一节　M1 出土人骨研究[①]

2014 年 5—7 月，为配合商丘—登封段高速公路建设，河南省文物考古研究院对新郑市龙王乡坡赵村东南约 200 米处的坡赵墓地进行了勘探和抢救性发掘。坡赵墓地共发现古墓葬 3 座，分别编号为 M1、M2、M3，本次发掘了其中的 M1。考古发掘表明，M1 应该存在多次葬行为，并且存在较明显的报复性毁墓的现象。M1 人骨的数量、葬式已不可知，仅残存少量被火烧过的人骨残片。现对发掘者在 M1 中不同墓室收集到的人骨进行鉴定，现将鉴定结果简报如下。

对人骨标本性别和年龄的鉴定，依据了邵象清[②]、朱泓[③]和陈世贤[④]等著作中所列的标准。对未成年人骨标本年龄的判定，主要依据牙齿萌出的时间顺序、囟门的闭合、四肢骨骨化点出现和骨骺愈合情况来判断。对成年人骨性别的判定，依据骨盆和颅骨的形态特征；对年龄的判定，依据耻骨联合面、耳状关节面、颅骨缝愈合和牙齿磨耗的变化形态。

收集到的 11 例骨骼标本因保存较差，均无法辨认性别。但依据骨盆，四肢骨，脊椎骨，肩胛骨等骨化点出现和骨骺愈合情况及牙齿萌出情况可知，11 例人骨个体均处于青年期和少年期。11 例人骨标本的年龄鉴定结果及骨骼保存状况详见表二。

---

① 本节由河南省文物考古研究院孙蕾撰写。
② 邵象清：《人体测量手册》，上海辞书出版社 1985 年版，第 34—56 页。
③ 朱泓：《体质人类学》，高等教育出版社 2004 年版，第 35 页。
④ 陈世贤：《法医人类学》，人民卫生出版社 1998 年版，第 83—86 页。

表二　　　　　　　　M1 人骨标本的保存状况及性别年龄鉴定

出土位置	性别	年龄	可见人骨及保存状况
甬道与墓道交界处填土中	?	12±2	可见部分髂骨、骶骨，胫骨断块
中室	?	15±2	头骨碎片，部分腰椎，右侧上颌第一颗前臼齿，第二臼齿，第三臼齿，左侧上颌第二臼齿，第三臼齿
后室过道	?	16±2	部分颈椎、腰椎，胫骨、股骨断块，跟骨，部分肋骨，左右髌骨
北后室	?	14－16	部分肋骨，左右侧肱骨，肩胛骨，部分颈椎、胸椎、腰椎及头骨碎片
北中侧室	?	14±2	左右侧股骨，部分腰椎，骨盆碎块，上下颌骨
北前侧室	?	16±2	骨盆碎块，肩胛骨，右侧股骨，及桡骨断块
甬道	?	20±2	左右股骨断块、胫骨断块，头骨碎块，左右侧上颌第一臼齿，右侧上颌侧门齿
后室	?	16±2	左右股骨，跟骨，部分颈椎、胸椎、腰椎，骨盆碎块，部分肋骨。右侧上颌犬齿、第二臼齿，右侧下颌第一臼齿
北后室	?	15±2	寰椎、肩胛骨，部分肋骨、腰椎，左侧股骨，右侧胫骨断块。左侧上颌第二臼齿
北后室	?	15－18	头骨碎片，其中有枕骨、下颌骨，跟骨，左侧肱骨断块，部分掌骨。左侧上颌第一前臼齿
北中侧室	?	16±2	骨盆碎块，左侧胫骨断块

表三　　　　　　　　M1 人骨标本死亡年龄分布统计

年龄分期	性别不明（％）
婴儿期（0—2 岁）	0（0.00）
幼儿期（3—6 岁）	0（0.00）
少年期（7—14 岁）	4（36.36）
青年期（15—23 岁）	7（63.64）
壮年期（24—35 岁）	0（0.00）
中年期（36—55 岁）	0（0.00）
老年期（56 岁＋）	0（0.00）
合　　计	11（100.00）

由表三可知，M1 人骨标本的死亡高峰多集中在青年期，共 7 例，占 63.64%。另有 4 例个体处于少年期，占 36.36%。从人骨的年龄分布状况及墓葬内大范围火烧痕迹等有意识破坏的迹象，无法确定该墓葬收集到的人骨标本是墓主人的身份。

第二节　M1 出土动物遗存研究[①]

新郑坡赵 M1 共出土 40 块动物骨骼，可鉴定标本数为 28，可鉴定的动物种类有狗（Canis familiaris）、兔（Lepus sp.）、雉（鸡，Phasianus sp.）三种。其中狗骨 23 块，最小个体数为 2，兔和雉的最小个体数分别为 1。有少量骨骼被高温烧过，例如鉴定号为 10、11、24 的标本，以及 7 块双壳类的壳。各骨鉴定基本情况，详见表四和彩版五〇、五一。

表四　　　　　　　　　　M1 出土动物骨骼鉴定情况

鉴定号	部位	左/右	种属	拉丁名	图号	备注
2	肱骨	左	狗	Canis familiaris	彩版五〇：1	
3	髂骨	左	狗	Canis familiaris	彩版五〇：2	
4	下颌骨	左	狗	Canis familiaris	彩版五〇：3	
5	第 1 指/趾节骨		狗	Canis familiaris	彩版五〇：20	
6	第 2 跖骨	左	狗	Canis familiaris	彩版五〇：21	
7	第 4 跖骨	左	狗	Canis familiaris	彩版五〇：22	
8	第 5 跖骨	左	狗	Canis familiaris	彩版五〇：23	
9	第 5 掌骨	左	狗	Canis familiaris	彩版五〇：4	
10	第 2 掌骨	左	狗	Canis familiaris	彩版五〇：5	煅烧
11	第 3 掌骨	左	狗	Canis familiaris	彩版五〇：6	煅烧
12	第 5 掌骨	左	狗	Canis familiaris	彩版五〇：7	
13	尾椎		狗	Canis familiaris	彩版五〇：8	
14	尾椎		狗	Canis familiaris	彩版五〇：9	
15	尾椎		狗	Canis familiaris	彩版五〇：10	
16	尾椎		狗	Canis familiaris	彩版五〇：11	
17	跟骨	左	狗	Canis familiaris	彩版五〇：17	

---

① 本节由河南省文物考古研究院候彦峰撰写。

续表

鉴定号	部位	左/右	种属	拉丁名	图号	备注
18	距骨	左	狗	*Canis familiaris*	彩版五〇：18	
19	胫骨近端	左	狗	*Canis familiaris*	彩版五〇：：12	
20	椎骨		狗	*Canis familiaris*	彩版五〇：13	
21	椎骨		狗	*Canis familiaris*	彩版五〇：14	
22	椎骨		狗	*Canis familiaris*	彩版五〇：15	
23	股骨近端	左	狗	*Canis familiaris*	彩版五〇：16	
24	距骨	右	狗	*Canis familiaris*	彩版五〇：19	煅烧
28	股骨远端	左	兔	*Lepus* sp.	彩版五一：4	
29	第4跖骨	左	兔	*Lepus* sp.	彩版五一：5	
30	第1指/趾节骨		兔	*Lepus* sp.	彩版五一：6	
31	跗跖骨	右	雉（鸡）	*Phasianus* sp.	彩版五一：7	
32	腕掌骨	右	雉（鸡）	*Phasianus* sp.	彩版五一：8	
33	距骨	左	中型哺乳动物		彩版五一：9	
1	长骨碎片		大型哺乳动物		彩版五一：10	
25	肱骨	左	啮齿类（鼠科）		彩版五一：1	
26	桡骨	左	啮齿类（鼠科）		彩版五一：2	
27	股骨近端	左	啮齿类（鼠科）		彩版五一：3	
34	壳		双壳类		彩版四七：4	7块，皆被烧过

由于该墓被严重盗扰，其中啮齿类动物（鼠科）、兔子和雉（鸡）的骨骼都比较少，很难判断其是否属于随葬动物。狗的骨骼较多，且最小个体数为2，M1内出土的狗骨，可能为随葬动物。有3块狗骨和7块贝壳（大型贝类的壳，可能为同一个体破碎成了7块）被高温烧过，表面呈青灰色。这说明，该墓葬曾发生过"过火"现象。仅有少量骨头被烧，说明该"过火"现象可能发生在埋葬后，可能是在盗扰过程中或盗扰后，焚毁墓内物品所致。而蚌壳可能是有意识随葬的物品，例如洛阳烧沟汉墓M1005的棺室内，就曾出土天然蚌壳。[1]

---

[1] 中国科学院考古研究所编著：《洛阳烧沟汉墓》，科学出版社1959年版，第214页。

第三节　M1 出土木炭遗存研究[①]

在考古发掘过程中，我们对坡赵 M1 墓室底部较大的木炭块进行了采样，共采集 8 个木炭和 1 个木材样品，目的是通过木炭分析，推测古代人类利用树木的行为方式。

一　研究方法

用双面刀将木炭切成横、径、弦三个面，先在具有反射光源、明暗场、物镜放大倍数为 5 倍、10 倍、20 倍、50 倍的 Nikon LV150 金相显微镜下观察，记载木炭特征，根据《中国木材志》[②]、《中国主要木材构造》[③] 等主要书籍，对树种木材特征的描述和现代木材的构造特征进行树种的鉴定。然后将木炭样本粘在铝质样品台上，样品表面镀金，在 Quanta 650 扫描电子显微镜下进行拍照。

将采集的木棍放到乙醇和甘油 1∶1 的溶液中软化。由于采集的木柄残存的横切面很小，而且用刀一接触就易散，所以，采用徒手切片法切片。再经染色、脱水、封片等步骤，制成永久光学切片，在 LEICA DM2050 光学显微镜下进行观察、鉴定并拍照（彩版五二至五四）。

二　研究结果

8 份木炭和 1 份木材样品中，有 123 块木炭和木材。对这些材料进行观察和鉴定，共有 6 个属，分别为侧柏属（*Platycladus*）、松属的软木松（subgen. *Haploxylon*）、榆属（*Ulmus*）、梓树属（*Catalpa*）、槐属（*Sophora*）和青冈属（*Cyclobalanopsis*），详见表五。

表五　　　　　　　　　　M1 木炭和木材鉴定结果

样品出土位置	块数	树种
M1 前室	侧柏	35
M1 中室	软木松	1
	侧柏	2
	榆属	8

[①] 本节由中国社会科学院考古研究所王树芝撰写。
[②] 成俊卿、杨家驹、刘鹏：《中国木材志》，中国林业出版社 1992 年版，第 1—700 页。
[③] 腰希申：《中国主要木材构造》，中国林业出版社 1988 年版，第 1—258 页。

续表

样品出土位置	块数	树种
M1 后室	侧柏	1
M1 北前侧室	侧柏	6
	榆属	4
M1 北中侧室	侧柏	50
	榆属	10
M1 北后室	梓属	1
M1 南侧室	梓属	1
M1：40 木柄（北前侧室出土）	青冈属	1
M1：35 铁斧木柄（前室出土）	槐属	3

这些属的木材构造特征如下：

1. 侧柏属

从横切面上看，生长轮明显；宽度不均匀；时有断轮或假轮出现；早材带占全生长轮宽度的绝大部分；晚材带极窄；早材至晚材渐变；轴向薄壁组织星散状及弦向带状；木射线稀至略密，极细；轴向树脂道缺如（彩版五二：1）。从径切面上看，早材管胞径壁具缘纹孔 1 列，极少成对；眉条明显；晚材管胞径壁具缘纹孔 1 列；轴向薄壁细胞端壁节状加厚不明显；多含深色树脂；射线薄壁细胞与早材管胞间交叉场纹孔式为柏木型，1—4（通常 2—3）个，多数 1—2 横列（彩版五二：2）。从弦切面上看，木射线单列，偶见 2 列或成对，高 1—28 细胞或以上，多数 2—15 细胞。径向树脂道缺如（彩版五二：3）。

2. 软木松

从横切面上看，生长轮略明显；宽度不匀，甚窄（为松属中生长轮最窄者）；早材占全轮宽度大部分；早材至晚材渐变。轴向薄壁组织缺如。木射线中至略密，极细至甚细。轴向树脂道呈孔穴状，数多，单独，通常分布于晚材带及附近早材带上。轴向树脂道周围有 4—8 个泌脂细胞（彩版五二：4）。从径切面上看，早材管胞径壁具缘纹孔 1 列，少数 2 列或成对；眉条长。晚材管胞径壁具缘纹孔 1 列。射线薄壁细胞与早材管胞间交叉场纹孔式为窗格型或者松木型（单纹孔），1—6（通常 3—4）个，1—3（通常 2）横列（在已知的软木松中，白皮松是唯一具松木型交叉场纹孔者）（彩版五二：5）。从弦切面上看，木射线具单列及纺锤形两类：（1）单列射线，偶 2 列，高 1—16 细胞或以上，多数 3—8 细胞。（2）纺锤射线具径向树脂道，径向树脂道周围有 3—5 个泌脂细胞（彩版五二：6）。

3. 榆属

从横切面上看，生长轮明显；环孔材；早材管孔略大，导管横切面为圆形及卵圆形，连续排列成早材带；具侵填体。早材至晚材急变。晚材管孔略小，导管横切面上为不规则多角形，多呈管孔团，稀单管孔及径列复管孔，弦列或波浪形。轴向薄壁组织多为傍管状。木射线密度稀至中，极细至中（彩版五三：1）。从径切面上看，螺纹加厚仅存在于小导管管壁上。单穿孔。射线组织为同形（彩版五三：2）。从弦切面上看，木射线非叠生，单列射线和多列射线两种（彩版五三：3）。

4. 梓树属

从木材横切面看，生长轮明显，环孔材，早材管孔中至甚大，在肉眼下可见至略明显，连续排列成早材带，有侵填体，早材至晚材急变或略急变，晚材管孔在肉眼略见。导管在早材带横切面上为卵圆及圆形，在晚材带略具多角形，组成管孔团（彩版五三：4）。从径切面看，单穿孔，管间纹孔式互列，射线组织异形Ⅲ型与同形单列及多列，螺纹加厚有时见于小导管管壁上（彩版五三：5）。从弦切面看，木射线非叠生，单列射线甚少，多列射线通常宽为2—5列细胞（彩版五三：6）。

5. 槐属

从横切面上看，生长轮明显；环孔材；宽度均匀或不均匀。早材管孔略大至甚大，连续排列成明显早材带，宽2—4列管孔。早材至晚材急变。晚材管孔略少，略小至中。导管早材在横切面上为圆形、卵圆及椭圆形。导管在晚材带横切面上为圆形及卵圆形，略具多角形轮廓，短径列复管孔（2—4个），单管孔及管孔团，散生，常与薄壁组织相连呈短弦线或短斜线，或略呈波浪形。一部分心材含有侵填体；具树胶。轴向薄壁组织量多，局部叠生，主要为环管束状或翼状，聚翼状及轮界状。木射线稀少，极细至中（彩版五四：1）。从径切面上看，螺纹加厚未见。单穿孔；管间纹孔式互列，系附物纹孔，多角形。薄壁细胞端壁节状加厚不明显或略明显；树胶及晶体未见。射线组织同形与异形Ⅲ型。射线细胞含少量树胶，晶体未见，端壁节状加厚及水平壁纹孔明显。射线—导管间纹孔式类似管间纹孔式（彩版五四：2）。从弦切面上看，木射线局部略斜列。单列射线极少，高2—7个细胞或以上。多列射线宽2（偶见）—8细胞，多数4—6细胞，高3—37细胞，多数15—30细胞（彩版五四：3）。

6. 青冈属

从横切面上看，生长轮不明显；散孔材至半环孔材；宽度略均匀。管孔大小中等，大小略一致，或自内往外略有减小，分布不均匀，呈溪流状径列，列宽1—3管孔；有侵填体。导管横切面为圆形及卵圆形，通常单管孔，径列。轴向薄壁组织量多：（1）主为离管带状，呈连续弦向带，宽1—4细胞。（2）少数星散或星散—聚合状。（3）环管状偶见。木射线中至密，分宽窄两类：（1）窄木射线极细至甚细。（2）宽木射线被许多窄木射线分隔（彩版五四：4）。从径切面上看，螺纹加厚缺如。单穿孔；管间纹孔式互列，圆形及卵圆形。薄壁细胞节状加厚常不明显；少数含树胶，具菱形晶体。射线组织同形。射线细胞含少量树胶，常有菱形晶体。射线—导管间纹孔式主为刻痕状，多数直立少数斜列（彩版五四：5）。从弦切面上看，木射线非叠生。分宽窄两类：（1）窄木射线通常宽1（间或2列或成对）细胞，高1—24细胞或以上，多数5—15细胞。（2）宽木射线（一部分为半复合射线，聚合射线偶见）最宽处宽至许多细胞，高至许多细胞（彩版五四：6）。

从鉴定结果看，木柄用青冈属木材制作，铁斧木柄用槐属木材制作，其余119块木炭有4个属。侧柏占的比例最高，为93%；其次是榆属，为4.2%；再次是梓树属，为1.7%；最少的是松属，为0.8%。从出土概率看，侧柏属的出土概率为0.71，榆属的出土概率为0.43，梓树属为0.29，松属为0.14。不论是从出土比例还是出土概率看，侧柏最高，其次是榆属，再次是梓树属，最少的是松属。

三 讨论

木质材料对人类的经济有着举足轻重的作用。例如建筑材料、制造各种器具的用材，加工业的原料、燃料等，都来自木材。然而，并不是任何一种木材适合于一切用途，由于不同的木材的特性不同，它们各自的用途也不同。

侧柏边材浅黄褐色，有香气，耐腐力强，顺纹抗压极限强度（370kg/cm³）和静曲极限强度（882kg/cm³）大于圆柏，小于柏木，硬度大于圆柏，与柏木近似。[①] 柏木作棺椁的用材很早就有记载。例如程颢、程颐的《二程集》卷第十五："葬埋所虑者，水与虫耳。晋郭文举为王导所致，及其病，乞还山，欲枕石而死，贵人留之曰：'深山为虎狼食，不其酷哉？'曰：'深山为虎狼食，贵人为蝼蚁食，一也。故葬者鲜不被虫者，虽极深，亦有土虫。故思木之不坏者，得柏心为久，后又见松脂锢之又益久，故用松脂涂棺。'"[②]

由于柏木耐腐、防虫，有香气，符合棺椁用材的要求。所以在中国古代，柏木常被选作棺椁用材。例如山东栖霞县占疃乡杏家庄战国墓棺盖板、东西南北壁板，[③] 陕西凤翔秦公一号大墓主椁，[④] 江苏高邮神居山二号墓中椁，[⑤] 陕西西安北郊汉代积沙

---

① 《中国森林》编辑委员会编：《中国森林》第2卷，中国林业出版社1998年版，第1071页。
② （宋）程颢、程颐：《二程集》卷第十五，中华书局1981年版，第147—148页。
③ 烟台市文物管理委员会、栖霞县文物事业管理处：《山东栖霞县占疃乡杏家庄战国墓清理简报》，《考古》1992年第1期。
④ 马振智：《试谈秦公一号大墓的椁制》，《考古与文物》2002年第5期。
⑤ 吴达期、徐永吉、邹厚本：《高邮神居山二号汉墓的木材鉴定》，《南京林业大学学报》（自然科学版）1985年第3期。

墓椁，① 湖南长沙咸家湖西汉曹𡝗墓外椁、内椁，② 甘肃省武威磨咀子 6 号汉墓棺木，③ 辽宁建昌东大杖子战国墓地 M47 的棺底板、各方向的侧板、棺盖板及内椁盖板，④ 山西襄汾陶寺文化时期 M2068 的葬具⑤均为柏木。

松木树干高大，材质轻软，纹理直，易加工，耐腐力强。松木作棺椁的用材很早就有记载。例如《陈文纪》："须松板薄棺，才可周身，土周于棺而已。"⑥《颜氏家训》："吾当松棺二寸……衬土而下，平地无坟。"⑦ 由于松木高大、耐腐，所以在中国古代，松木常被选作棺椁用材。例如北京大葆台汉墓铺地板、垫木、棺床、墓壁板、外回廊隔板、内回廊隔板、内回廊盖板、墓顶方木、墓顶原木，⑧ 赫章可乐遗址墓葬棺木，⑨ 陕西西安皇明宗室汧阳端懿王朱公镗墓的棺椁，⑩ 宁夏西夏陵区 101 号陪葬墓的棺，⑪ 河北磁县湾漳北朝墓的椁木。⑫ 此外，辽宁建昌东大杖子战国墓地 M47 的外椁壁板、底板、盖板及内椁壁板，⑬ 均为松木。

梓树属为落叶乔木，我国有 6 种，即梓树（*Catalpa ovata*）、楸树（*Catalpa bungei*）、藏楸（*Catalpa tibetica*）、黄金树（*Catalpa speciosa*）、滇楸（*Catalpa fargesii*）和灰楸（*Catalpa fargesii*）。由于梓树属木材的特征差异非常微小，因此统称"梓木"。梓木容易干燥，无翘曲和开裂现象，尺寸性稳定，耐腐性强，抗蚁蛀，切削容易，切面光滑，

---

① 陕西省考古研究所：《西安北郊汉代积沙墓发掘简报》，《考古与文物》2003 年第 5 期。
② 长沙市文化局：《长沙咸家湖西汉曹𡝗墓》，《文物》1979 年第 3 期。
③ 甘肃省博物馆：《甘肃省武威磨咀子 6 号汉墓》，《考古》1960 年第 5 期。
④ 王树芝、赵志军、齐乌云、高振海、华玉冰：《辽宁建昌东大杖子墓地 M47 棺椁木材的鉴定与分析》，《考古》2014 年第 12 期。
⑤ 王树芝：《陶寺墓葬出土木材的初步分析》，见中国社会科学院考古研究所《襄汾陶寺——1978—1985 年发掘报告》，文物出版社 2015 年版。
⑥ （明）梅鼎祚编：《陈文纪》卷八，清文渊阁四库全书本，第 114 页。
⑦ （南北朝）颜之推：《颜氏家训》卷下，四部丛刊景明本，第 44 页。
⑧ 大葆台汉墓发掘组、中国社会科学院考古研究所：《北京大葆台汉墓》，文物出版社 1989 年版，第 111—114 页。
⑨ 贵州省文物考古研究所编：《赫章可乐 2000 年发掘报告》，文物出版社 2008 年版，第 216—221 页。
⑩ 西安市文物保护考古所：《西安南郊皇明宗室汧阳端懿王朱公镗墓清理简报》，《考古与文物》2001 年第 6 期。
⑪ 宁夏回族自治区博物馆：《西夏陵区 101 号墓发掘简报》，《考古与文物》1983 年第 5 期。
⑫ 中国社会科学院考古研究所、河北省文物研究所：《磁县湾漳北朝壁画墓》，科学出版社 2003 年版，第 291—295 页。
⑬ 王树芝、赵志军、齐乌云、高振海、华玉冰：《辽宁建昌东大杖子墓地 M47 棺椁木材的鉴定与分析》，《考古》2014 年第 12 期。

纹理通直，花纹美观，是一种优良的木材。古代先民为了最大限度地保存其尸体，不仅重视棺椁的使用重数、棺椁大小、色彩，而且非常重视棺椁的材质。《左传·哀公二年》中，唐代孔颖达疏引郑玄注："凡棺用能湿之物，梓椵能湿，故里法尚之。"① 梓木不仅是一种优质棺材，而且是墓主人身份等级的标志。② 这是因为梓木材质优良，纹理通直，不翘不裂，耐腐耐湿，抗蚁蛀。梓树木材含有抗菌作用的化学成分对羟基苯甲酸。③ 宋代陆佃《埤雅·释木》载："今呼牡丹谓之花王，梓为木王，盖木莫良于梓。"④ 后魏贾思勰《齐民要术》中，述说到楸木的用途时写道："车板、盘合、乐器，所在任用。以为棺材，胜于松、柏。"⑤ 西晋张华《博物志》记载："广州西南接交州数郡，桂林、晋兴、宁浦间人有病将死，便有飞虫大如小麦，或云有甲，尝伺病者，在舍上，候人气绝。来食亡者，虽复扑杀有斗斛，而来者如风雨，前后相寻续，不可断截，肌肉都尽，唯余骨在，便去尽。贫家无相缠者，或殡殓不时，皆受此弊。有物力者，则以衣服布帛五六重裹亡者。此虫恶梓木气，即以板鄣防左右，并以作器，此虫便不敢近也。"⑥

棺椁的使用，早在先秦时期便已强烈地显示出贵贱的等级差异和阶级性。例如天子本人的棺叫"椑"，以水牛、兕牛革蒙在棺木四周；第二重叫"杝"，用椴木制成；最外面的两层都用梓木，内层称"属"，外层叫"大棺"。⑦《六臣注文选》："风俗通曰：'梓宫者，礼，天子敛以梓器。'"⑧《汉书》记载："成帝崩，未幸梓宫。"⑨ 又《后汉书》载："安帝崩，北乡侯立，济阴王以废黜，不得上殿亲临梓宫，悲号不食，内外群僚莫不哀之。"⑩ 西汉时期，皇帝、皇后、诸侯王及夫人可用梓宫。《汉书》："光薨，上及皇太后亲临光丧。……赐……梓宫、便房、黄肠题凑各一具。"⑪ 南北朝

---

① （晋）杜预：《春秋左传正义》，《清嘉庆二十年南昌府学刊札记注疏》，第1224页。
② 王树芝：《湖北枣阳九连墩1号楚墓棺椁木材研究》，《文物》2012年第10期；王树芝、赵志军、冯广平：《梓树、楸树的考古发现及其文化刍议》，《农业考古》2015年第1期。
③ 张秀娟：《梓树中抗菌化合物分离纯化及其抗菌性的研究》，山东大学硕士学位论文，2009年，第1—62页。
④ （宋）陆佃：《埤雅》，明成化刻嘉庆重修本，第十四卷，第92页。
⑤ （南北朝）贾思勰：《齐民要术》，四部丛刊景明钞本，第56页。
⑥ （晋）张华：《博物志》，清指海本，第二卷，第10—11页。
⑦ 徐吉军：《长江流域的丧葬》，湖北教育出版社2004年版，第398—452页。
⑧ （南北朝）萧统：《六臣注文选》，四部丛刊景宋本，第1857页。
⑨ 《汉书》卷九七下《外戚传》，第1514页。
⑩ 《后汉书》卷六《孝顺孝冲孝质帝纪》，第91页。
⑪ 《汉书》卷六八《霍光金日䃅传》，第2948页。

萧统编《文选》："秋九月朔日，敬皇后梓宫启自先茔，将祔于某陵。"[1]

榆属属于榆科。多数榆科树种的木材材质优良、坚硬、细致，耐磨损，韧性强。清人揭宣《璇玑遗述》一书中记载："如榆则取心一段为钻，柳则取心方尺为盘，中凿眼，钻头大，旁开寸许。用绳力牵如车钻，则火星飞爆出窠，薄煤成火矣。"说明了榆木质硬。考古发现，古代先民经常利用榆木作车部件。例如，河北满城汉墓车器的车辕（1∶1068）、车门（2∶1217）为榆木。[2] 另外，安徽六安一号汉墓3号车车辕、车伞柱为榆科的榆属；陕西西安秦兵马俑一号坑G9过洞，车2—车辕F下为榆木木炭。

青冈属木材强度大，耐冲击，富于弹性，颇耐腐，木材硬，耐磨，常用于工具、兵器等的柄。例如，湖南长沙马王堆三号汉墓随葬的矛柄为青冈。[3]

槐树木材边材黄色或浅灰褐色，心材深褐或浅栗褐色，有光泽，纹理直，结构较粗，不均匀，富弹性，耐水湿，木质坚硬，是制作各类桩柱、桥梁的上好材料，也可供建筑、车辆、家具、农具、雕刻等用。

由此来看，墓葬出土最多的柏木、出土较多的梓木可能与葬具有关。出土的木棍是青冈木，铁斧木柄为槐木，松木和榆木的用途不详。值得一提的是，出土的树种除青冈外，在郑州附近都有分布，只有青冈分布在河南省南部。青冈生长于海拔2600米以下山坡或沟谷，组成常绿阔叶林或常绿阔叶与落叶阔叶混交林，有时长成小面积纯林。青冈木的出现，说明其来自河南省南部地区，也有可能汉代墓葬周边有适合青冈生长的生态环境。

第四节　M1出土瓷器、玻璃器研究[4]

一　样品来源

河南省文物考古研究院在新郑坡赵M1出土青瓷壶1件、玻璃珠4件、玻璃研子1件。现就其中1件瓷器（M1∶15）及2件玻璃珠（M1∶59-2、M1∶116）、1件玻璃研

---

[1] （南北朝）萧统：《文选》卷五八《齐敬皇后哀策文》，第1283页。
[2] 中国科学院考古研究所满城汉墓发掘队：《满城汉墓发掘报告》，文物出版社1980年版，第404—407页。
[3] 湖南省博物馆、湖南省文物考古研究所：《长沙马王堆二、三号汉墓》第一卷，文物出版社2004年版，第256—264页。
[4] 本节由西北大学文化遗产学院与西北大学文化遗产研究与保护技术教育部重点实验室李引丽、温睿、张鋆、王安坤撰写。

子（M1：46）的化学成分与工艺特征进行初步分析。

标本 M1：15 为一件破碎但修复后基本完整的青瓷盘口壶，本次测试的样品为青瓷壶肩部上的一小块残片，其余 3 件都是完整器，样品照片详见表六。从样品外观看出，瓷片釉色为透明的青绿色玻璃釉，釉层较薄，胎色白中带灰，可能含有一定的 Fe_2O_3 和 TiO_2。其余 3 件外观上像是石器，器物体积都较小，表面光滑，形状规则，呈算珠状，其中两件器物中间带孔，初步判定，可能是经过刻意打磨的装饰品或工艺品部件，样品均受到不同程度的风化，故也有可能是玻璃珠。我们对上述样品均进行 XRF 测试、显微结构测试及 X 射线衍射测试，以进一步确定其来源及文物性质。

表六　　　　　　　　　　**M1 出土样品基本情况**

样品照片	标本号	名称	特点
	M1：15	青瓷盘口壶残片	残片，胎色发黄，釉色青色
	M1：116	玻璃珠	光滑致密，算珠状
	M1：59－2	玻璃珠	算珠状，风化层致密坚硬
	M1：46	玻璃研子	表面粗糙，有风化现象

二 测试条件

实验测试工作在西北大学文化遗产研究与保护技术教育部重点实验室完成,成分测试仪器为德国布鲁克公司生产 ARTAX400 型能量色散 X 射线荧光光谱仪。为减少样品测定中的不均匀性,实验过程中选择准直器直径为 1mm,测定条件为:管电压 30KV,管电流 900uA,扫描时间 300s,氦气保护条件下测试。显微结构测试采用日本浩视公司生产的 KH7700 型超景深三维视频显微系统,成分结构测试利用日本株式会社理学公司生产的 SMARTLAB 型 X 射线能量衍射仪。

三 成分测试及结果

样品用无水乙醇进行表面除杂处理,石器测试采用石头标准曲线,所有样品测试平行 2 次,取平均值,结果详见表七、表八。

表七　　　瓷器（M1:15）胎及珠子、研子主量化学组成

编号	Na_2O	MgO	Al_2O_3	SiO_2	P_2O_5	K_2O	CaO	TiO_2	MnO_2	Fe_2O_3
M1:15	1.07	1.23	19.62	72.41	0.01	4.67	0.41	1.62	0.03	3.57
编号	Na_2O	MgO	Al_2O_3	SiO_2	$BaCO_3$	$PbCO_3$	CaO	TiO_2	MnO_2	Fe_2O_3
M1:116	1.57	1.08	0.81	42.58	2.13	46.70	2.31	0.22	0.02	0.01
M1:59-2	1.98	0.54	0.58	33.30	2.33	60.05	0.01	0.01	0.04	0.50
M1:46	0.00	0.00	1.92	53.46	1.53	39.26	1.38	0.07	0.11	0.67

表八　　　瓷器（M1:15）釉主量化学组成

编号	Na_2O	MgO	Al_2O_3	SiO_2	P_2O_5	K_2O	CaO	TiO_2	MnO_2	Fe_2O_3
M1:15	0.01	2.35	12.89	55.46	3.78	4.84	21.63	0.87	0.37	6.55

从表七、表八可以看出,瓷器样品胎中 SiO_2 含量为 72.41%,Al_2O_3 含量为 19.62%,RX（MgO+CaO）含量为 1.64%,R_2X（Na_2O+K_2O）含量为 5.74%。故在胎中,R_2X 远远高于 RX 的含量,同时也存在少量的 TiO_2 和 Fe_2O_3;在釉中,SiO_2 含量为 55.46%,Al_2O_3 含量为 12.89%,RX（MgO+CaO）含量为 23.98%,R_2X（Na_2O+K_2O）含量为 4.85%,与胎相反。在釉中由于 CaO 含量的提高,R_2X 远远小于 RX 的含量,由于釉中存在一定的草木灰,P_2O_5 含量较高,同样,也含有少量 TiO_2 和 Fe_2O_3。

文献记载,东汉时期,我国陆续出现了不同的陶瓷烧制的窑口,其较为出名的是

越窑。① 尤其到东汉晚期，越窑青釉瓷的烧制成功，标志着我国从陶向瓷发展的一个飞跃。其烧制瓷器的化学组成特点为高硅低铝，在胎中 SiO_2 大多在 70%—75%，有一定的 Fe_2O_3 和 TiO_2，R_2O 比 RO 含量高。在东汉晚期上虞小仙坛出土的几片青釉瓷中，SiO_2 在 72%—78%，Al_2O_3 含量在 17%—19% 波动，高者可达 20% 以上，Fe_2O_3 只有 1.64%，TiO_2 也仅有 0.97%，釉中硅含量在 60% 左右波动，铝含量在 11%—13%。值得注意的是，CaO 含量都很高，多数釉中都存在 P_2O_5，所以，此时期越窑瓷器是钙碱釉。②

通过与文献同时期越窑瓷器化学组成对比，所测样品化学组成不管是胎还是釉，都与越窑已出土的样品相似。为了更进一步确定其来源，对其他窑口特点进行总结，依次排除，例如，瓯窑始于东汉，其胎中 SiO_2 含量多数在 74% 左右，Fe_2O_3 在 1.5% 左右波动，最主要的是釉中 CaO 含量在 14%—16%。③ 而婺州窑根据不多的分析数据，其随年代的变化成分变化很大，但有一点可以肯定，其釉中 Fe_2O_3 含量都约为 3%。④ 岳州窑始于东汉，其他成分和别的窑口没有太大区别，但其釉中 CaO 含量很少，一般在 15% 左右。⑤ 同样，洪州窑出土的器物多数为六朝至唐朝的器物，其特点是釉中 CaO 含量大都在 16% 左右。⑥ 综上分析，上述这些窑口器物的成分特点与所测数据有很大的不同，该样品来源于越窑的概率更大。

另外，对于几件珠子、研子成分，虽然硅含量都很高，但都含有大量的 Pb、Ba 元素，Al 含量很少，故排除是陶瓷的可能。但由于样品风化层较厚，成分测试受到影响，据目前研究来看，仅靠成分还不能推断其来源。

四　样品数据与文献数据对比

通过查阅越窑东汉时期瓷器胎釉具体成分的含量值，⑦ 与测试值进行比较，做成散点图，结果见图六七至图七〇。

为了直观地分析此瓷器残片与同时期越窑瓷器成分的相似度，我们分别将胎釉中的不同成分与同时期文献记录数据作散点图对比。首先，对胎釉中的主要元素 Si、Al

---

① 熊樱菲、龚玉武、夏君定：《上林湖越窑青瓷胎釉化学组成的 EDXRF 分析》，《文物保护与考古科学》2010 年第 4 期。

② 吴隽、李家治、郭景坤：《各地出土越窑青瓷胎釉微量元素的研究》，《中国科学（E 辑）》1999 年第 2 期。

③ 郭演仪、陈尧成：《瓯窑褐彩青瓷及其装饰工艺探讨》，《上海硅酸盐》1994 年第 3 期。

④ 李家治、陈显求等：《唐宋元浙江婺州窑系分相釉的研究》，《无机材料学报》1986 年第 1 期。

⑤ 陈士萍、陈显求、黄瑞福：《晋—唐湘阴窑的研究》，《上海硅酸盐》1993 年第 4 期。

⑥ 李荣华：《江西地区的六朝瓷器——以洪州窑为中心》，《南方文物》2008 年第 1 期。

⑦ 中国硅酸盐学学会：《中国陶瓷史》，文物出版社 1982 年版，第 137—140 页。

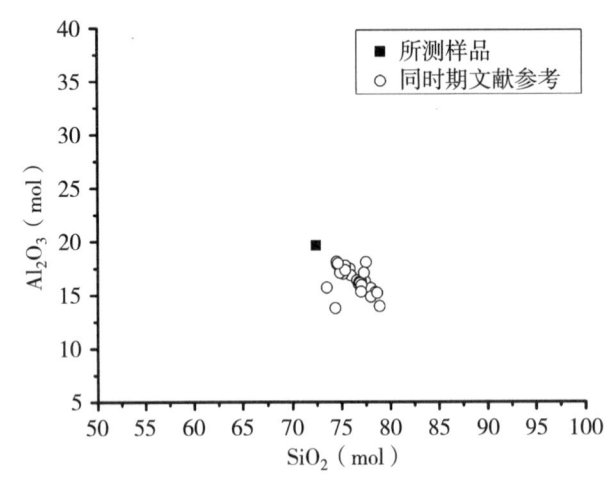

图六七　瓷器 M1∶15 胎硅铝化学组成散点图

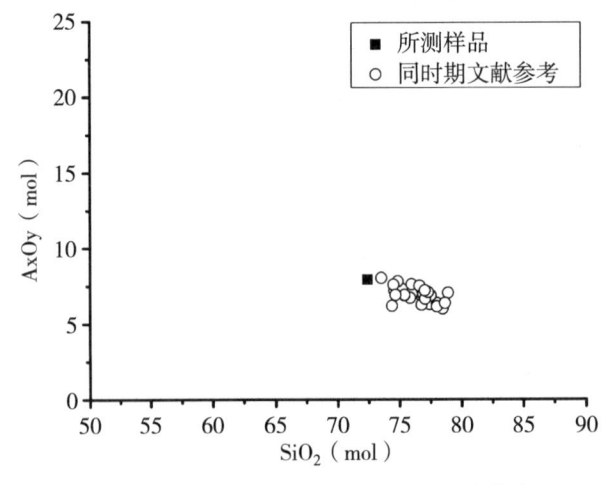

图六八　瓷器 M1∶15 胎硅氧化物化学组成散点图

进行分析，文献数据与所测样品胎釉都是高硅低铝。其次，对胎釉中的主要成分硅及除硅铝之外的氧化物（RxOy）进行对比分析，可以看到，在胎中 RxOy 含量相对少，但在釉中其含量明显比胎中高很多，这是因为釉中 CaO 含量达到 18% 以上，符合钙釉的特点。总体分析，不管是硅、铝含量还是硅、氧化物（RxOy）含量，所测数据虽只有一个样本，但是与文献数据非常相似，整体符合越窑的特点。[1] 另外，对于 2 件珠子

---

[1] 郭演仪、王寿英、陈尧成：《中国历代南北方青瓷的研究》，《硅酸盐学报》1980 年第 8 期；李虎侯、王增林：《越窑瓷中的微量元素》，《考古学报》1995 年第 7 期；郭璐莎：《越窑研究的回顾与展望》，《东南文化》2015 年第 4 期；朱守梅、毛振伟：《南宋低岭头越瓷的同步辐射荧光射线扫描分析》，《核技术》2004 年第 27 期。

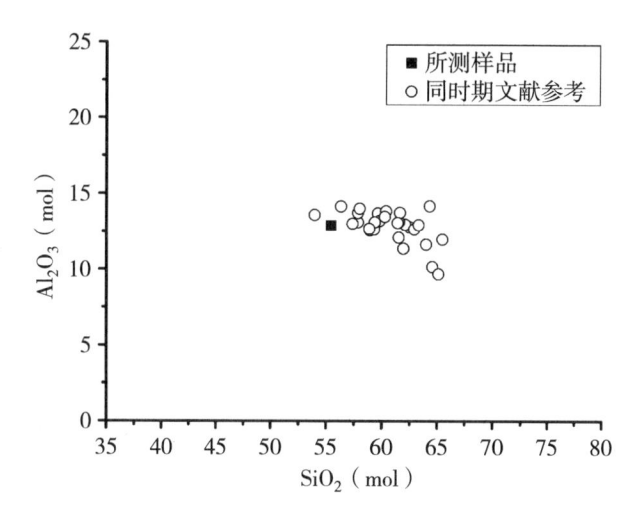

图六九 瓷器 M1：15 釉硅铝化学组成散点图

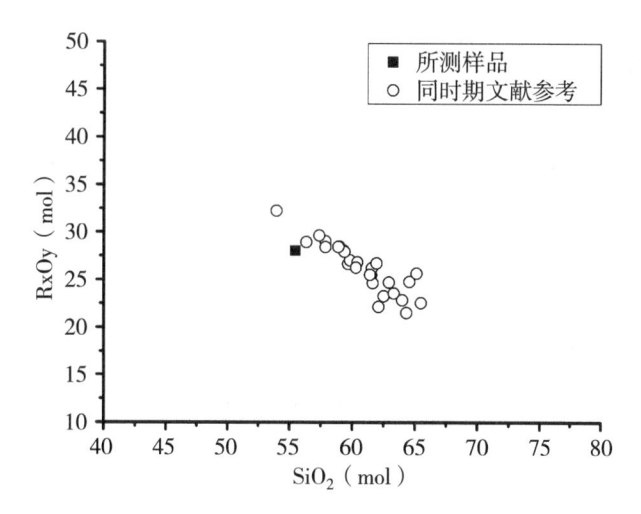

图七〇 瓷器 M1：15 釉硅氧化物化学组成散点图

和一件研子样品，由于同时期记载关于其成分研究的文献很少，无法进行直观系统的对比，其来源有待进一步探讨。

五 青瓷胎、釉的显微结构及性能

通过超景深三维视频显微系统对瓷器样品胎釉及珠子、研子进行形貌结构观察，详见彩版五五、五六。

从瓷器釉中可以看出，由于 CaO 含量高达 21%，釉面有失透现象，致使釉的光亮和透明度也较其他釉差。釉中存在少量气泡，由于气泡体积较大或接近釉表面，在冷却时，降温速度快，气体浓缩速度大于玻璃质釉的浓缩速度，容易在釉表面形成凹坑，俗称"棕眼"。由上图可知，棕眼较小。① 釉中存在 Fe_2O_3 和 TiO_2，尤其铁含量大于 3%，它们都为着色氧化物，在釉中以离子形式存在，由于它们有强烈吸收紫外线的能力，故使釉呈棕黄色或青中带黄。整体来看，青釉的颜色偏灰，绿色不纯，有的区域釉色呈黄褐色，不似越窑唐宋时期的青瓷，发色纯正稳定。其次，釉层较薄，小于 0.5mm，胎釉结合较好，尚没发现剥釉现象。釉为透明的玻璃釉，釉内无残留石英，其他结晶亦不多见。从胎显微照片中看出，胎面凹凸不平，也存在细小的裂纹，胎体整体来说较为致密均匀，无肉眼可见的粗大杂质颗粒。由于胎中也存在 Fe_2O_3 和 TiO_2，所以胎色不是很白，带有灰色。从整体来看，由于时代较早，胎釉工艺都比较粗糙。文献记载，越窑瓷器的烧成温度都较高，东汉六朝时期，大都在 1100℃—1250℃，多数在弱还原或弱氧化气氛中烧成，再加上上文中瓷胎成分的分析，SiO_2 含量在 71%—79%，Al_2O_3 在 13%—20%，熔剂总量在 8% 左右，这样的化学组成正符合 1200℃—1300℃这段范围内烧制的瓷器所需要的化学组成。②

珠子、研子从显微照片来看，其外观明显不同于陶瓷残片，无裂纹，虽也有杂质颗粒，但较光滑透亮，无结晶或难熔块出现，也观察不到拉丝等制作工艺的痕迹。其中，标本 M1∶59-2 珠子有明显的表面风化层，风化层致密坚硬，故其内部形貌难以分辨，需进行 XRD 测试。

六 X 射线衍射分析

我们利用 XRD 无损分析法测定了 4 件样品。由于标本 M1∶116 珠子表面光滑致密呈玻璃态，无法用 XRD 测出其结晶态结构，所以，只对其他 3 件样品进行分析，结果详见彩版五七。

由 XRD 衍射谱图可知，标本 M1∶15 瓷片胎面 X 射线衍射峰的晶面指数 d 值为 38.701、44.812 及 67.824 三处，经数据检索，有两处峰与 Al_2O_3（d = 38.692、67.935）晶体衍射重合。氧化铝有 α、β、γ 三种晶型。我们平常所说的刚玉为 α 型，

---

① 李国桢、叶宏明等：《历代越窑青瓷胎釉的研究》，《中国陶瓷》1988 年第 1 期；曹鹤鸣：《六朝越窑青瓷及其仿制品》，《河北陶瓷》1987 年第 4 期；李家治：《我国瓷器出现时期的研究》，《硅酸盐学报》1978 年第 6 期。

② 中国硅酸盐学学会：《中国陶瓷史》，文物出版社 1982 年版，第 137—140 页；李家治：《中国科学技术史》，科学出版社 1998 年版，第 114—139 页；叶宏明、杨辉、叶培华等：《中国瓷器起源的研究》，《浙江大学学报》2008 年第 8 期；陈显求、李家治、黄瑞福等：《元大都哥窑型和青瓷残片的显微结构》，《硅酸盐学报》1980 年第 8 期。

与一般酸碱反应，硬度极高。β型实质上是铝酸盐，β—Al_2O_3制成的陶瓷用于隔膜电解食盐水，制得的烧碱产品纯度较高。γ型是实验室内常用的晶型，可由氢氧化铝脱水得到，与酸碱反应，表现出两性氧化物的性质。故瓷片样品中，应该含有β—Al_2O_3晶体结构，具有铝含量较高的特点。

标本M1∶46样品X射线衍射峰的晶面指数d值为30.801、35.712、43.021、47.032、49.215及68.022，出峰较多，也存在许多杂质衍射峰，经数据检索发现，与Al_2O_3和SiO_2的晶面衍射峰相吻合。在XRF成分分析中，虽有含量较高的Pb，但在这里没有检索到含Pb的晶体结构，尽管如此，玻璃的可能性还是很大，如需确认，需进行粉末测试。[①] 标本M1∶59-2珠子，其杂质峰较少，微区扫描谱图相对直观，X射线衍射峰的晶面指数d值为20.015、28.125、29.714、38.495、44.923、58.748等，经数据检索分析，存在SiO_2晶体结构。更重要的是，发现它含有大量的$BaCO_3$和$PbCO_3$晶体，这一发现印证了我们之前的猜测，其材质可能是玻璃，属于国产铅钡玻璃体系。在埋藏过程中，铅钡由内部向外迁移，与环境中其他物质（CO_2、H_2O等）发生反应，在其表面生成了$PbCO_3$和$BaCO_3$，[②] 故可以看到致密的风化层。

七 结论

以上测试表明：第一，通过对瓷片样品胎、釉进行XRF成分分析，发现它是高硅低铝，釉为钙碱釉。通过查阅文献，我们排除了瓯窑、婺州窑、岳州窑、洪州窑等窑口烧制的可能。虽然只有一件样品，为了进一步验证来源，我们绘制散点图，与同时期的越窑瓷器胎、釉成分比较，发现胎、釉成分都极为相似，故此瓷片样品可能为越窑所出。其他3件样品风化较严重，仅从成分上还不能判断是什么材质。

第二，通过超景深显微结构观察，发现瓷器样品胎釉工艺粗糙，釉中含有气泡，釉色失透明显，胎色白中泛黄。另外3件样品的形貌也各有不同，整体来看，没有瓷器胎那样粗糙，较为光滑，当然也可以看到风化层。

第三，通过XRD测其成分结构，在瓷片中发现Al_2O_3晶体衍射峰，恰与XRF成分分析相辅相成。同时也发现，标本M1∶46研子存在Al_2O_3和SiO_2晶体结构，但也不排除玻璃的可能。标本M1∶59-2珠子除SiO_2晶体外，还有Pb、Ba元素构成的晶体，基

[①] 路大勇、耀龙、刘巧丽等：《陶瓷体和粉末XRD差别》，《吉林化工学院学报》2012年第1期；干福熹：《中国古代玻璃的起源和发展》，《自然杂志》2006年第4期。

[②] 干福熹、曹锦炎、承焕生等：《浙江余杭良渚遗址群出土玉器的无损分析研究》，《中国科学》2011年第1期。

本可以排除其为石珠的可能性。其表面的 $PbCO_3$ 和 $BaCO_3$ 晶体应该是玻璃的风化产物，证明它很可能是国产的铅钡玻璃珠。

第五节 M1 出土部分遗物的成分分析[①]

我们选择坡赵 M1 出土的部分遗物做了成分分析，下面将分两部分介绍测试分析结果。

一 M1 出土有机饰品的检测分析

除了出土包括陶、铜、瓷、铁、石等各类遗物外，M1 还出土了 2 件有机质饰品（M1∶94、M1∶126）。为了确定其质地和加工工艺，我们采用扫描电镜和中红外分析仪，对样品做微形貌分析和红外结构分析。[②] 该样品扫描电镜分析由郑州大学科技考古实验室完成，红外分析由郑州大学化学实验中心完成（表九）。

表九　　　　　　　　　M1 出土有机质遗物成分分析

编号	序号	C	O	Si	Al	Fe	N	标准差
M1∶94	1	73.8	26.2	0	0	0		0.6
	2	77.9	22.1					0.2
	3	42.4	43.8	6.3	5.2	2.4		0.1
M1∶126	4	48.5	24.8	0.6	0.4		15.6	0.4
	5	56	21.4	5			22.6	0.5
	6	47.9	18.3				24.2	0.2

1. 资料

标本 M1∶94，一角略残。橙红色。近弧边长方形，正面弧壁，底平，内有近圆形纵向穿孔。残长 3.2、宽 1.9、厚 0.95 厘米，孔径 0.3 厘米（图六六∶17；彩版四八∶1）。

标本 M1∶126，黑色，胎为赤色。形体较小，扁椭圆形。中间有纵向穿孔。长径 1.57、短径 1.53、厚 0.84 厘米，孔径 0.2 厘米（图六六∶18；彩版四八∶2）。

2. 仪器和方法

Phenom XL 样品室 100 ∗ 100 ∗ 70mm，采取 5KV 和低真空模式进行二次电子，配合

[①] 本节由郑州大学历史文化学院崔天兴撰写。

[②] 肖诗宇、徐世球：《琥珀的宝石学特征及鉴定》，《宝石及宝石学》2000 年第 2 卷第 4 期；王瑛、蒋伟忠、陈小英、林柏、易海容：《琥珀及其仿制品的宝石学和红外光谱特征》，《上海地质》2010 年第 2 期。

背散射进行微形貌分析，并配合能谱进行成分分析，倍率为100x—100000x，并配合能谱进行分析。

Nicolet NEXUS 470 仪器测试参数：分辨率：4cm^{-1}，检测器：DTGS，测试范围：4000—400cm^{-1}，扫描次数：2，样品取样量：1—1.2mg，KBr用量：120mg左右。

3. 结果

扫描电镜分析结果如下：其背散射图像特征为有机物，脆性断口（图七一）。我们

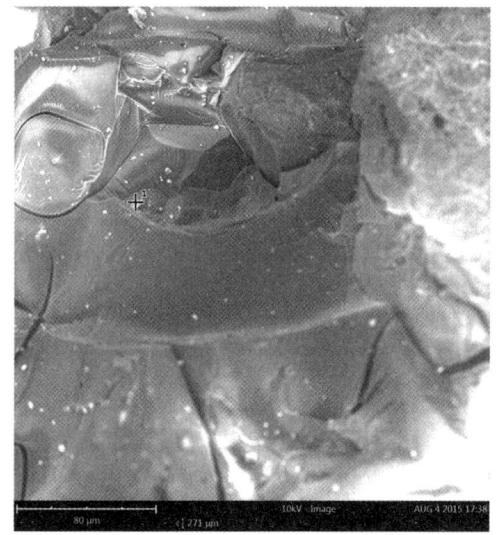

图七一　M1∶94扫描电镜背散射图像

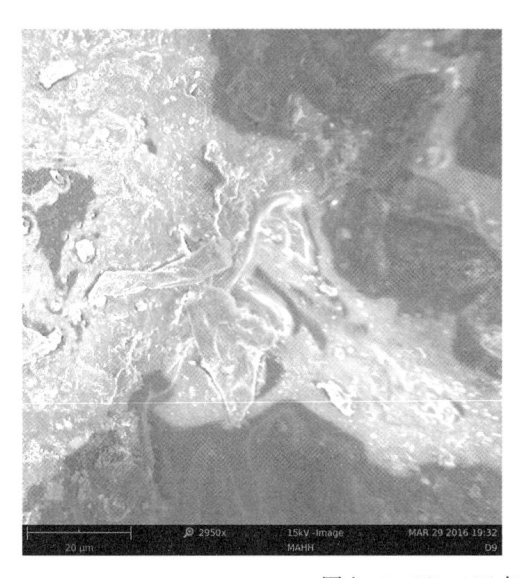

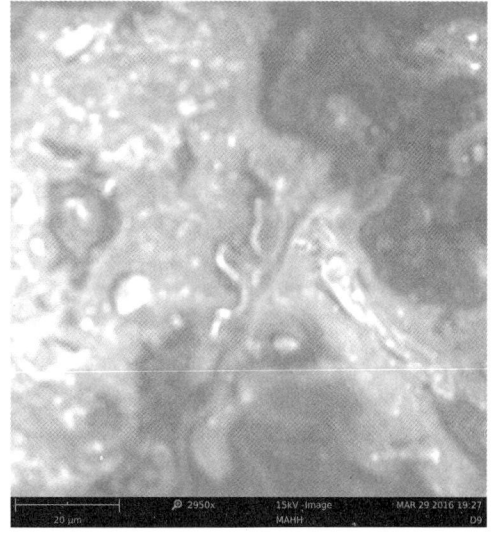

图七二　M1∶126扫描电镜背散射图像

对断面上做了3点能谱分析，点1—2能谱分析基本元素为C-O，点3可能成分比较复杂，考虑到样品龟裂严重，可能为土壤等物质浸透所致。故推断其为有机物，脆性断口，推测很可能为琥珀制品。① 根据其钻孔的显微特征观察，其钻孔方式应为梃钻（彩版五六：5）。

红外分析结果如下：这两件样品，在3439cm^{-1}和3437cm^{-1}附近的宽吸收带是由醇或者羧酸OH的伸缩振动引起，② 2931cm^{-1}—2869cm^{-1}的吸收带是由烷烃反对称及对称伸缩振动引起的。CH2弯曲、CH3不对称弯曲振动及CH3对称弯曲振动红外吸收峰，出现在1452cm^{-1}和1384cm^{-1}之间。这表明，该件器物基本为脂肪族结构。③ 样品中，酯C＝O官能团伸缩振动为1724cm^{-1}附近吸收峰，一般认为，该峰是石化树脂典型的红外吸收峰。1160cm^{-1}附近的吸收峰，由脂类C-O单键伸缩振动引起，有机化合物环外共轭C＝C双键伸缩振动和双键上C-H面外弯曲振动引起的1644cm^{-1}和890cm^{-1}的吸收峰（图七三）。④

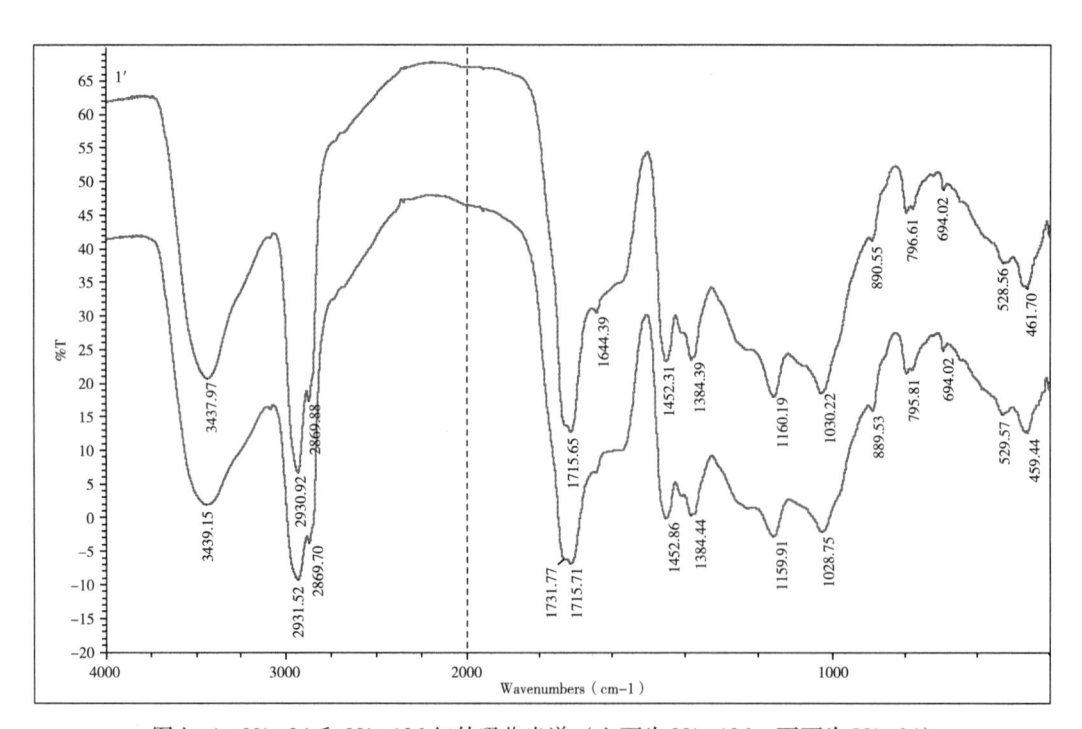

图七三 M1：94和M1：126红外吸收光谱（上面为M1：126，下面为M1：94）

---

① 肖诗宇、徐世球：《琥珀的宝石学特征及鉴定》，《宝石及宝石学》2000年第2卷第4期。
② 谢祖宏、唐雪莲、李剑、杨淼：《缅甸琥珀不同品种的红外光谱特征》，《超硬材料工具》2013年第25卷第5期。
③ 朱淮武：《有机分子结构波谱分析》，化学工业出版社2005年版，第29—74页。
④ 王妍、施光海、师伟、吴瑞华：《三大产地：波罗的海、多米尼加和缅甸琥珀红外光谱鉴别特征》，《光谱学与光谱分析》2015年第35卷第3期。

$Ratio\ (R) = A_{1381cm^{-1}}/A_{1456cm^{-1}}$ 1382cm^{-1}处的红外吸收谱带，归属于 CH3 对称弯曲振动，1456cm^{-1}归属于 CH3 不对称弯曲振动。样品的吸光度光谱由溴化钾压片法产生的朗博—比尔定律转换得到，吸光度由未经校正原始吸收光谱中的峰高数值来确定，其值分别约为 0.986 和 1.0013（图七四）。其比值与波罗的海附近的比值 0.9 以上基本接近。[1] 学者普遍认为，这反映了早期东西方贸易往来。[2]

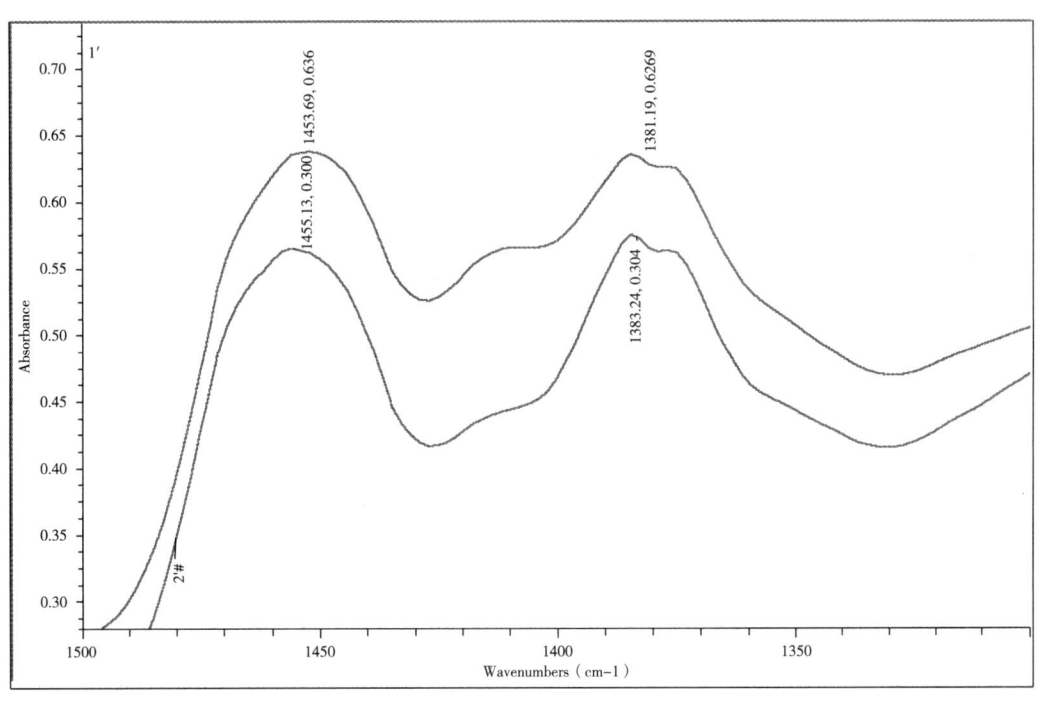

图七四 M1∶94 和 M1∶126 产地有关的吸收峰（上面为 M1∶126，下面为 M1∶94）

4. 结论

通过以上的检测分析，我们初步得出几点认识：

（1）坡赵 M1 出土的标本 M1∶94 和 M1∶126 的材料是有机质的琥珀，结合其墓葬时代，应属于东汉时期的琥珀制品。

（2）标本 M1∶94 和 M1∶126 的吸光度光谱值分别为 0.986 和 1.0013，其比值与欧洲波罗的海地区琥珀的比值基本接近，据此推测，它们可能来自欧洲波罗的海地区。

---

[1] 王妍、施光海、师伟等：《三大产地：波罗的海、多米尼加和缅甸琥珀红外光谱鉴别特征》，《光谱学与光谱分析》2015 年第 35 卷第 3 期。
[2] 莫默、丘志力、张跃峰等：《中国彩色宝玉石使用的三次高潮及其与古代丝绸之路关系探索》，《中山大学学报》（自然科学版）2014 年第 53 卷第 6 期。

（3）虽然坡赵 M1 仅出土了两件琥珀制品，仍能在一定程度上反映出汉代东西方文化交流的信息。

二　M1 部分遗物的成分分析

由于坡赵 M1 出土的遗物种类较多，为了确定遗物的准确属性，也为了确定部分器物的质地及其制作工艺，我们采用便携式 X 荧光分析仪，对坡赵 M1 出土的部分器物进行分析。[①] 样品便携式 XRF 分析在郑州大学科技考古实验室完成。下面是这次检测分析的结果。

仪器信息：美国 INNOV‐X（伊诺斯）

型号：DPO6000

单位：%

测量模式：地球化学

激发源：高灵敏度硅漂移探测器

经标准数据转换后，检测分析结果如下。

1. 金属样品

坡赵 M1 共测试 2 件金属样品，结果见表一〇。

表一〇　　M1 出土金属样品便携式 X 荧光分析数据

样品	部位	Cr	Fe	As	Sr	Zr	Nb	Mo	Ag	Cd	Sn	Sb	Ta	Pb	合计（%）
M1：144	表面	0.12	0.94	6.03	0	0	0.48	0.03	0.60	0.78	1.27	0	0.87	88.88	100
M1：144	断面	0	89.28	0.95	0.04	0.03	0	0	0	0	0.20	0.09	0.15	9.27	100
M1：61	表面	0.14	0.24	3.94	0	0	0.52	0.04	0.52	0.63	1.02	1.89	0.86	90.20	100

标本 M1：144，铁器。外包一层厚约 0.1 厘米的铅皮，内部为铁质材料。长方形，背部略内弧，较厚，刃部较薄。锈蚀严重，两面皆粘连有残铁块痕迹。长 9.6、宽 3.7、厚 0.5—1 厘米。残重 218.3 克（图六二：2）。

X 荧光分析显示，器表主要成分为铅，约为 88.877%，锡的含量为 1.272%，断面测定结果显示 Fe‐Pb，分别为 89.28%、9.265%。荧光测试结果基本与判断一致。

标本 M1：61，铅权。深灰色，表面布满灰白色锈斑。圆台状，中间有竖向圆孔贯

[①] 便携式 XRF 数值只具有定性半定量的意义，不具有进一步可比较的分析性。

通。上径1.6、下径2.4、高1.8厘米,孔径上0.4、下0.6厘米。残重64.26克(图六六:1)。

X荧光分析显示,主要成分为Pb,约占90.2%,锡的含量为1.02%,与标本M1:144表面测定结果基本一致,其微量元素也基本一致。X荧光分析结果与判断一致。

2. 水晶饰件

坡赵M1共测试2件样品。

标本M1:124,形体较小,扁椭圆形,顶面圆鼓,直壁内斜,平底。长径1.2、短径1.1、厚0.37厘米(见图六六:20;彩版四八:3)。

标本M1:125,形体较小,圆形,顶面圆鼓,直壁内斜,平底。直径1.5、厚0.43厘米(见图六六:19;彩版四八:4)。

X荧光能谱测试结果显示,SiO_2均为100%,故测试结果与判断一致。

3. 青瓷

坡赵M1出土了1件瓷器样品,具体检测结果见表一一。

表一一　　　　　　　　M1出土M1:15成分测试

样品信息	Mg	Al	Si	S	Ca	Ti	Fe	Cu	合计(%)
M1:15 肩颈相交处	5.087	12.093	43.803	0.280	29.983	0.862	7.870	0.0201	100
M1:15 肩颈相交处	4.003	11.187	42.598	2.255	30.831	0.905	8.203	0.0174	100
M1:15 肩中部	5.969	12.163	45.577	0.844	27.588	0.822	7.016	0.021	100
M1:15 底部	4.971	14.761	74.667	0.652	1.430	0.718	2.801	0	100

M1:15,青瓷盘口壶。青釉,发黄绿色,施釉不均匀,釉厚处发黑,釉玻璃质感较强,局部可见细密开片,有流釉现象。施釉不到底,下腹近底处及底部均露胎。灰白胎,胎质细腻。口径7.4、腹径19.6、底径15、高16.4厘米(图三六;彩版二四:4)。釉面X荧光测试结果显示,可能为石灰釉;胎体X荧光测试结果显示,可能为高岭土。[1]

4. 石质遗物

由于坡赵M1出土了数量较多的石质遗物,故石质文件检测数量较多,详细数据参见表一二。

---

[1] 熊樱菲、龚玉武、夏君定:《上林湖越窑青瓷胎釉化学组成的EDXRF分析》,《文物保护与考古科学》2010年第22卷第4期。

表一二　　　　　　　　　　　M1 出土石质遗物成分

样品信息	Mg	Al	Si	P	S	Ca	Ti	Mn	Fe
M1：120　　石料	0.000	1.908	6.873	0.127	0.115	89.819	0.000	0.052	1.104
M1：211－3　石饼	5.780	7.802	23.840	0.556	0.059	57.465	0.430	0.063	4.005
M1：211－5　石饼	0.000	7.008	24.550	1.553	0.000	61.529	0.676	0.090	4.595
M1：211－8　石饼	0.000	0.000	8.254	1.148	0.355	81.132	0.885	0.466	7.760
M1：211－15 石饼	0.000	1.760	4.169	0.374	0.024	93.044	0.221	0.033	0.376
M1：211－16 石饼	5.424	1.808	3.265	0.148	0.000	88.884	0.185	0.030	0.256
M1：211－17 石饼	0.000	3.481	9.059	0.202	0.000	85.658	0.201	0.156	1.243
M1：211－18 石饼	0.000	11.985	37.325	0.401	0.000	43.751	0.616	0.063	5.858
M1：211－19 石饼	0.000	6.233	23.670	1.462	0.313	63.877	0.489	0.106	3.850
M1：211－20 石饼	12.297	4.518	31.865	2.144	0.000	46.278	0.301	0.130	2.468
M1：51　　石研子	7.400	0.000	4.724	0.175	0.281	81.170	0.365	0.133	5.751
M1：130　　石黛板	0.000	1.691	5.626	0.352	0.234	90.320	0.200	0.000	1.577
M1：16　　石黛板	5.749	18.153	64.381	0.381	0.000	1.279	0.917	0.129	9.012
M1：31　　石黛板	4.076	13.486	69.406	2.837	0.000	1.945	0.463	0.042	7.746
M1：95　　石黛板	5.337	18.715	64.725	0.191	0.270	1.151	1.089	0.173	8.350
M1：138　 石黛板	0.000	9.280	47.286	0.718	0.948	7.237	2.073	0.449	32.009
M1：17　　石砚	5.483	15.576	66.709	0.000	0.067	3.742	0.572	0.109	7.738

标本 M1：120，石料，方解石。形状不规则，颜色发灰白，半透明。长5.5、宽3.8、厚2.5厘米（彩版四三：5、6）。测试结果与判断基本一致。

石饼发现数量较多，质地较软，多呈黄白色或灰白色。皆为一面较为平整光滑，另一面较粗糙，边缘从光滑的一面向粗糙的面内收。部分因过于破碎而无法准确统计数量。肉眼观察其质地一致。我们选择了完整的标本 M1：211－3、M1：211－5（图六四：6）、M1：211－8（彩版四二：6），进行 X 荧光分析，结果显示为方解石，与鉴定结果一致。

标本 M1：51，研子。淡褐色砾岩，风化严重，质地疏松。上有半球形捉手，捉手顶面鼓凸，研身为方形薄板状。捉手直径4、研身径长4、高3.6厘米。X 荧光测试结果与鉴定结果不一致，其可能为石灰岩，为砾岩（图六四：13）。

黛板共 5 件，X 荧光分析结果显示，除标本 M1：130（图六三：5）为灰岩外，标本 M1：16（图六三：2）、M1：31（图六三：4）、M1：95（图六三：3）、M1：138（图六三：1）均为细砂岩。

砚台（M1：17），紫红色粉砂岩，质地细腻，磨制精细。正面中央凸起呈一圆饼状，边缘减地，厚方缘，砚身边缘与足相接处有 3 个凸起，下有 3 个矮粗六边形柱体足。台面直径 10.4、厚 1.3、高 2.4 厘米（图六四：1）。X 荧光分析结果显示，SiO_2 为主体元素，故推测其为细砂岩。

标本 M1：119-1，M1：119-2 的 X 荧光测试结果（表一三）显示，SiO_2 占 99% 以上，故其为石英岩或水晶一类，其鉴定结果为水晶，与判断基本一致。[①]

坡赵 M1 填土以及大部分墓室底部皆出土有卵石，共计 33 枚。均呈比较规则的圆卵形，磨制细腻光滑，颜色大多为白色、灰白色、蓝白色，少量黄白色、灰黑色。长径多在 2.3—2.6 厘米之间，短径多在 1.7—2 厘米之间，重量多在 10—11 克之间，最轻的 8.67 克，最重的 11.95 克。这里选择标本 M1：69、M1：84、M1：77、M1：92、M1：93-1 进行分析，结果显示均是 SiO_2 占 90%—97%，鉴定结果为石英岩，详见表一三。

表一三　　　　　　M1 出土石质遗物的检测分析

样品信息	Mg	Al	Si	P	S	Ca	Ti	Mn	Fe	As	Pb
M1：119-2 石饰残片	0.000	0.000	99.946	0.000	0.000	0.000	0.000	0.000	0.054	0.000	0.000
M1：119-1 石饰残片	0.000	0.000	99.507	0.213	0.172	0.000	0.000	0.000	0.105	0.000	0.003
M1：84　小石卵	0.000	0.440	98.309	0.000	0.788	0.126	0.121	0.000	0.212	0.002	0.002
M1：77　小石卵	0.000	1.407	90.823	2.535	0.704	4.234	0.000	0.000	0.281	0.003	0.012
M1：92　小石卵	0.000	1.695	97.822	0.000	0.180	0.000	0.109	0.000	0.194	0.000	0.000
M1：69　小石卵	0.000	1.311	97.663	0.000	0.625	0.000	0.140	0.000	0.230	0.008	0.023
M1：93　小石卵	0.000	2.671	96.698	0.179	0.076	0.000	0.127	0.000	0.249	0.000	0.000

5. 坡赵 M1 出土的玻璃器

坡赵 M1 共检测了 4 件，具体结果见表一四。

标本 M1：59-1、M1：59-2、M1：104、M1：116 珠子（图六六：21、22、12、11），以及 M1：46 研子（图六四：14）体积都较小，表面光滑，形状规则，呈算珠

[①] 李昌年：《简明岩石学》，中国地质大学出版社 2010 年版，第 110 页。

状，其中两件器物中间带孔。初步判定可能是经过刻意打磨的装饰品或工艺品部件，样品均受到不同程度的风化。其中标本M1:46为研子，余为珠子。标本M1:59-1、M1:59-2、M1:104、M1:46结果显示，铅的含量占近50%以上，SiO_2占13%—24%，故推测其为玻璃。[①]

标本M1:46，淡黄绿色，上有扁圆形捉手，研身为弧角方形薄板状。研身下沾满墨迹。捉手直径2、研身径长2.1、高1.2厘米（图六四:14）。

表一四　　　　　　　M1出土的铅钡玻璃样品分析

样品信息	Mg	Al	Si	P	S	Ca	Fe	As	Pb	合计
M1:59-1 珠子	0.000	0.561	19.125	3.051	22.769	1.388	0.677	1.502	50.927	100
M1:104 珠子	3.934	0.000	13.028	1.073	22.871	0.435	0.424	3.261	54.974	100
M1:59-2 珠子	0.000	0.625	20.662	1.294	20.836	0.631	0.775	1.786	53.391	100
M1:46 研子（顶面）	0.000	0.000	21.357	0.960	15.851	2.105	0.348	2.671	56.708	100
M1:46 研子（侧面）	0.000	0.000	24.676	1.818	24.465	1.334	0.562	1.489	45.656	100

6. 坡赵M1陶器成分检测

利用便携式X荧光分析仪，我们对于坡赵M1出土的部分陶器还做了成分检测，详细结果见表一五。

表一五　　　　　　　M1出土部分陶器成分

样品信息	Mg	Al	Si	P	S	Ca	Ti	Mn	Fe	Cu	合计
M1:174 熏炉	5.746	17.930	57.441	0.231	0.499	2.754	1.028	0.220	14.150	0.013	100
M1:162 壶	6.460	16.283	51.420	0.943	1.099	11.783	0.793	0.142	11.078	0.000	100
M1:160 罐腹片	7.612	17.486	45.331	0.258	0.637	13.511	0.990	0.264	13.912	0.000	100
M1:91 小罐	8.592	17.741	47.013	0.487	0.887	11.126	0.944	0.132	13.079	0.000	100

标本M1:174、M1:162、M1:160、M1:91分别为陶熏炉（图三四:4）、陶壶（图二六:1）、陶罐（图二一:2）、小陶罐（图二五:1）。X荧光测定结果显示，其主要成分为Mg、Al、Si、P、Ca、Fe。其中SiO_2含量在45%—70%，与普通陶器成分基本一致，故推测其为陶器。

---

① 干福熹：《中国古代玻璃的起源和发展》，《自然杂志》2006年第28卷第4期。

我们使用便携式 X 荧光分析仪对上述各类器物进行了测试分析，除个别结果与常识鉴定不一致外，其余均符合。由于便携式 X 荧光不能定量分析，所以，其产地信息需要进一步测定。

第六节　M1 出土铜钱研究

从铜钱的种类数量来看，坡赵 M1 出土的铜钱可以分为五铢钱和货泉两大类，五铢钱又细分为西汉五铢钱和东汉五铢钱两类。

一　型式划分

1. 西汉五铢钱

据钱形完整程度可分为 2 型。

A 型　形制完整。据"五"字变化可分为 5 式。

Ⅰ式："五"字中间交笔弧曲，上下两横出头明显，字形端正。"铢"字的"金"旁三角头或呈箭镞状，"朱"旁上方折，一般上短下略长。标本有 M1∶230-17。

Ⅱ式："五"字整体变瘦长，中间交笔夹角较小。"铢"字的"金"旁三角头，"朱"字上方折中，上下大致等长。标本有 M1∶88-2。

Ⅲ式："五"字弯曲，中间交笔夹角较小，两竖末端明显内收。"铢"字的"朱"旁上方折，上短下长。标本有 M1∶74-3、M1∶76-5、M1∶76-16、M1∶76-18。

Ⅳ式："五"字整体字形放宽，中间交笔弯曲度加大，两竖近平行状，与上、下两横或垂直相接或略内敛。"铢"字的"金"旁三角头较小，"朱"旁上方折，上短下长。标本有 M1∶74-5、M1∶76-24。

Ⅴ式："五"字中间交笔角度较大，两竖明显外放，形如对头之炮弹状。"铢"字写法基本与上同。标本有 M1∶76-4、M1∶76-19。

B 型　磨郭五铢。

标本有 M1∶230-37。

2. 货泉

仅 2 枚。可分为 2 型。

A 型　钱径较大，在 2.3 厘米左右。标本有 M1∶132-2。

B 型　钱径较小，在 1.8 厘米左右。标本有 M1∶70-4。

3. 东汉五铢钱

依据钱形完整程度，可分为 3 型。

A 型　形制完整。据"五"字特征不同可分为 3 个亚型。

Aa 型　"五"字交笔外放型。"五"字宽大，与上、下两横相交处呈外放状。据"铢"字特征可分为 3 式。

AaⅠ式："铢"字的"朱"旁上部圆折，上短下长，上、下间距较大，结构松散。标本有 M1：3、M1：76－2、M1：76－14、M1：76－20、M1：83－1、M1：132－5、M1：230－7、M1：230：14、M1：230－15、M1：230－26、M1：230－29、M1：230－41。

AaⅡ式："铢"字笔画变粗，整体较宽短，"朱"旁上部圆折并加长，上、下两部分长度接近。

AaⅢ式："铢"字的"朱"旁上部方折，整体较宽。标本有 M1：74－1、M1：76－1、M1：76－7、M1：76－11、M1：76－27、M1：83－7、M1：127－1、M1：230－4。

Ab 型　"五"字略窄形。"五"整体偏瘦，与上、下两横交笔略敛。据"铢"字特征可分为 2 式。

AbⅠ式："铢"字的"朱"旁上部较短，下部略长，上、下间距较大，结构松散。标本有 M1：76－13、M1：76－21、M1：76－23。

AbⅡ式："铢"字的"朱"旁上部变长，上、下两部分长度接近。标本有 M1：76－26、M1：88－6。

Ac 型　"五"字交笔内敛型。"五"字中间交叉弯曲，与上、下两横相交处内敛。据"铢"字特征可分为 4 式。

AcⅠ式："铢"字的"朱"旁上部圆折，上部较短，下部略长，上、下间距较大，结构松散。标本有 M1：74－2、M1：74－4、M1：76－9、M1－76－22、M1：76－25、M1：76－28、M1：121－1、M1：132－3、M1：230－2、M1：230－10、M1：230－12、M1：230－19、M1：230－27、M1：230－33、M1：230－36、M1：230－42、M1：230－49。

AcⅡ式："铢"字的"朱"旁上部加长，上、下两部分长度接近或上部外张似倒抛物线状。标本有 M1：76－6、M1：83－2、M1：88－1、M1：230－1、M1：230－8、M1：230－9、M1：230－16、M1：230－40、M1：230－47。

AcⅢ式："铢"字的"朱"旁上、下两部分均加长，整体显得瘦长。标本有 M1：76－3、M1：76－12、M1：230－13、M1：230－20、M1：230－21、M1：230－22、M1：230－21、M1：230－32。

AcⅣ式："铢"字的"朱"旁上部方折，整体较宽。标本有 M1：76－17、M1：132－1、M1：230－6。

B 型　形制完整，钱轻薄，个体小。

标本有 M1：67－2、M1：88－8。

C型　形制不完整。可分为3个亚型。

Ca型　磨郭五铢。标本有M1∶76－29、M1∶76－31、M1∶83－6、M1∶132－4、M1∶230－3、M1∶230－11、M1∶230－23、M1∶230－24、M1∶230－25、M1∶230－39、M1∶230－40、M1∶230－34、M1∶230－43、M1∶230－44、M1∶230－45。

Cb型　剪轮五铢。标本有M1∶70－1、M1∶70－2、M1∶70－3、M1∶74－6、M1∶76－32、M1∶76－33、M1∶76－34、M1∶76－35、M1∶76－36、M1∶83－4、M1∶88－3、M1∶88－4、M1∶88－5、M1∶88－7、M1∶88－9、M1∶127－2、M1∶230－18、M1∶230－35、M1∶230－38、M1∶230－46。

Cc型　綎环五铢。标本有M1∶76－30。

二　年代分析

需要说明，对铜钱的断代主要是指铜钱本身的年代，与其出土单位、共存器物的年代并无直接的关系，但铜钱的年代可以提供出土单位的年代上限线索。

1. 西汉五铢钱

AⅠ式五铢钱钱文与满城刘胜墓所出赤仄五铢钱相同,[①] 年代当为武帝元鼎以后。

AⅡ式五铢钱钱文与昭帝元凤四年范相同,[②] 年代当为昭帝时期。

AⅢ式五铢钱钱文与宣帝地节二年范相同,[③] 年代当为宣帝前期。

AⅣ式五铢钱钱文与宣帝神爵二年范相同,[④] 年代当为宣帝后期。

AⅤ式五铢钱钱文与元帝建昭五年范相同,[⑤] 年代当为元帝时期及以后。

B型五铢钱即磨郭五铢钱一般出现在西汉晚期。[⑥]

2. 货泉

A型货泉即属蒋若是先生所分第一类货泉,为王莽时期所铸。[⑦] B型货泉的钱径明显小于蒋若是先生所分第二类减重货泉,属于第三类小货泉,多出在东汉中期或以后墓葬中。[⑧]

---

① 蒋若是：《秦汉钱币研究》，中华书局1997年版，第100页图五：42、3。
② 蒋若是：《秦汉钱币研究》，中华书局1997年版，第113页图三：43。
③ 蒋若是：《秦汉钱币研究》，中华书局1997年版，第113页图三：45。
④ 蒋若是：《秦汉钱币研究》，中华书局1997年版，第113页图三：47。
⑤ 蒋若是：《秦汉钱币研究》，中华书局1997年版，第113页图三：49。
⑥ 南阳市文物考古研究所、武汉大学历史学院考古系：《南阳丰泰墓地》，科学出版社2011年版。
⑦ 蒋若是：《"莽钱"疏证》，收入《秦汉钱币研究》，中华书局1997年版。
⑧ 蒋若是：《"莽钱"疏证》，收入《秦汉钱币研究》，中华书局1997年版。

3. 东汉五铢钱

关于东汉五铢钱的分期与年代研究，徐承泰先生在《东汉五铢钱的分期研究》一文中有详细讨论，[①] 本文主要参考这一成果。

AaⅠ式五铢钱的钱文特征，与徐承泰先生所分AⅠ式钱文特征相同，年代为东汉光武帝时期。

AaⅡ式五铢钱的钱文特征，分别与徐承泰先生所分AⅡa式、AⅡb式钱文特征相同，年代为东汉明帝、章帝时期。

AaⅢ式五铢钱的钱文特征，与徐承泰先生所分AⅣ式钱文特征相同，年代为东汉桓帝时期。

AbⅠ式五铢钱的钱文特征，与徐承泰先生所分BⅠ式钱文特征相同，年代为东汉光武帝时期。

AbⅡ式五铢钱的钱文特征，与徐承泰先生所分BⅡ式钱文特征相同，年代为东汉明帝、章帝时期。

AcⅠ式五铢钱的钱文特征，与徐承泰先生所分CⅠ式钱文特征相同，年代为东汉光武帝时期。

AcⅡ式五铢钱的钱文特征，与徐承泰先生所分CⅡ式钱文特征相同，年代为东汉明帝、章帝时期。

AcⅢ式五铢钱的钱文特征，与徐承泰先生所分CⅢ式钱文特征相同，年代为东汉和帝时期。

AcⅣ式五铢钱的钱文特征，与徐承泰先生所分CⅣ式钱文特征相同，年代为东汉桓帝时期。

Ca型五铢钱即磨郭五铢钱，最早出现在东汉明帝、章帝时期。Cb型、Cc型五铢钱，即剪轮五铢钱与綖环五铢钱，一般出现在顺帝至桓帝时期，即东汉中期以后。

[①] 徐承泰等：《东汉五铢钱的分期研究》，《文物》2010年第10期。

第五章 结语

第一节 M1 的年代

坡赵 M1 是一座带长斜坡墓道的砖券多室墓，采用方坑明券的方式建造而成。墓向向东，墓室平面呈近"凸"字形，墓室平面结构具有前、中、后室纵向排列的特征，呈双后室结构，有两道封门，一道为砖封门，一道为石封门，具体由前室、中室、双后室以及北前侧室、北中侧室和南侧室共 7 个砖室组成。各个砖室之间无甬道，而以过道相通。各个砖室平面基本都接近于正方形，虽然破坏严重，但是从残存部分来看，各个砖室顶部结构皆为四角攒尖顶，且各个侧室顶部高度与主室接近。

M1 的一个显著特征是长斜坡墓道。从洛阳烧沟汉墓来看，长斜坡墓道虽出现于东汉中期，但多为带阶梯的形式，且为竖井式墓道的附属，直到东汉晚期才开始逐渐流行起来，如 M1035、M1037 等。[1]

M1 的另一个显著特征是前、中、后室纵向排列的多室特征。目前考古发现表明，这种前、中、后室纵向排列结构的墓葬多见于东汉时期，且分布地域较广泛，[2] 例如河北安平东汉壁画墓[3]、河北望都所药村墓葬[4]、河南密县打虎亭汉墓 M1 和 M2[5]、洛阳南昌路 92CM151[6]、内蒙古和林格尔东汉墓[7]、山东沂南画像石墓[8]、安徽亳县曹操宗

---

[1] 中国科学院考古研究所：《洛阳烧沟汉墓》，科学出版社 1959 年版，第 73—78 页。
[2] 严 辉：《曹操墓与曹休墓的比较与研究》，《中国文物报》2010 年 9 月 17 日第 5 版。
[3] 河北省文物研究所：《安平东汉壁画墓发掘简报》，《文物春秋》1989 年创刊号。
[4] 北京历史博物馆、河北省文物管理委员会：《望都汉墓壁画》，中国古典艺术出版社 1955 年版。
[5] 河南省文物考古研究所：《密县打虎亭汉墓》，文物出版社 1993 年版。
[6] 洛阳市第二文物工作队：《洛阳市南昌路东汉墓发掘简报》，《中原文物》1987 年第 3 期。
[7] 内蒙古文物工作队、内蒙古博物馆：《和林格尔发现一座重要的东汉壁画墓》，《文物》1974 年第 1 期。
[8] 王献唐、曾昭燏、蒋宝庚等：《沂南古画像石墓发掘报告》，文化部文物管理局，1956 年。

族墓[1]、陕西西安电信局 M67[2] 等。而且，与内蒙古和林格尔东汉墓、河南襄城茨沟壁画墓[3]、甘肃武威雷台汉墓[4]相似的是，坡赵 M1 的各个墓室更接近于正方形。与东汉时期相比，三国时期开始特别是北方的曹魏政权，开始提倡薄葬，地面上不封不树，禁止墓上立碑，地下的墓葬形式有所简化，墓室数量减少，开始流行前、后室结构或单室墓，[5] 例如安阳西高穴 M2[6]、洛阳曹休墓[7]等，而这种前、中、后室纵向排列的墓室结构，少见或不见于魏晋时期。[8]

虽然遭到了严重的盗扰，坡赵 M1 仍出土了数量较多、种类齐全的包括陶、铜、瓷、铁、石器在内的各种质地的遗物，这为确定 M1 时代提供了重要依据。从其特征来看，陶器有三类，一类是实用的陶容器，主要有矮领罐、大陶瓮、壶、盆等；另一类是模型明器，有陶灶、陶井、陶磨；还有一类用于墓中祭奠的陶器，如陶案、陶勺、陶斗（魁）、陶耳杯、陶碗等。瓷器仅出土 1 件青瓷盘口壶。M1 也出土了一定数量的铜器，具体可分为模型车马器、装饰品及扣器部件。模型车马器有衔镳、铜铃、当卢等，装饰品有铜柿蒂叶饰件，还有数量较多的漆器扣件。虽然受到了严重扰乱，M1 仍出土了数量较多的五铢钱。M1 出土的铁器数量较多，其中除了铁钉可能属于棺钉外，其余都是实用物，具体可分为生产工具、生活用具、武器。生产工具有铁铲、铁斧、铁凿、铁镰等，生活用具有铁釜、铁灯、铁镜、铁权、铁削，武器有铁镞、铁刀等。此外，M1 中还发现了一定数量的石、骨、蚌、铅器，其中以石器数量较多，多为生活用具，有黛板、研子、砚台等。此外还有方解石、石英岩质地的石料，以及水晶饰件、琉璃珠、琥珀饰件等。

下面我们将通过对出土物的分析，来看坡赵 M1 的具体时代。M1 出土了数量较多的铜钱，这为确定墓葬时代提供了重要依据。铜钱有货泉和五铢钱两类，其中，大量

---

[1] 安徽省亳县博物馆：《亳县曹操宗族墓葬》，《文物》1978 年第 8 期。
[2] 西安市文物保护考古所：《西安东汉墓》，文物出版社 2009 年版，第 236—260 页。
[3] 河南省文化局文物工作队：《河南襄城茨沟汉画像石墓》，《考古学报》1964 年第 1 期。
[4] 甘肃省博物馆：《武威雷台汉墓》，《考古学报》1974 年第 2 期。
[5] 俞伟超：《中国魏晋墓制并非日本古坟之源》，参见俞伟超《古史的考古学探索》，文物出版社 2002 年版，第 359—369 页；李梅田：《中原魏晋北朝墓葬文化的阶段性》，《华夏考古》2004 年第 1 期；韩国河、朱津：《三国时期墓葬特征述论》，《中原文物》2010 年第 6 期；刘斌：《洛阳地区西晋墓葬研究——兼谈晋制及其影响》，《考古》2012 年第 4 期；齐东方：《中国古代丧葬中的"晋制"》，《考古学报》2015 年第 3 期。
[6] 河南省文物考古研究所、安阳县文化局：《河南安阳市西高穴曹操高陵》，《考古》2010 年第 8 期。
[7] 洛阳市第二文物工作队：《洛阳孟津大汉冢曹魏贵族墓》，《文物》2011 年第 9 期。
[8] 朱亮、李德方：《洛阳魏晋墓葬分期的初步研究》，参见洛阳市文物工作队主编《洛阳考古四十年》，科学出版社 1996 年版，第 278—290 页；张小舟：《北方地区魏晋十六国墓葬的分区与分期》，《考古学报》1987 年第 1 期。

的五铢钱是标准的五铢钱，还有一定数量的磨郭五铢和剪轮五铢。綖环五铢数量较少，仅发现3枚。从时代来说，分为西汉五铢钱和东汉五铢钱。西汉五铢钱中可见武帝时期的五铢钱，以及宣元时期的五铢钱。东汉五铢钱，根据徐承泰的研究，又可以细分为不同的阶段，① 具体而言，有光武建武五铢、和帝五铢、明帝章帝五铢，最晚的五铢钱见有桓帝五铢钱。根据已有考古发现，磨郭五铢最早出现于西汉后期，剪轮五铢则出现于东汉中期以降。至于綖环五铢钱，学术界比较公认是出现于东汉晚期。从五铢钱的时代来看，坡赵M1的时代可能要晚到东汉晚期。

还有一定数量的径小肉薄、铸工差的冥钱，直径多在1.7厘米，重多不到0.5克，文字模糊或无字，无内、外郭，背面平整。2枚货泉中，较小的一枚可能是东汉中后期私铸的产品，品相较差。②

综合分析出土钱币，坡赵M1的时代可能是东汉晚期。

坡赵M1出土的陶器以及其他的遗物也为确定墓葬时代提供了参考。M1出土的陶器以实用器为主，如矮直领罐、陶瓮等，还有陶案、陶勺、陶耳杯、陶斗（魁）等墓中祭奠器，以及陶灶、陶井等模型明器。陶器大多时代特征不甚明显，其中，矮领罐与洛阳烧沟汉墓陶瓮第二型一式的M1004A：18直口瓮形态接近，而瓮则与洛阳烧沟汉墓第三型一式的M146：19的瓮比较接近，这种器物也是烧沟汉墓中第六期出土较多。③

坡赵M1也出土了数面铜镜，虽然都很残破，但仍可大致看出其形制，标本M1：68从其残存的"子"字铭文来看，应该是"长宜子孙"铭文铜镜。而标本M1：27的残存部分，其样式与桓帝永康元年变形四叶兽首镜、灵帝建宁元年变形四叶兽首镜边缘部分相似。④ 标本M1：63的残存部分样式，与烧沟汉墓的"长宜子孙"连弧纹镜相似。从出土铜镜残片的时代特征来看，都属于东汉中晚期。

坡赵M1还出土了两面保存基本完整的铁镜，直径在14—16厘米。铁镜也是东汉晚期墓葬的一个特点，例如，洛阳烧沟墓地中出土铁镜的墓葬，都是属于东汉晚期的。⑤ 而坡赵M1出土的衔镳，与洛阳烧沟东汉晚期M1038出土的Ⅲ型衔镳形态极为接近，⑥ 其时代也应相差不远。坡赵M1出土的瓦当（M1：206），与东汉中期偏晚的淮阳北关汉墓

---

① 徐承泰：《东汉五铢钱的分期研究》，《文物》2010年第10期。
② 蒋若是：《莽钱疏证》，收入《秦汉钱币研究》，中华书局1997年版，第180—190页。
③ 中国科学院考古研究所：《洛阳烧沟汉墓》，科学出版社1959年版，第109—111页。
④ 孔祥星、刘一曼：《中国铜镜图典》，文物出版社1992年版，第376—377页。
⑤ 全洪：《试论东汉魏晋南北朝时期的铁镜》，《考古》1994年第12期；程永建：《洛阳出土铁镜初步研究》，《华夏考古》2011年第4期。
⑥ 中国科学院考古研究所：《洛阳烧沟汉墓》，科学出版社1959年版，第180页。

出土的瓦当纹饰接近。①

通过对墓葬形制、墓葬出土的铜钱、陶器以及其他出土物的分析,我们初步确定,坡赵 M1 的时代为东汉晚期,大致相当于洛阳烧沟汉墓的第六期。②

对于这种多墓室墓葬的时代,已有研究者提出,要注意其先后入葬时代,以及不同墓室可能存在时代差异的现象。③ 对于具有一定规模的坡赵 M1 来说,由于墓室结构为多室,而且墓道存在多次开启的现象,因此,这个墓葬可能延续时间较长。但是由于后期扰乱破坏,已不可能分清其埋葬时间的细微差异。从长斜坡墓道、多砖室的墓葬结构看,M1 时代大致应在东汉晚期,但是,不排除其随葬器物有个别的可能稍晚一些,例如青瓷壶,就有可能晚到三国时期。④

第二节　M1 的墓葬等级与墓主人身份分析

对于坡赵 M1 的等级,我们可以从两个方面来看:一是墓葬形制规模,二是墓葬出土的随葬品。

从墓葬规模来看,M1 地表有封土,填土中出土数量较多的板瓦、筒瓦等建筑材料证明,可能还有墓上建筑。M1 为长斜坡墓道,墓室规模较大,其总长度超过 24 米,宽 10 米多。从墓葬结构来看,墓室为前、中、后室纵向排列的结构。在论及汉代诸侯王与列侯墓葬形制时,俞伟超先生曾经指出:"大约安帝以后,诸侯王与列侯都实行前、中、后三室之制。墓皆砖券。前室象征前庭,中室即明堂,后室即后寝。"由于大土地所有制的膨胀,"这时,许多二千石官秩的地方豪右,也普遍使用这种三室之制。"虽然东汉后期一些地方豪强也逾制,采用了前、中、后室的墓葬结构,但是,列侯以上身份的砖墓,墓室规模更大一些,而且,其墓顶常常用砖三层或两层。而品秩两千石以下之墓,无论其墓室数量多少,墓顶皆只用单层砖。⑤

---

① 周口地区文物工作队、淮阳县博物馆:《河南淮阳北关一号汉墓发掘简报》,《文物》1991 年第 4 期。

② 中国科学院考古研究所:《洛阳烧沟汉墓》,科学出版社 1959 年版,第 229—242 页;中国社会科学院考古研究所:《中国考古学·秦汉卷》,中国社会科学出版社 2010 年版,第 392—402 页。

③ 徐承泰:《汉代非单棺墓葬的考古学意义观察——以中小型墓葬为观察对象》,《江汉考古》2008 年第 4 期。

④ 李梅田:《长江中游地区六朝隋唐青瓷研究》,《华夏考古》2000 年第 4 期。

⑤ 俞伟超:《汉代诸侯王与列侯墓葬的形制分析——兼论周制汉制与晋制的三阶段性》,参见《先秦两汉考古学论集》,文物出版社 1985 年版,第 117—124 页;俞伟超:《中国魏晋墓制并非日本古坟之源》,参见俞伟超《古史的考古学探索》,文物出版社 2002 年版,第 359—369 页。

刘振东先生曾经梳理了目前发现的比较明确的属于两千石的汉代官吏墓。他发现，东汉时期，两千石级别的官吏墓，比较多地采用了前、中、后室结构的多室墓的墓葬形式，比较常见多后室，而且墓葬中普遍有壁画。① 坡赵 M1 具备了这一级别墓葬的主要特征，虽无壁画，却可能有石门。

从随葬品来看，坡赵 M1 虽然出土了数量较多的随葬品，但是由于墓葬遭到了严重扰乱，其随葬品组合已不完整，我们仅能从一些零星的随葬品来看其等级。

M1 出土了数量较多的黛板，而在东汉墓葬中，黛板都是出土在一些较大的墓葬中。例如，洛阳烧沟汉墓中也出土相同的石板，而且都是出土在比较大的墓葬中。② 铁镜也是东汉晚期墓葬的一个特点，洛阳烧沟汉墓中出土的铁镜，都是东汉晚期的，并且较大的铁镜都出土在较高级别的墓葬中。③

作为瓷器走向成熟的汉代，北方瓷器出土数量较少，④ 且瓷器多出土于较高级别的墓葬中，例如曹操墓⑤、曹休墓⑥、曹氏家族墓地⑦等。对于坡赵 M1 青瓷壶残片的检测分析报告显示，它可能是遥远的南方越窑的产品。在汉代，地处北方的河南新郑坡赵 M1 中瓷器的出现，本身就说明了 M1 具有较高的级别。此外，M1 还出土了琥珀、水晶、玻璃珠等饰件，以及模型车马器，这些也在一定程度上反映出 M1 具有较高的等级。

通过墓葬形制以及出土物来看，坡赵 M1 可能属于汉代两千石级别的官吏墓。

关于坡赵 M1 的墓主人身份信息，M1 北中侧室底部出土了一枚中间有圆形穿孔的长方体骨质印章，两端的印文分别是"张砥"和"宣孟"。由于印章出土于被严重扰乱的墓室底部，我们仅能知道，墓主人可能属于张氏家族。

虽然遭到了严重扰乱，M1 仍出土了 11 例人骨。从墓道曾被多次开启的现象来看，

---

① 刘振东：《汉代两千石官吏墓的发现与初步研究》，参见中国社会科学院考古研究所、河南省文物考古研究所主编《汉代城市与聚落考古与汉文化》，科学出版社 2012 年版，第 250—259 页。

② 中国科学院考古研究所：《洛阳烧沟汉墓》，科学出版社 1959 年版，第 206—207 页。

③ 仝洪：《试论东汉魏晋南北朝时期的铁镜》，《考古》1994 年第 12 期。

④ 杨哲峰：《北方地区汉墓出土的南方类型陶瓷器——关于汉代南北方之间物质文化交流的考察》，参见中国社科院考古研究所等主编《汉长安城考古与汉文化》，科学出版社 2008 年版，第 507—542 页。

⑤ 河南省文物考古研究所、安阳县文化局：《河南安阳市西高穴曹操高陵》，《考古》2010 年第 8 期。

⑥ 洛阳市第二文物工作队：《洛阳孟津大汉冢曹魏贵族墓》，《文物》2011 年第 9 期。

⑦ 安徽省亳县博物馆：《亳县曹操宗族墓葬》，《文物》1978 年第 8 期。

M1 可能存在多人、多次合葬的现象。值得注意的是，墓葬出土人骨的年龄普遍都偏年轻，大部分还不到 20 岁，由于保存状况不好，这些人骨的性别难以确定。这些年龄偏年轻的人骨的身份值得研究，他们究竟是墓葬的主人还是陪葬或祔葬的人？洛阳曾发现东汉晚期墓葬有殉人的现象，① 那么，这些人是否有可能是 M1 的陪葬的殉人呢？由于墓葬遭到了严重的扰乱破坏，具体情况已不可知。

第三节　M1 其他值得注意的现象

一　墓葬连续使用现象

作为具有一定规模的大型多室砖室墓，M1 拥有大小 7 个砖室，这就存在多次埋葬的可能，就有可能存在多次开启墓道的行为。

发掘结果显示，M1 存在较为明显的多次埋葬使用的迹象。首先，墓室中残留的石门楣结构显示了墓门向外开启，这就说明，在修墓时已考虑到多次开启使用的可能。其次，墓道存在打破关系，二次墓道与始建墓道不完全重合，局部打破了始建墓道，说明墓道在填埋后又曾经开启过。最后，在二次封闭墓葬的封门砖两侧，还有少量残存的封门砖，这应该是较早一次的封门砖的残留，说明在封闭后，墓葬曾经又打开过，从而留下多次使用的痕迹。

二　毁墓现象

M1 墓室内还有一些值得注意的现象，具体有以下几点：

第一，除了北前侧室外，墓室的多数砖室底部普遍有约 1 米厚的碎砖堆积，尤其北后室、后室及北中侧室等砖室，底部碎砖尤为集中。碎砖大小不一，很少见较完整的砖。这些碎砖堆积顶面普遍较平，不像是砖室顶部倒塌形成的。前室、中室、南侧室底部的碎砖密度要低一些。北后室、北中侧室底部的碎砖中，还夹杂少量经过火烧的残砖块。

第二，除了北前侧室保存较好外，整个墓室的其余砖室均遭到了严重破坏。7 个砖室中的 6 个砖室，不仅券顶部分的券砖荡然无存，而且四壁墙砖、铺地砖也遭到了严重破坏，仅前室底部残存部分铺地砖，还有个别砖室底部也残留极其零星的铺地砖。这种现象不像是以谋取财物为目标的盗墓行为，倒像是有意识破坏

---

① 余扶危、贺官保：《洛阳东关东汉殉人墓》，《文物》1973 年第 2 期。

的结果。

第三，墓室内还发现有较为明显的火烧痕迹。在北后室、北中侧室底部的四周壁砖表面向内的一侧，呈明显的红色；而墙砖向外的一侧，则呈正常的青色。特别是北后室四周壁砖，明显红于北中侧室，北中侧室四周壁砖可见较为轻微的火烧留下的红色印记。在这两个砖室底部，都分布一层基本遍及整个砖室被火烧过的红色沙土，厚约5厘米，其中夹杂大量的草木灰、木炭屑。在北后室地面上，还发现有被火烧过的人骨残块。

第四，在北后室与北中侧室之间的过道中，还发现了一个近圆形的小坑（K1），坑内堆积以包含草木灰的细沙土为主，出土遗物有小石卵、小陶壶、石黛板等，这些遗物明显属于墓葬的随葬品。这个坑不像是盗洞，而像是有意识破坏的结果。

第五，原本位于甬道与前室之间的石封门的门楣，目前横卧在甬道与前室之间，说明该墓可能遭到有意识的破坏。

第六，除了北前侧室所处的墓室东北角外，墓坑内的填土形态、堆积特点与通常墓葬填土的堆积特点不太一致。从墓葬填土堆积来看，墓室中的填土大部分都被后期破坏、扰动过，土色较杂乱，土质疏松，夹杂数量较多的砖瓦残块。而北前侧室周围的填土土色较为均一，皆为夹杂红褐色黏土质粉沙块的灰黄色粉细沙，土质较紧密，包含物较少。这应该是墓葬最初的填土，就是在这个位置，保存了砖室结构最完整的北前侧室。墓室中两种填土的存在，说明墓葬填土遭到了后期人为扰动。

综合来看，M1可能存在后期盗墓和有意破坏的迹象，具体而言有两次大的破坏行为。第一次是盗墓行为。M1刚露头时，我们就发现紧靠墓室土坑东北角有一个近圆形的遗迹，初步判断可能为盗洞。当向下清理到砖室顶部时，发现北前侧室券顶北半部，有一个近圆形的部分券砖被揭掉，形成了一个近圆形的盗洞。之后，顺着盗洞，北前侧室又被填满，室内堆积可分为较为明显的7层，堆积也显示出与盗洞方向近似的堆积特点，其中夹杂砖瓦残块、红烧土、木炭屑等。

第二次是破坏行为。具体表现为挖墓室填土、揭砖室底部铺地砖、挖坑破坏砖室底部、放火烧、破坏砖室四周壁砖及顶部券砖，最后填平墓室土坑。第二次破坏行为发生时，墓葬仍基本保存完好。破坏者进入墓室后，首先破坏墓底的铺地砖，在一些重要砖室挖坑，之后放火烧毁墓室。最后，捣毁砖室顶部，破坏砖室四周砖墙，填平整个墓室。从这些现象来看，可能与有意识的报复性毁墓行为有关。

但是，从保存有封土的情况来看，似乎又存在矛盾，因为在封土存在的情况下，似乎不可能对墓室有如此彻底的破坏，而在遭到蓄意破坏的情况下，似乎又不会主动去回填墓葬。所以,有可能是该墓葬被毁后,再起封土。

对于这种有意识地毁坏墓葬的行为,以及如何与后期盗扰破坏行为区别,目前考古关注较少,① 这里只是一个初步研究,希望能引起更多的关注。

---

① 付仲杨、宋江宁、徐良高:《丰镐遗址西周时期盗墓现象的考古学观察——以2012年新旺墓葬M1和M2为例》,《南方文物》2015年第3期;李明:《论唐代的"毁墓"——以唐昭容上官氏墓为例》,《考古与文物》2015年第3期;井中伟:《殷墟王陵区早期盗掘坑的发生年代与背景》,《考古》2010年第2期;张敏:《殷墟王陵上的晚期遗迹及早期盗掘坑年代辨析》,《中国国家博物馆馆刊》2011年第12期;何煜灵:《殷墟王陵早期被盗年代研究》,《考古》2014年第6期。

附录 新郑市龙王乡马岭岗汉代墓葬清理简报

河南省文物考古研究院

2014年5月，为了配合河南省商登（商丘市—登封市）高速公路建设，河南省文物考古研究院发掘了新郑市龙王乡坡赵墓地。在坡赵墓地发掘过程中，我们发现，位于龙王乡安新庄村东南商登高速公路南面马岭岗上的高速公路取土场中，由于施工取土，暴露出来数座古墓葬，我们随即对其进行了抢救性发掘，共清理古墓葬2座，现将收获报道如下。

一 M1

方向170°或350°，开口于耕土层下，墓口距地表约0.3米。由于遭到严重破坏，墓葬结构不详。残存墓室平面呈长方形，直壁，平底。墓圹平面残长约2.8、宽1.4、残深约1.06米。填土为夹杂红褐色沙质黏土块的灰黄色粉沙土。墓底平铺6块长方形空心砖，均已残破。未见有葬具及随葬品，仅在填土中发现零星人骨（附图一）。

空心砖多为素面，一般长约1.25、宽约0.35、厚约0.16米。

二 M2

方向350°，已残。竖穴土坑砖室墓，墓坑平面呈长方形，直壁平底。从残存的西壁看，墓壁应为空心砖砌成，西壁南半部横铺两块空心砖，北部竖铺两块，墓坑底部横铺8块长方形空心砖，仅北头一小部分未铺空心砖。墓坑平面长3.84、宽1.32、残深0.8米，砖室平面长3.52、宽0.94、残高约0.55米（附图二）。

填土为夹杂红褐色沙质黏土块的灰黄色粉沙土，土质较疏松，中包含少量空心砖残块。由于遭到严重破坏，M2未发现葬具痕迹，仅发现少量人骨残块，可鉴别的有部分头骨碎块，以及上颌左右侧第一、二颗臼齿，性别不详，年龄在45岁左右。M2还发现有零星猪骨残块（具体鉴定结果见下文）。

根据装饰图案的差异，M2 的空心砖可以分为两类：一类装饰以斜向排列的正方形组合纹饰，内以十字线分隔成四区，每区内满施模印的圆点（附图三：1）。另一类为空心砖上装饰以斜向排列的正方形组合纹饰，内以十字线分隔成四区，中心模印圆圈纹，每区内满施压印的卷云纹。正方形之间，间饰以乳丁纹，乳丁表面划出圆圈。砖的边缘是排列规整的斜线纹（附图三：2）。

M2 出土物很少，仅出土高领陶罐 1 件和灰陶罐 1 件。

高领罐　1 件（M2：1）。泥质灰陶，略发灰白。侈口，卷沿近平，方唇，粗直颈，溜肩，直腹微弧，最大径位于腹下部，圜底近平。腹下部施有一周横向绳纹，腹上部可见有绳纹被抹平的痕迹，底部也残留少量绳纹。口径 11.8、腹径 23、高 26.4

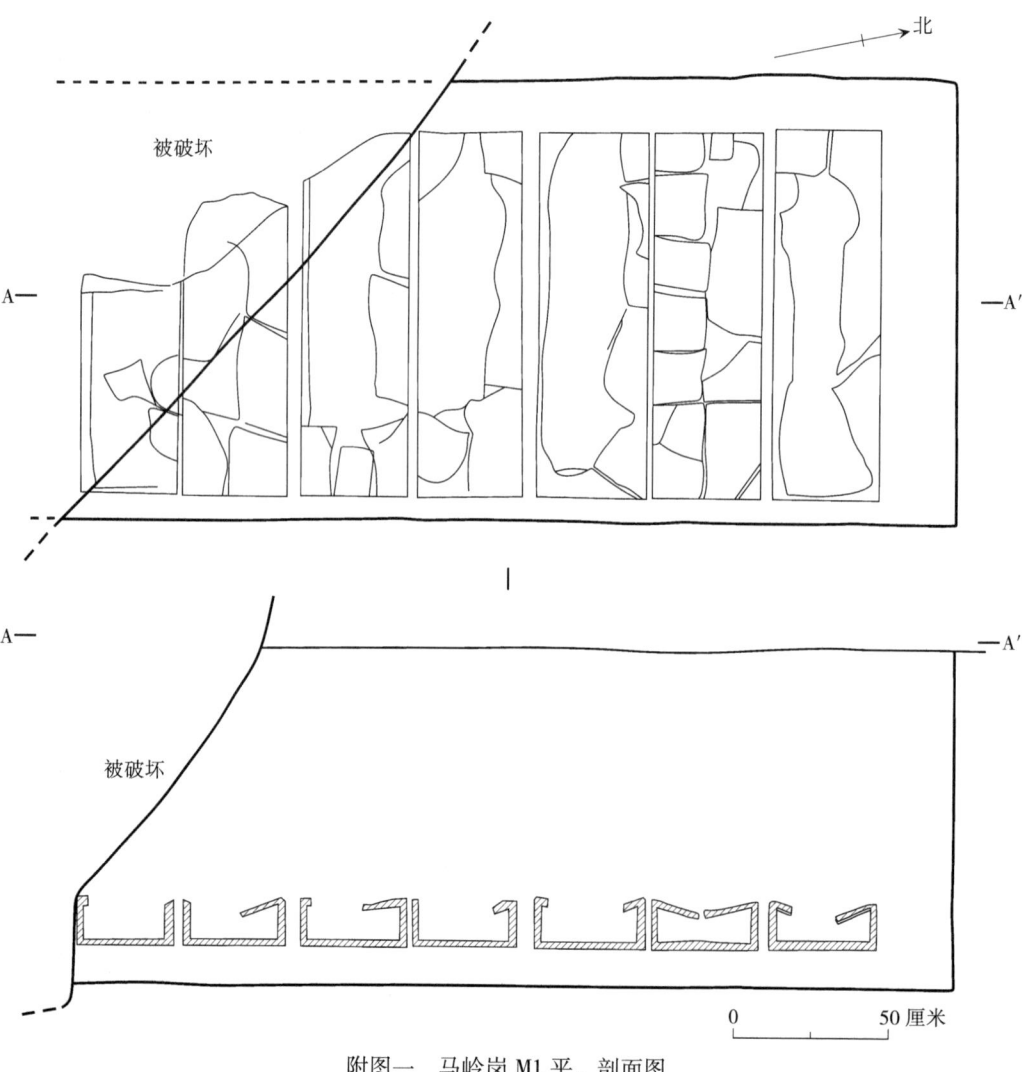

附图一　马岭岗 M1 平、剖面图

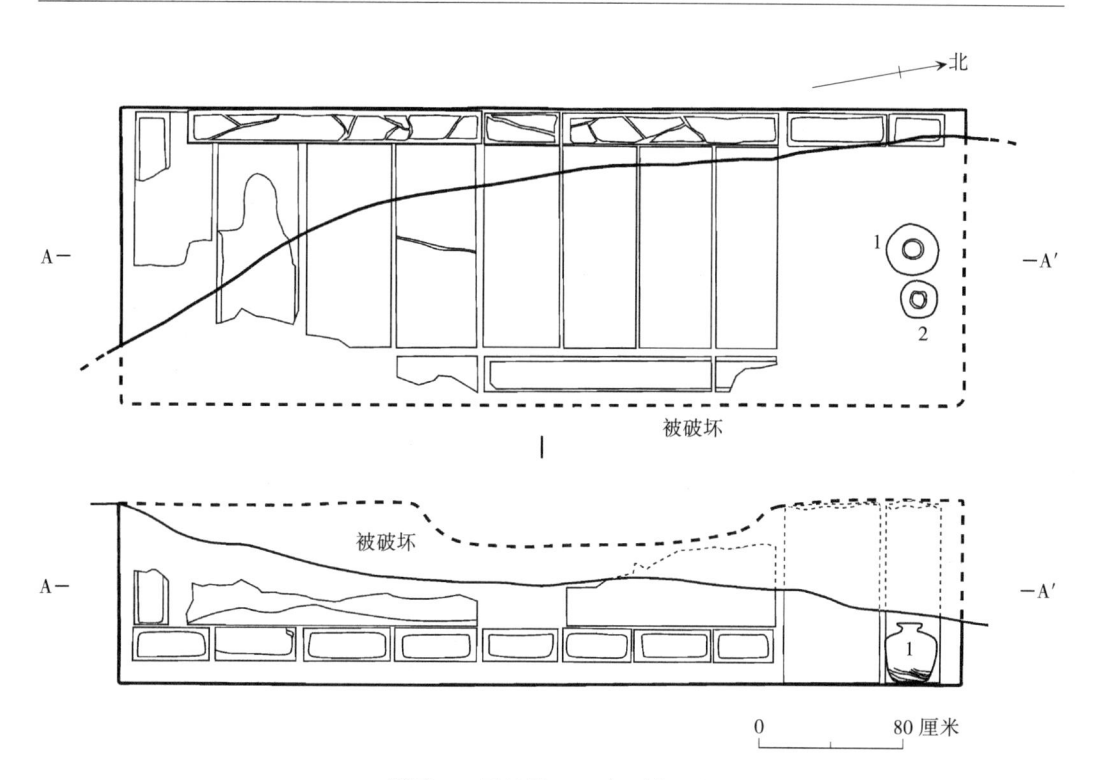

附图二 马岭岗 M2 平、剖面图
1. 高领陶罐（M2∶1） 2. 陶罐（M2∶2）

厘米（附图三∶3）。

罐 1件（M2∶2）。泥质灰陶，略发灰白。口部残缺，直颈，溜肩鼓腹，平底。器表比较光滑，肩部有一道长约3厘米的竖向划痕。腹部可见多道修整痕迹。底径12.4、腹径18、残高16厘米（附图三∶4）。

三 结语

这两座墓葬遭到了严重破坏，随葬品也很少，我们结合墓葬形制和出土器物来讨论其时代。从墓葬形制看，这两座墓葬皆为空心砖墓。根据已有认识，空心砖最早出现于战国晚期郑州一带的韩国，至西汉时期，成为中原地区特有的一种墓葬形制，[①] 这两座墓葬的时代最早也早不过战国晚期。而且，这两座墓的结构与洛阳烧沟汉墓的一型墓比较接近，[②] 因此，其时代大致应在西汉时期。另从出土器物来看，M2∶1 高领罐

[①] 瓯燕：《洛阳汉墓之管见》，参见洛阳市文物工作队编《洛阳考古四十年》，科学出版社1996年版，第249—256页。

[②] 中国科学院考古研究所：《洛阳烧沟汉墓》，科学出版社1959年版，第8—23页。

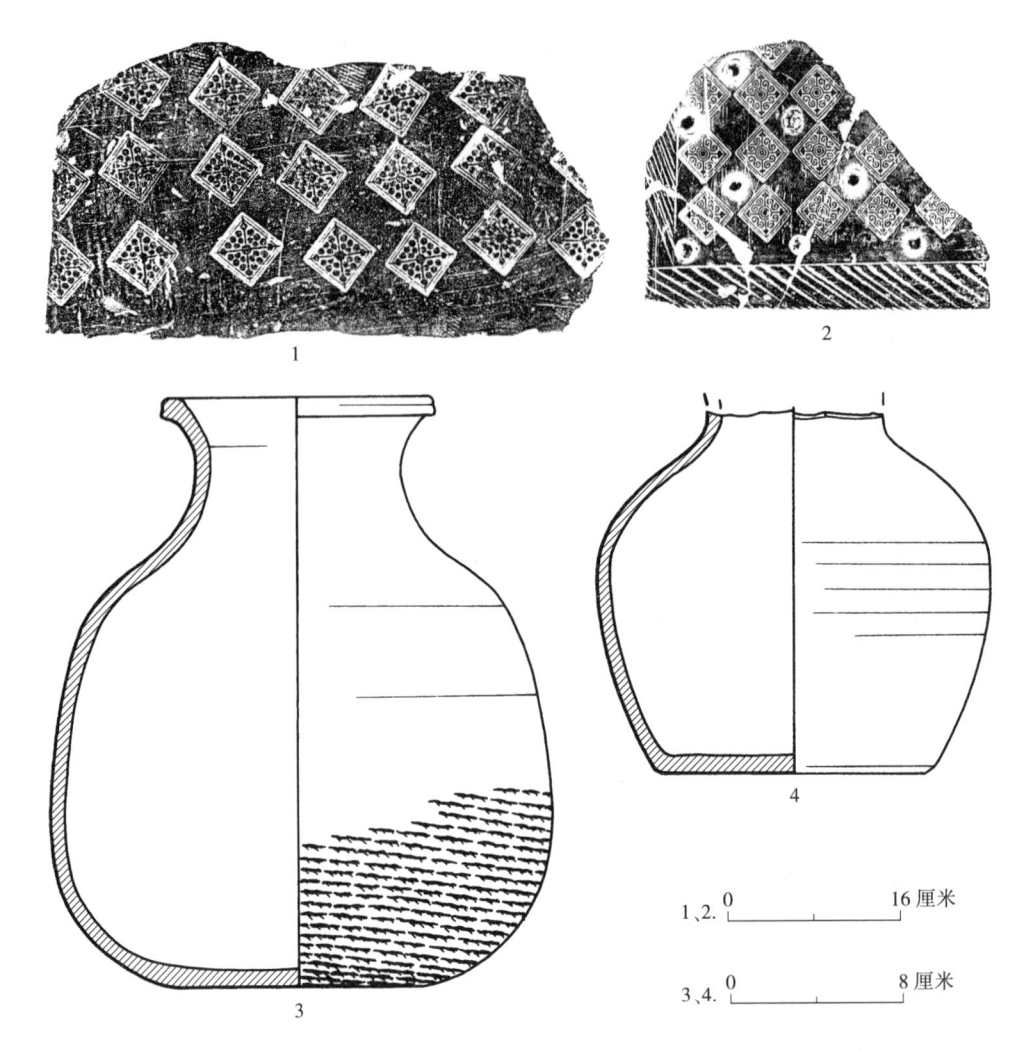

附图三　马岭岗 M2 出土空心砖拓片及陶器
1、2. 空心砖纹饰拓片　3. 高领陶罐（M2∶1）　4. 陶罐（M2∶2）

与郑韩故城兴弘花园 M73∶1 特征比较接近，M2∶2 陶罐与郑韩故城热 M5∶3 特征比较接近，[①] 因此，M2 时代应在西汉早期。

　　M1 由于没有出土器物，无法判定其时代，但是该墓使用空心砖，其墓室结构与 M2 比较接近，所以，M1 的时代也应在西汉时期。

---

① 河南省文物考古研究所：《郑韩故城兴弘花园与热电厂墓地》，文物出版社 2007 年版，第 73—79 页。

2014年新郑马岭岗 M2 出土动物骨骼鉴定

马岭岗 M2 填土内共出土动物骨骼两块，鉴定结果如下：

猪，右侧跟骨，近端已愈合，死亡年龄≥24 个月。测量项最大长（GL）= 80.9mm，重量 11.9 克。

猪，右侧第 4 掌骨，远端已愈合，死亡年龄≥24 个月。测量项最大长（GL）= 69.9mm，近端最大宽（BP）=15.5mm，重量 9.7 克。

田野发掘：张小虎　李　航
　　　　　吴宇航
绘图照相：孙广贺　魏晓通
执笔：慕俊红　张小虎

Abstract

From May to July 2014, in coordination with the construction of the Shangqiu – Dengfeng Expressway, the Henan Provincial Institute of Cultural Relics and Archaeology carried out exploration and excavation in the Pozhao Cemetery at Longwang Town of Xinzheng City. Up to now three ancient tombs have been discovered. Among them M1 and M2 are close to each other, while M3 is relatively far away from them. The excavation clarified Tomb M1, as well as a well, a cellar and a section of surrounding trench of the Han Period in the vicinity.

It indicates that Tomb M1 is a brick – chambered multi – roomed grave with a long narrow sloping passage, a corridor, a blocked gate and seven brick rooms. It is shaped roughly like the character "凸" in plan with the frontal, middle and rear rooms rowed longitudinally. As the tomb was seriously damaged, only the bottom has been left over for the most part of the burial chamber. Judged by the northern frontal room with the top structure remaining in a slightly better condition, it can be inferred that the top of the brick chamber must have been a typical pyramid roof. Some traces seem to be vestiges of the barrow and ground buildings above the tomb.

During excavation it was discovered that the tomb passage had been dug and intruded many times, and the tomb gate had been re – blocked. It indicates that M1 might have been used for repeated entombment. The serious disturbance of the filled – in earth, the large amount of broken bricks piled on the tomb bottom and the round pits in the brick – paved bottom are all possibly related with intentional tomb – damage.

Although the tomb has been badly damaged in structure, the unearthed funeral objects are relatively rich in number and type, including pottery, porcelain, bronzes, iron ware, stone implements, lead artifacts, and crystal and amber ornaments along with numerous *wuzhu* 五铢

coins and very a few pieces of *huoquan* 货泉 money. A bone personal seal bears the legend "Zhang Di 张砥" and "Xuan Meng 宣孟" at the two ends respectively.

Judged by the structural features and unearthed objects, M1 may go back roughly to the late Eastern Han period. The tomb-owner seems probably related to a Zhang family and might have been a Han official of the rank with an annual salary of 2000 hectoliter of grain.

后 记

　　2014年4—7月，为配合河南省商登高速公路建设，河南省文物考古研究院对新郑市龙王乡坡赵墓地进行了考古钻探与发掘。本次考古发掘领队是潘伟斌研究员，张小虎实际负责工地的考古发掘工作。其中，李一丕完成了前期的考古钻探工作，参加考古发掘的技术人员有李航、吴宇航、申占德。墓地地形图由中国社会科学院考古研究所汉魏故城队王向阳等测绘，并完成后期处理，墓地全景航拍由任萧完成。发掘期间，河南省文物考古研究院副院长刘海旺研究员、魏兴涛研究员，第一研究室主任李占扬研究员、潘伟斌研究员、资料室主任胡永庆研究员，第二研究室主任樊温泉研究员及马俊才研究员等，先后到工地指导考古发掘工作。特别感谢马俊才研究员为本次发掘工作提出了许多建设性意见。发掘工作得到了新郑市龙王乡坡赵村干部及村民的大力支持，谨此致谢。

　　2015年，我们开始对坡赵墓地的考古发掘资料进行整理研究与报告编写。张小虎具体负责考古发掘资料的整理与报告编写工作。其中，器物修复由李海宏、李焕春完成，绘图由孙广贺完成，秦一（河南博物院）、聂凡完成了器物照相，拓片由孙凯、魏晓通、邱洪寒完成。武汉大学研究生单思伟、王刚参与了发掘资料的整理，河南大学本科生任亚云、薛博参加了资料的后期整理。本发掘报告由张小虎执笔并通审全稿，其中第四章第一节由本院孙蕾副研究员撰写，第四章第二节由本院候彦峰副研究员撰写，第四章第三节由中国社会科学院考古研究所王树芝研究员撰写，第四章第四节由西北大学文化遗产学院与西北大学文化遗产研究与保护技术教育部重点实验室李引丽、温睿、张鋆、王安坤撰写，第四章第五节由郑州大学历史学院崔天兴博士撰写。辛革研究员为本报告的出版提供了许多帮助，谨此致谢。坡赵墓地的发掘情况曾在《中国文物报》上做过介绍，如果与本报告有出入，皆以本报告为准。

　　本报告的编辑工作由中国社会科学出版社的郑彤女士承担，英文提要由莫润先翻译。本报告的出版是集体劳动的结晶，没有以上诸位的辛勤付出就不可能有本报告的出版，在此一并致谢。由于水平有限，报告中难免有疏漏甚至错误之处，敬请读者不吝赐教。

1. M1 发掘前全景（自北向南摄）

2. M2 现状（自东向西摄）

彩版一　新郑坡赵墓地

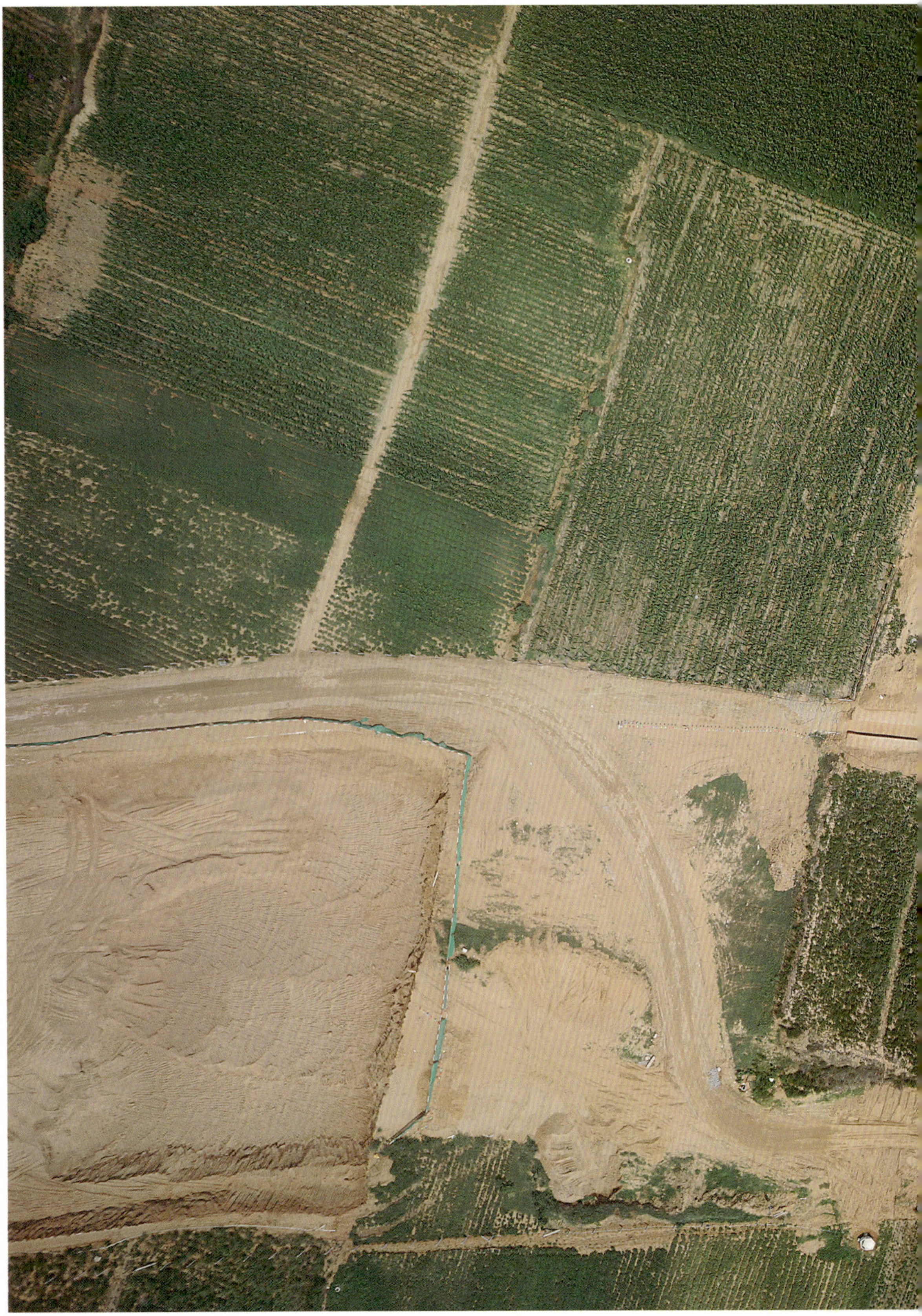

彩版二　坡赵墓地发掘全景（上为北）

1. 水井 J1

2. 灰坑 H1

3. TG1 内沟状遗迹 G1（局部）

彩版三　坡赵墓地水井、灰坑和沟状遗迹

彩版四　坡赵墓地 M1 全景（上为东北）

1. 墓道南壁的两次墓道迹象

2. 残存的两重封门砖

彩版五　M1 两次墓道和两次封门

1. 前室内青瓷盘口壶（M1：15）的出土情况（上为石门楣）

2. 前室内陶罐（M1：155）的出土情况

彩版六　M1前室部分遗物出土情况

1. 北前侧室顶部俯视

2. 北前侧室底部遗物出土情况

彩版七　M1 北前侧室顶部结构及遗物出土情况

1. 北前侧室西南角底部石黛板等遗物出土情况

2. M1 中室底部的碎砖堆积情况

彩版八　M1 北前侧室底部遗物出土情况及中室底部堆积

1. 后室底部铜钱出土情况

2. 北后室底部的火烧痕迹

彩版九　M1后室底部铜钱出土情况及北后室底部火烧迹象

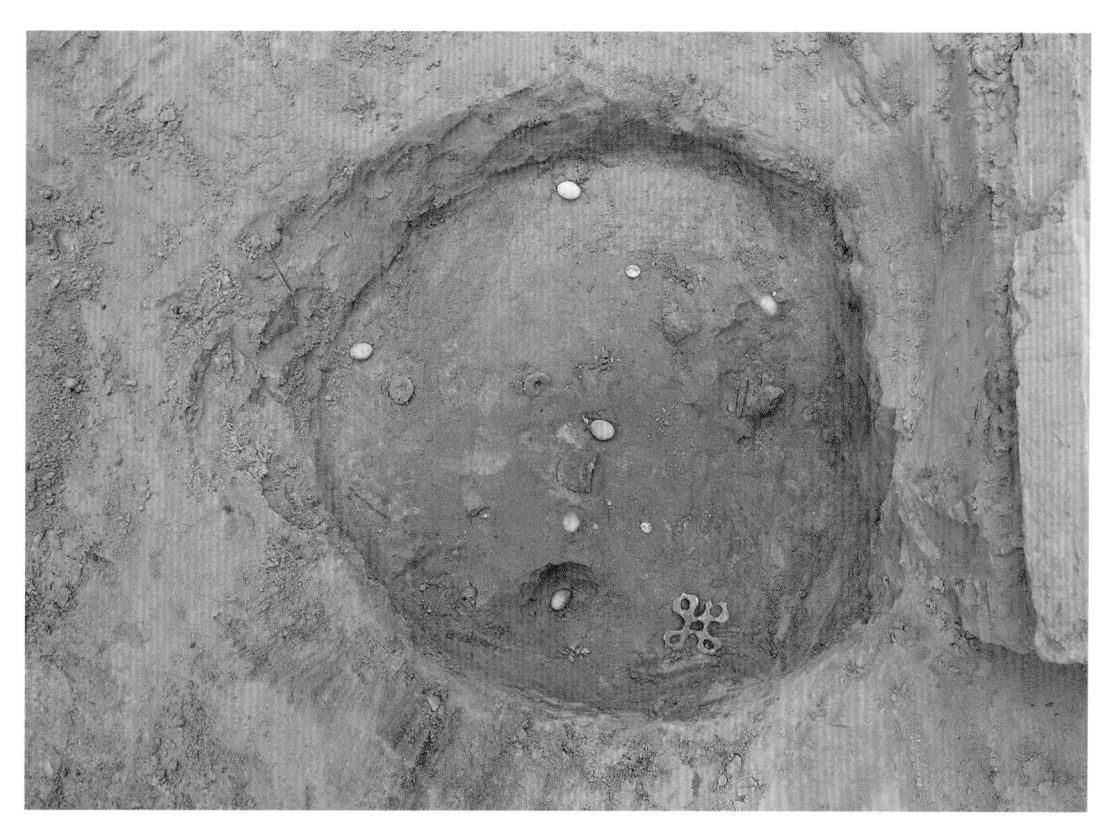

1. 北后室与北中侧室之间过道内的K1

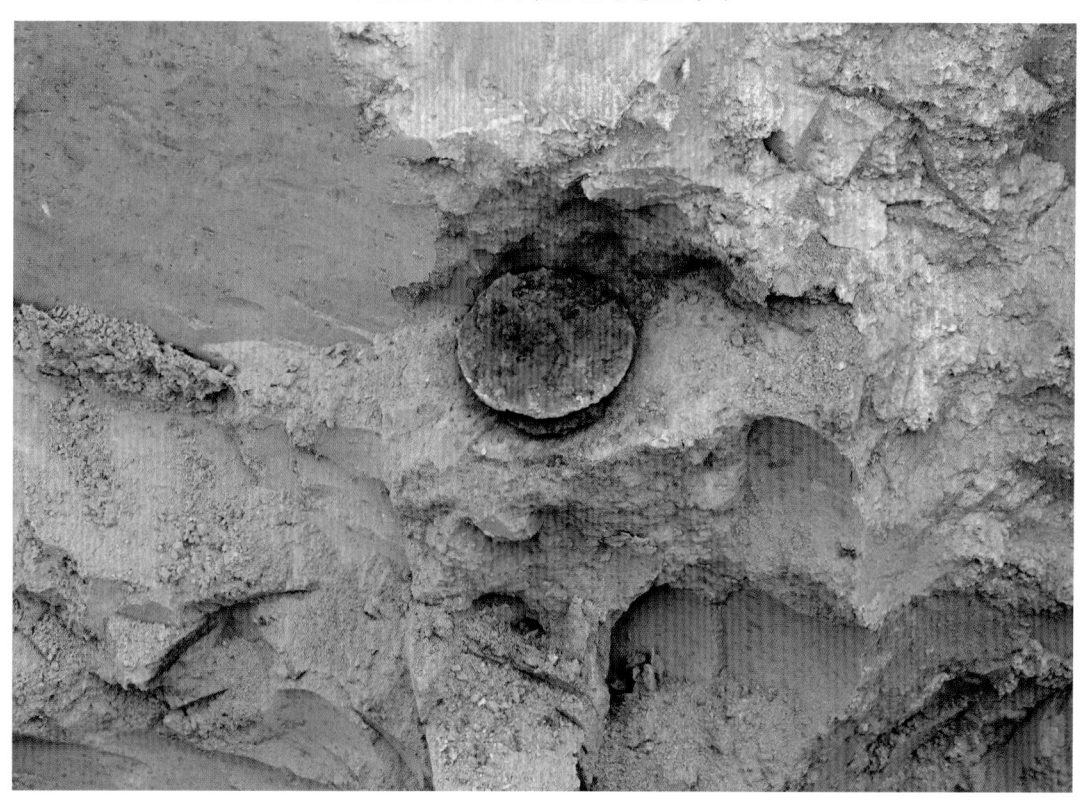

2. 墓道靠近封门处铁镜（M1：7、M1：8）的出土情况

彩版一〇　M1北后室过道的K1与墓道出土遗物

1. 北后室底部碎砖堆积情况（底部）

2. 南侧室底部堆积情况

彩版一一　M1 北后室和南侧室底部堆积情况

1. 前室底部碎砖的堆积剖面

2. 北前侧室砖室内的堆积情况

彩版一二　M1前室和北前侧室堆积情况

1. 北后室北壁被火烧过的墙砖

2. 石门楣（M1∶145）

彩版一三　M1 北后室砖墙火烧痕迹和石门楣

1. 筒瓦（M1∶192）

2. 筒瓦（M1∶193）

3. 筒瓦（M1∶194）

彩版一四　M1 出土筒瓦

1. 瓦当（M1∶195）

2. 瓦当（M1∶196）

3. 瓦当（M1∶206）

4. 瓦当（M1∶207）

彩版一五　M1 出土瓦当

1. 陶罐（M1∶2） 　　　　　　　　2. 陶罐（M1∶149）

3. 陶罐（M1∶150） 　　　　　　　4. 陶罐（M1∶151）

彩版一六　M1 出土矮直领陶罐

1. 陶罐（M1:152）  2. 陶罐（M:153）

3. 陶罐（M1:155）  4. 陶罐（M1:157）

彩版一七　M1出土矮直领陶罐

1. 陶罐（M1∶149）  2. 陶罐（M1∶150）

3. 陶罐（M1∶151）  4. 陶罐（M1∶153）

彩版一八　M1 出土矮直领陶罐的肩部纹饰

1. 矮直领陶罐（M1∶158） 　　2. 敛口陶钵（M1∶156）

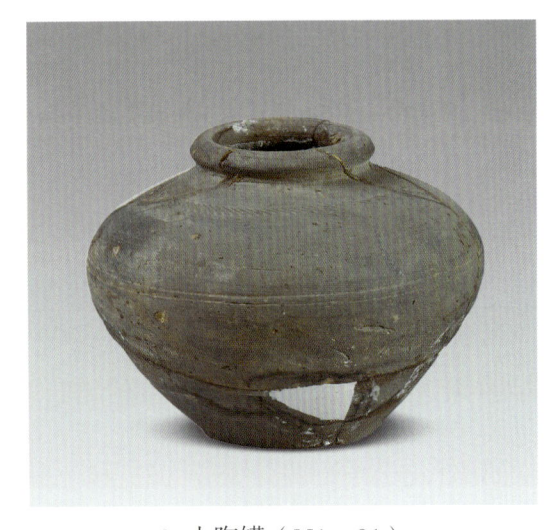

3. 小陶罐（M1∶91） 　　4. 小陶罐（M1∶96）

彩版一九　M1 出土陶罐、陶钵

1. 大陶壶（M1:162）

2. 大陶壶（M1:162）颈部纹饰

3. 小陶壶（M1:123）

4. 大陶壶（M1:164）

5. 小陶壶（M1:32）

彩版二〇　M1 出土陶壶

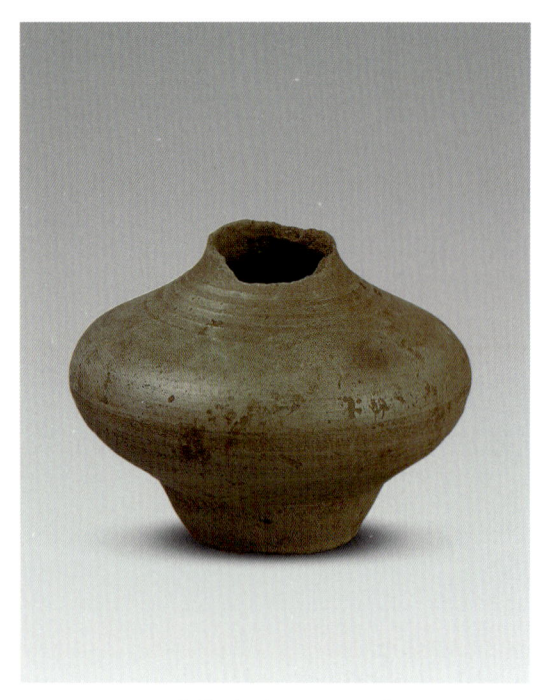

1. 小陶壶（M1∶128）  2. 小陶壶（M1∶148）

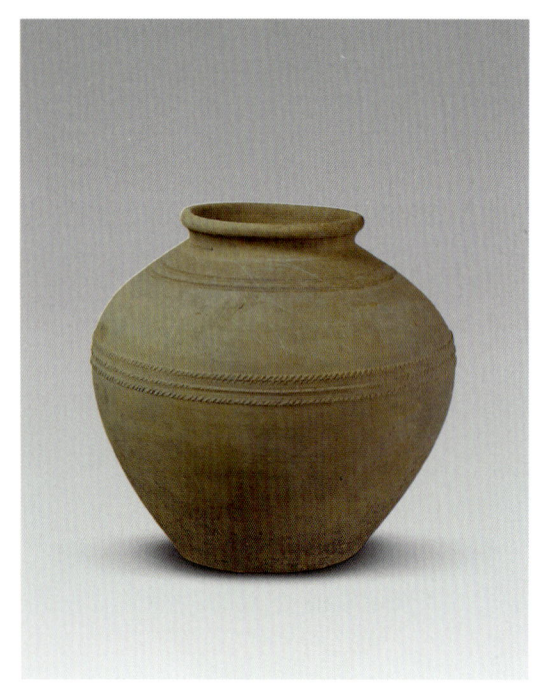

3. 陶瓮（M1∶64）  4. 陶瓮（M1∶154）

彩版二一　M1 出土陶壶、陶瓮

1. 陶瓮（M1:64）肩部纹饰

2. 陶瓮（M1:154）肩部纹饰

3. 陶瓮（M1:154）腹部纹饰

4. 陶斗（M1:171）柄部

5. 陶纺轮（M1:42）

6. 陶磨（M1:53）

彩版二二　M1 出土陶器

1. 陶盆（M1：10） 　　　　　　　　2. 陶臼（M1：1）

3. 陶碗（M1：90） 　　　　　　　　4. 小陶杯（M1：21）

5. 陶案（M1：139） 　　　　　　　6. 陶球（M1：107）

彩版二三　M1 出土陶器

1. 陶井（M1:54）

2. 青瓷盘口壶（M1:15）

彩版二四　M1 出土陶瓷器

1. 镜（M1:27）    2. 铜镜（M1:37）

3. 铜镜（M1:68）    4. 铜衔镳（M1:55）

5. 铜带钩（M1:44）    6. 铜带钩（M1:58）

彩版二五　M1 出土铜器

1. 柿蒂叶铜饰件（M1∶38）

2. 柿蒂叶铜饰件（M1∶121）

3. 铜杖首（M1∶40）

4. 铜杖首（M1∶40）

彩版二六　M1出土铜饰件、铜杖首

1. A 型铜泡钉

2. B 型铜泡钉

3. C 型铜泡钉

彩版二七　M1 出土铜泡钉

1. 铜铃（M1∶45）　　　　2. 铜铃（M1∶97）

3. 铜当卢（M1∶26）　　　4. 铜衔环（M1∶208）

彩版二八　M1 出土铜器

1. 铜环（M1：34）

2. 四叶形饰件（M1：65-1）

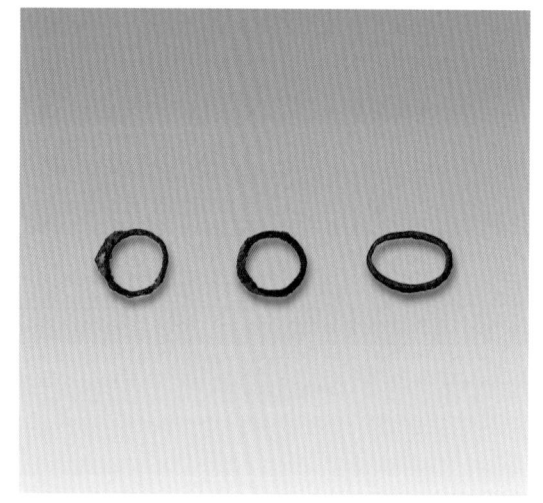

3. 铜环（M1：76-38、M1：101-3、M1：189）

4. 铜环（M1：101-1）

5. 铜环（M1：101-3）

6. 铜环（M1：189）

彩版二九　M1 出土铜环、铜饰件

1. 铜泡（M1：60）　　　2. 曲尺形铜饰件（M1：24）

3. 曲尺形铜饰件（M1：39）　　　4. 曲尺形铜饰件（M1：102）

5. 曲尺形铜饰件（M1：166）　　　6. 曲尺形铜饰件（M1：166）

彩版三〇　M1 出土铜泡、铜饰件

1. 圆形铜饰件（M1∶33）
2. 铜饰件（M1∶41） 
3. 铜饰件（M1∶47） 
4. 铜饰件（M1∶136） 

彩版三一　M1 出土铜饰件

1. 椭圆形铜饰件（M1∶65-2）

2. 铜饰件（M1∶65-3）

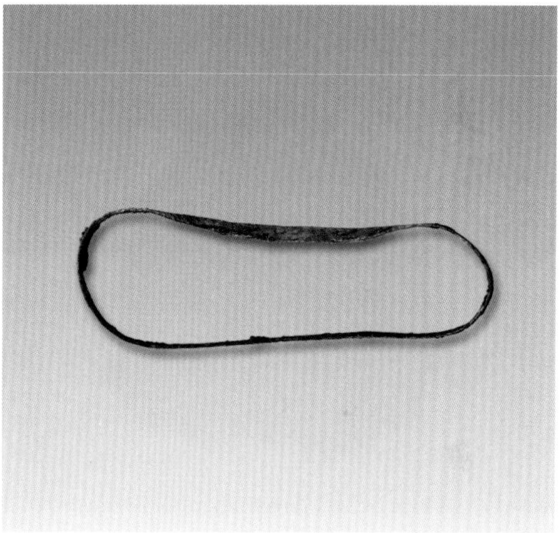

4. 铜饰件（M1∶65-4）

3. 铜饰件（M1∶9）

5. 铜弩机悬刀（M1∶28）

彩版三二　M1出土铜饰件和铜弩机部件

1. 铁镜（M1∶7） 2. 铁镜（M1∶8）

3. 铁权（M1∶143） 4. 铁箅子（M1∶137）

彩版三三　M1 出土铁器

1. 铁帐钩（M1:142） 2. 铁削（M1:224）

3. 铁刀（M1:57） 4. 赤铁矿（M1:238）

彩版三四　M1出土铁器和赤铁矿块

1. 铁铲（M1∶36）

2. 铁铲（M1∶48）

3. 铁铲（M1∶52）

4. 铁铲（M1∶56）

彩版三五　M1 出土铁铲

1. 铁铲（M1：108）

2. 铁铲（M1：114）

3. 铁凿（M1：5）

4. 铁凿（M1：66）

彩版三六　M1出土铁铲、铁凿

1. 铁凿（M1∶233）

2. 铁箭镞（M1∶12）

3. 铁斧（M1∶29）

4. 铁斧（M1∶35）

彩版三七　M1 出土铁器

1. 铁斧（M1∶133）

2. 铁斧（M1∶141）

3. 铁镦冠（M1∶4）

4. 铁环首扦（M1∶232）

彩版三八　M1 出土铁器

1. 铁销钉环（M1：231）

2. 铁锤（M1：227）

3. 铁圈（M1：62）

4. 铁镰（M1：190）

5. 铁器（M1：144）

6. 铁器（M1：236）

彩版三九　M1 出土铁器

1. 铁棺钉（M1：212）

2. 铁棺钉（M1：213）

3. 铁棺钉（M1：214）

4. 铁棺钉（M1：225）

彩版四〇　M1 出土铁棺钉

1. 石黛板（M1：16）

2. 石黛板（M1：31）

3. 石黛板（M1：138）

4. 石杵（M1：23）

彩版四一　M1 出土石黛板、石杵

1. 石砚台（M1∶17）
2. 玻璃研子（M1∶46） 
3. 石研子（M1∶51） 
4. 玻璃研子（M1∶46）底部的墨痕 
5. 石饼（M1∶211-4） 
6. 石饼（M1∶211-8） 

彩版四二　M1出土石器、玻璃器

1. 石饼（M1∶211-9） 　　　　　　　2. 石饼（M1∶211-10）

3. 石饼（M1∶211-11） 　　　　　　4. 石英石（M1∶229）

5. 方解石（M1∶120） 　　　　　　　6. 方解石（M1∶120）

彩版四三　M1 出土石器

1. 石块（M1∶248）

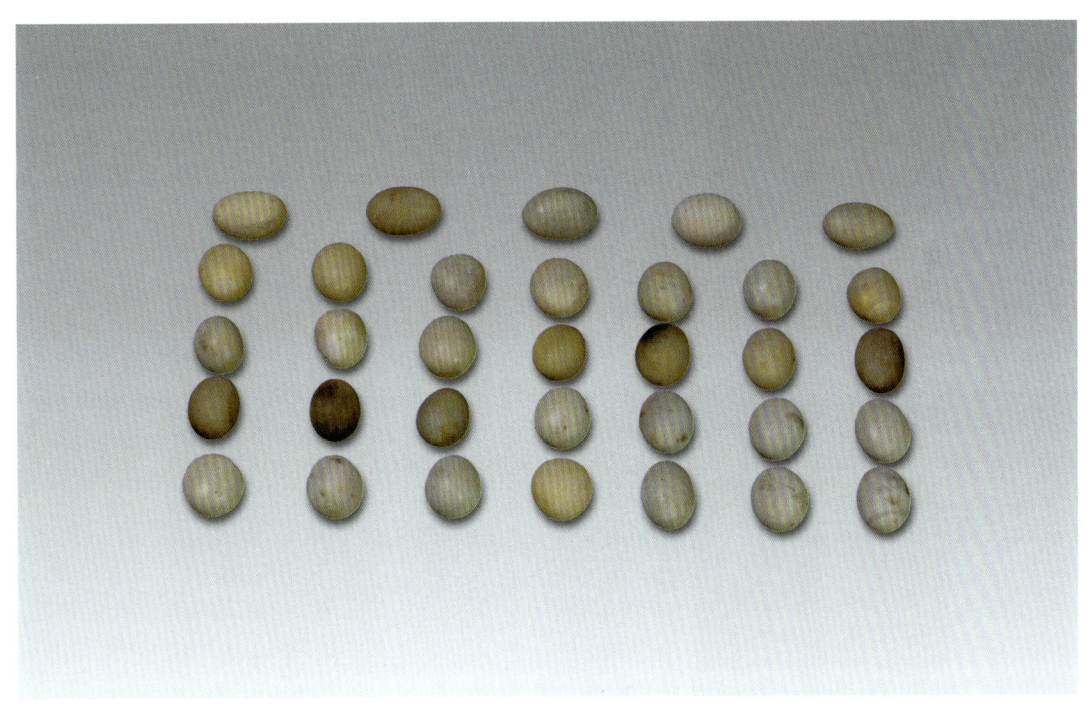

2. 小石卵

彩版四四　M1 出土石器

1. 印章（M1:110）

2. 印章（M1:110）"宣孟"

3. 印章（M1:110）"张砥"

彩版四五　M1出土骨印章（M1:110）

1. 骨条（从左至右依次为 M1：50、M1：85、M1：98、M1：103、M1：105、M1：106）

2. 骨饰（M1：30）

3. 骨饰（M1：112）

4. 骨针（M1：49）

彩版四六　M1 出土骨器

1. 铅权（M1:61）

2. 铅饰（M1:78）

3. 海贝（M1:113）

4. 贝壳（M1:249）

彩版四七　M1 出土铅器、海贝

1. 琥珀饰件（M1：94） 　　　　　2. 琥珀饰件（M1：126）

3. 水晶饰件（M1：124） 　　　　　4. 水晶饰件（M1：125）

5. 水晶碎块（M1：100） 　　　　　6. 水晶、石英碎块（M1：119）

1. 玻璃珠（M1：59-1）

2. 玻璃珠（M1：59-2）

3. 玻璃珠（M1：104）

4. 玻璃珠（M1：116）

彩版四九　M1 出土玻璃珠

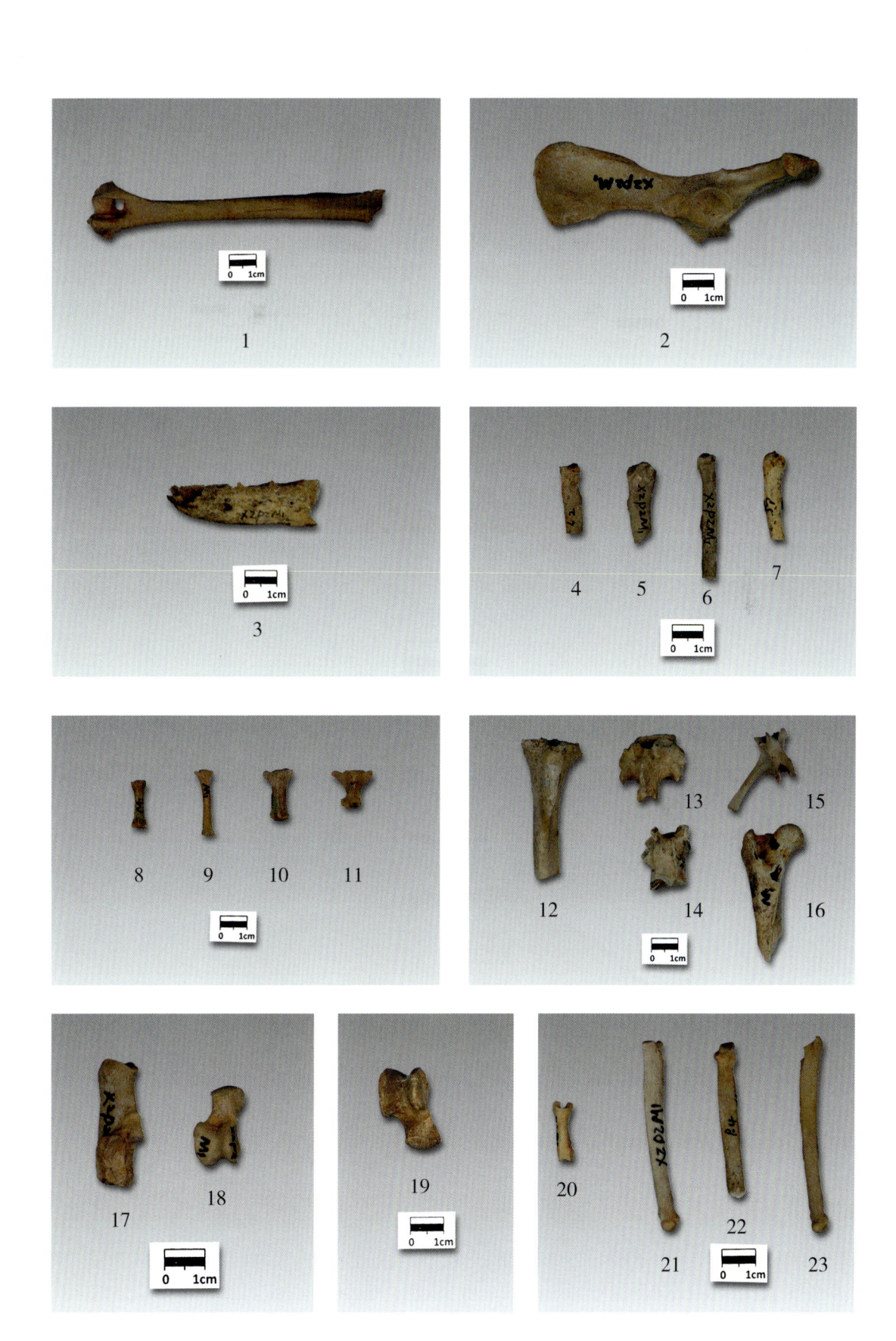

彩版五〇　M1 出土动物骨骼

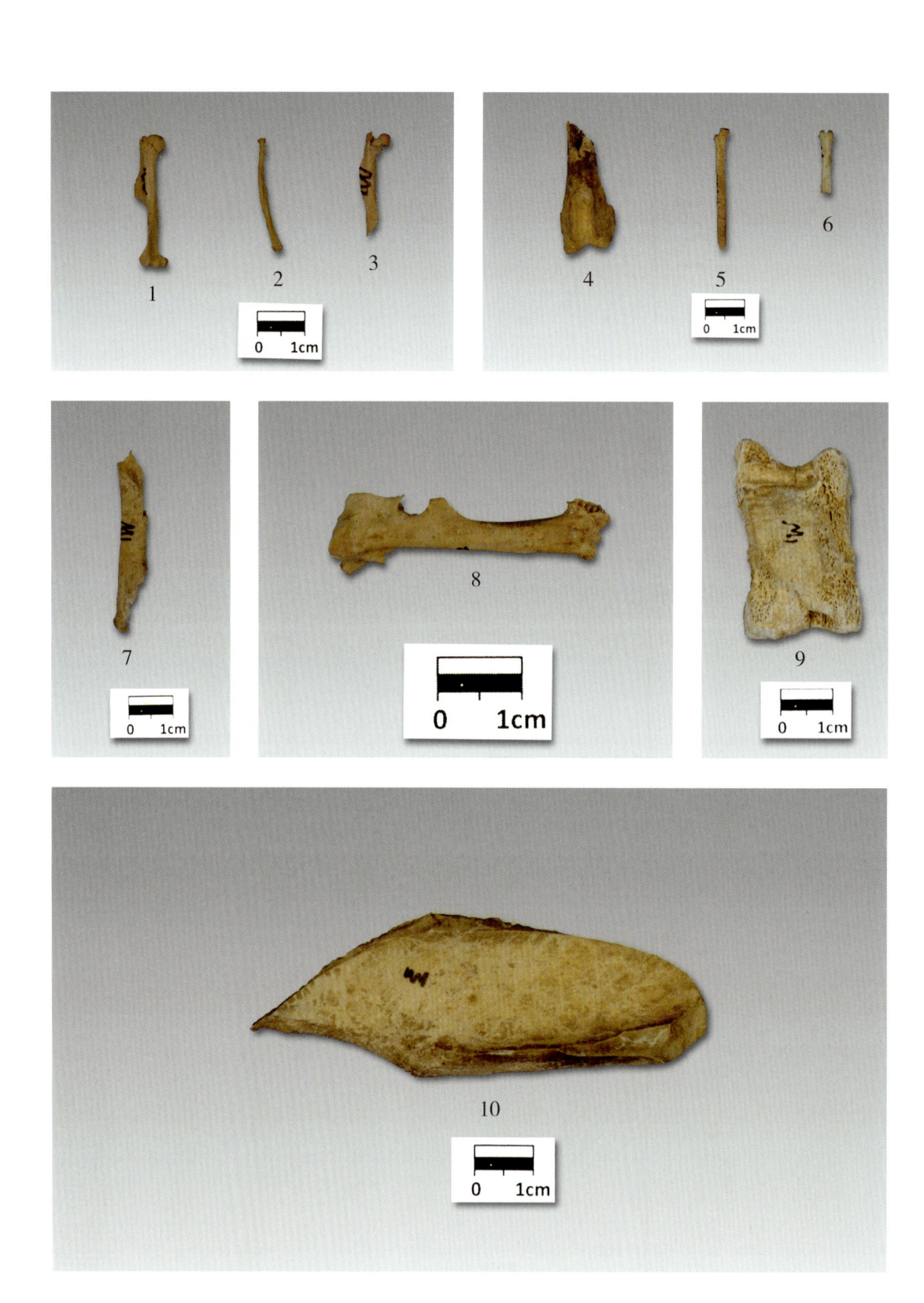

彩版五一　M1 出土动物骨骼

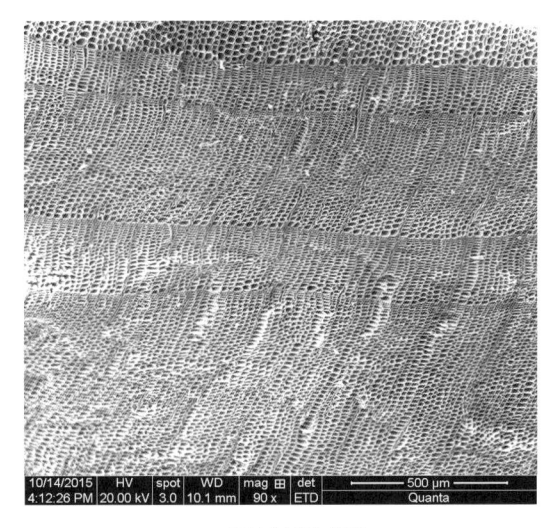

1. 侧柏横切面
2. 侧柏径切面 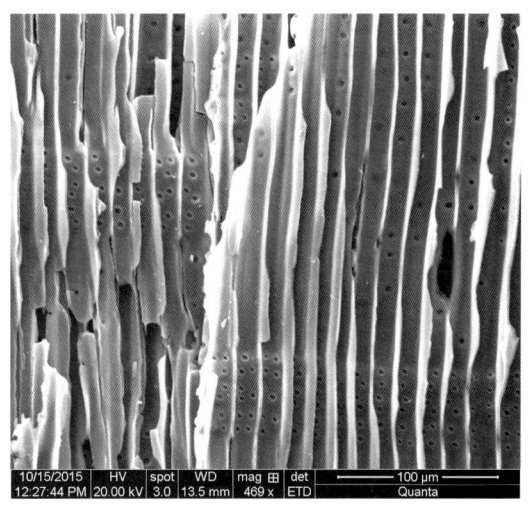
3. 侧柏弦切面 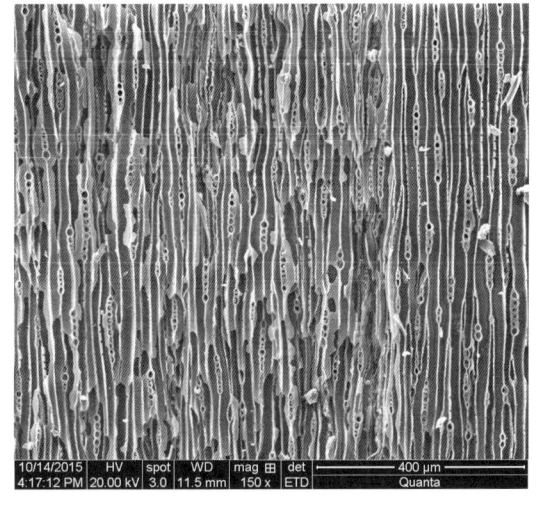
4. 软木松横切面 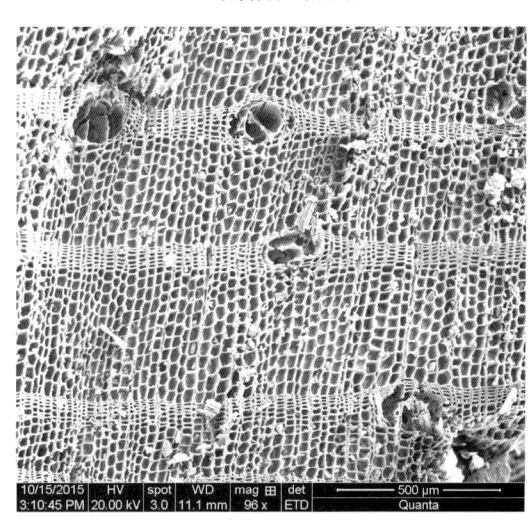
5. 软木松径切面 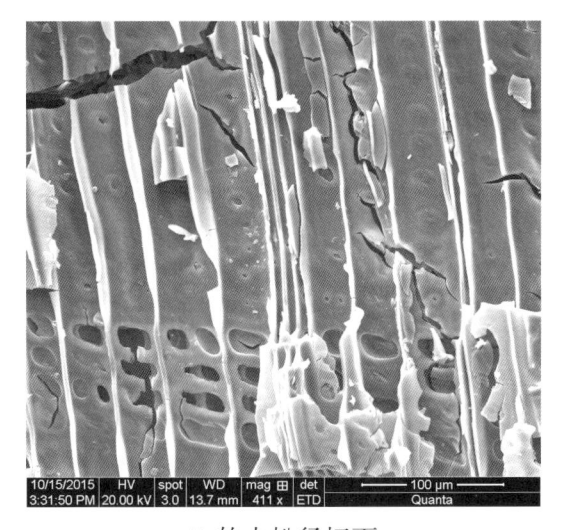
6. 软木松弦切面 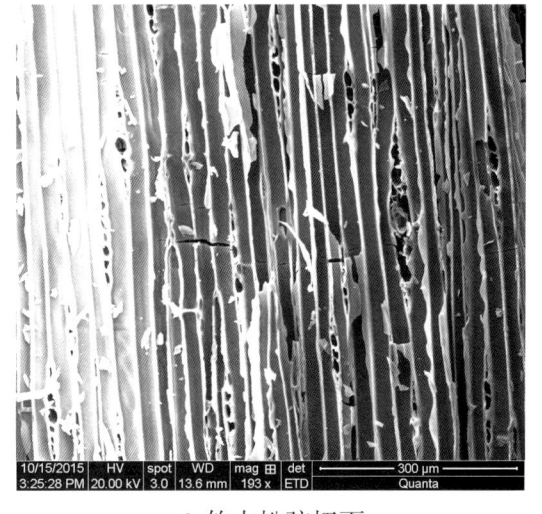

彩版五二　M1 出土木炭的解剖结构图

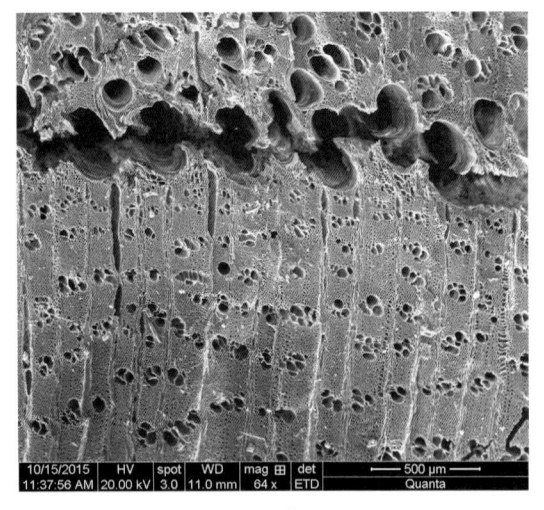

1. 榆属横切面 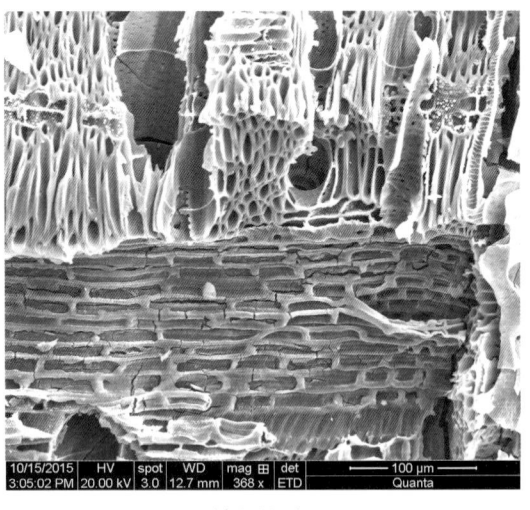 2. 榆属径切面

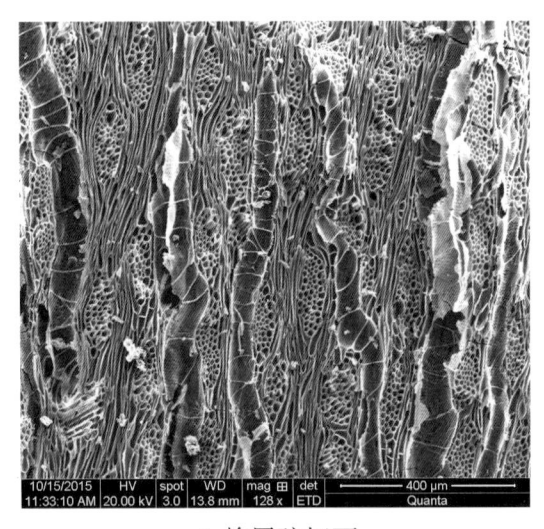

3. 榆属弦切面 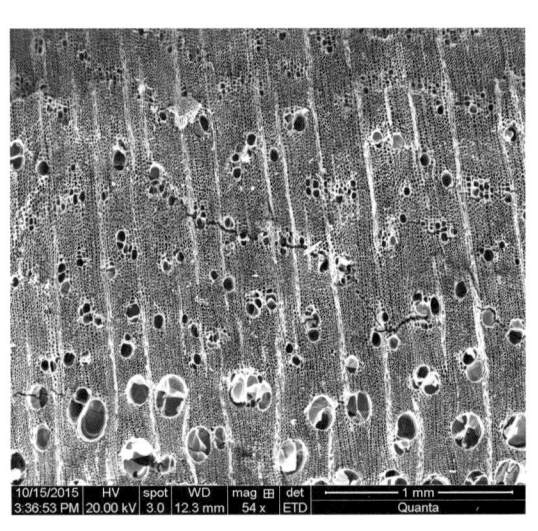 4. 梓树属横切面

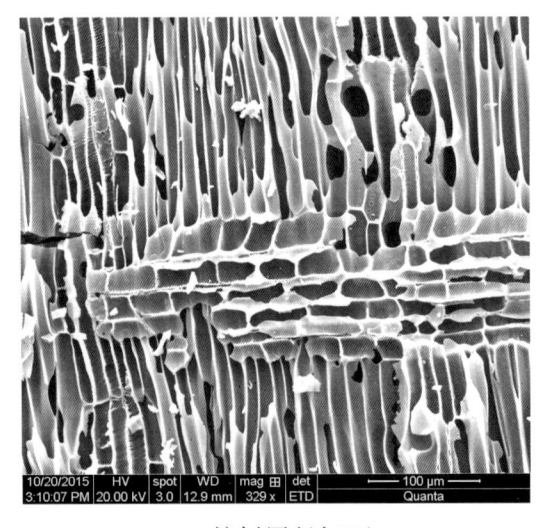

5. 梓树属径切面 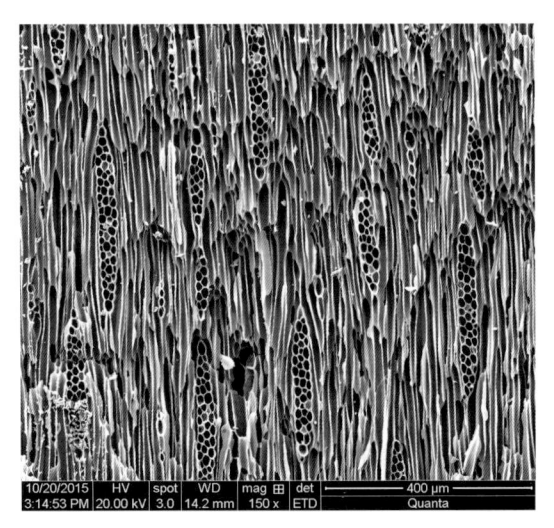 6. 梓树属弦切面

彩版五三　M1 出土木炭的解剖结构图

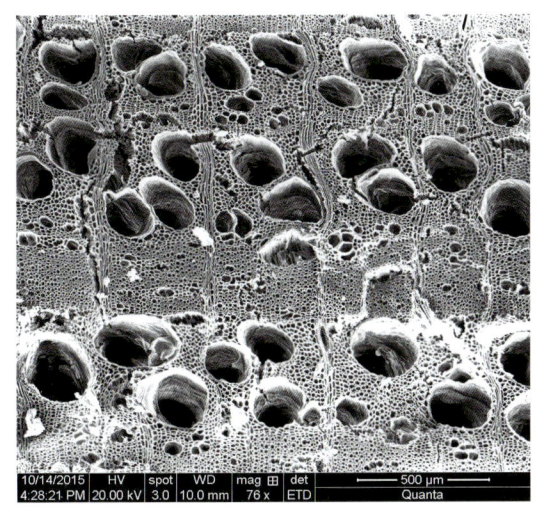

1. 槐属横切面 　　　　　　　　　　2. 槐属径切面

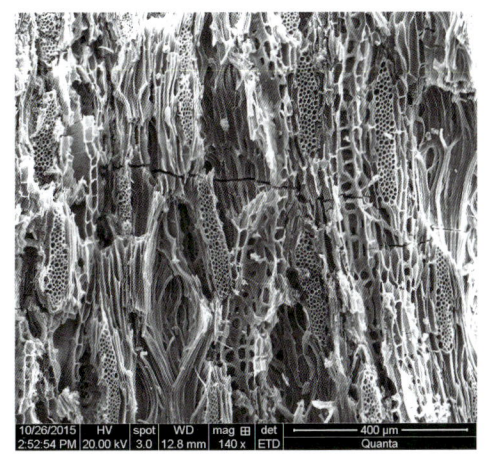

3. 槐属弦切面 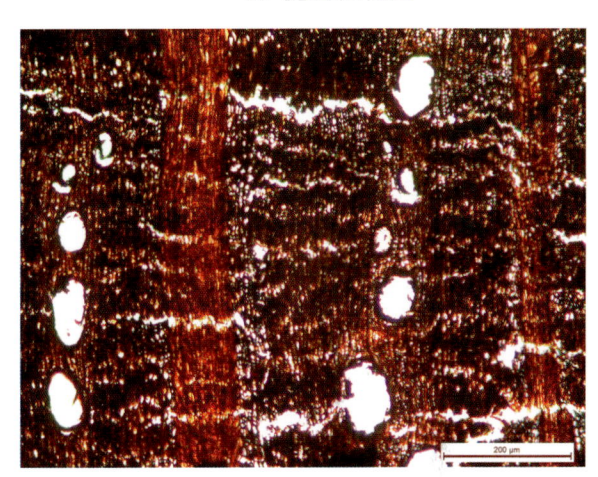　　　　　　　　　　4. 青冈横切面

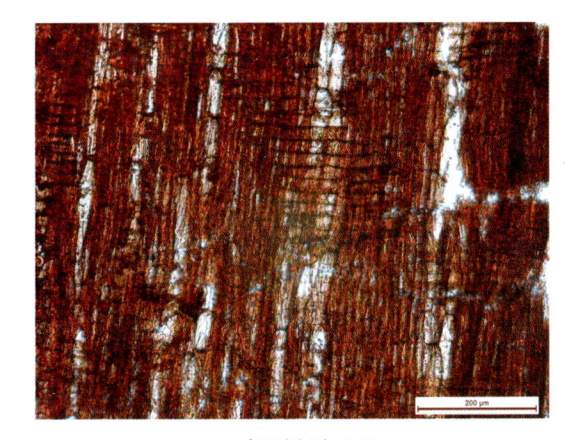

5. 青冈径切面 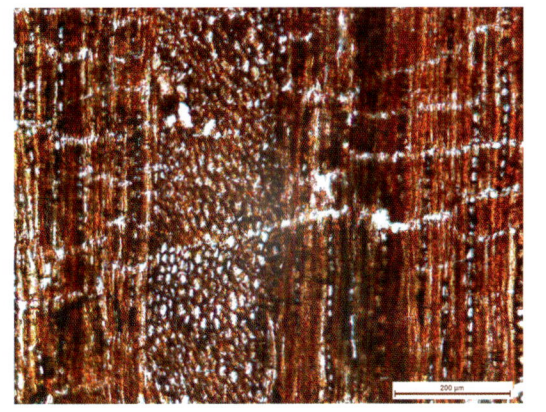　　　　　　　　　　6. 青冈弦切面

彩版五四　M1 出土木炭的解剖结构图

1. 青瓷盘口壶（M1∶15）釉显微结构图 　　2. 青瓷盘口壶（M1∶15）釉显微结构图

3. 青瓷盘口壶（M1∶15）胎显微结构图 　　4. 青瓷盘口壶（M1∶15）胎显微结构图

5. 玻璃研子（M1∶46）显微结构图 　　6. 玻璃研子（M1∶46）显微结构图

彩版五五　M1出土器物显微结构图

1. 玻璃珠（M1∶59-2）显微结构图

2. 玻璃珠（M1∶59-2）显微结构图

3. 玻璃珠（M1∶116）显微结构图

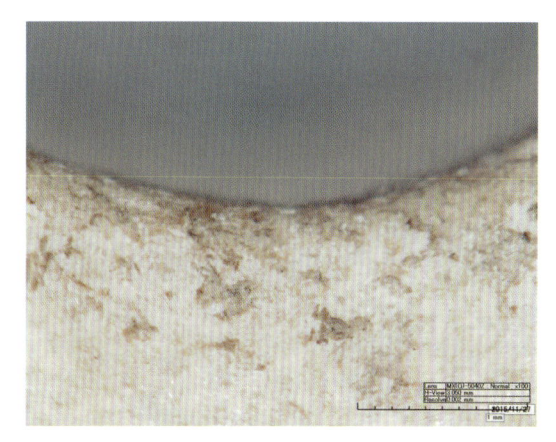

4. 玻璃珠（M1∶116）显微结构图

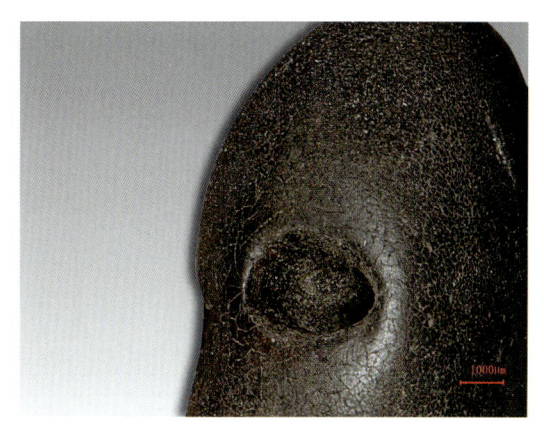

5. 琥珀（M1∶126）钻孔显微特征

彩版五六　M1出土器物显微结构图和钻孔显微特征

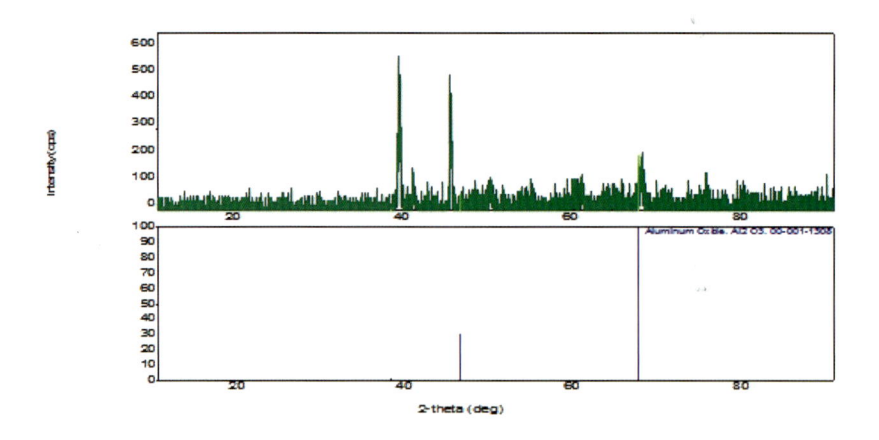

1. 青瓷盘口壶（M1∶15）XRD 衍射谱图

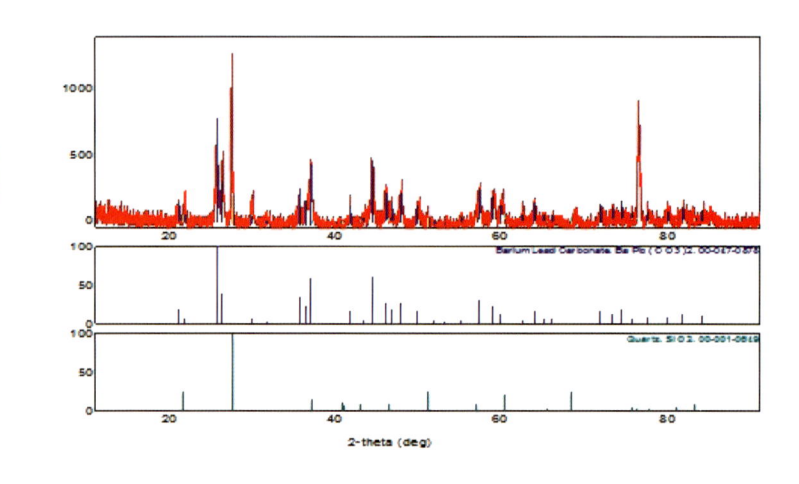

2. 玻璃珠（M1∶59-2）XRD 衍射谱图

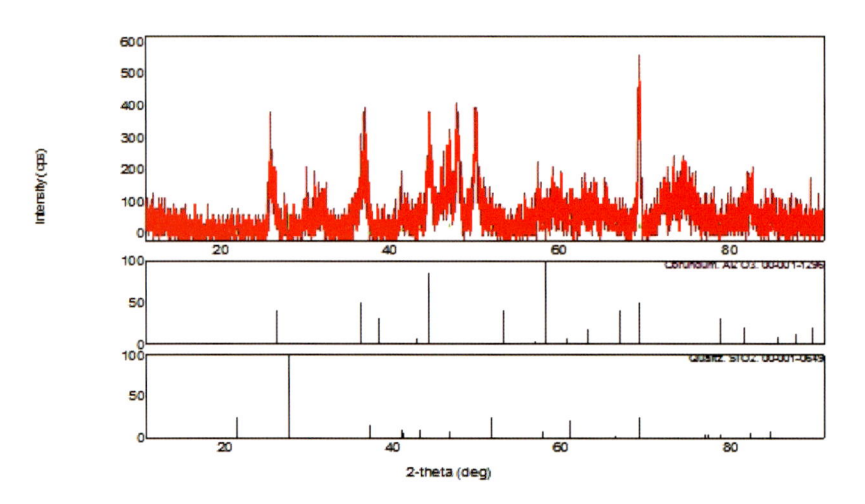

3. 玻璃研子（M1∶46）XRD 衍射谱图

彩版五七　M1 出土器物 XRD 衍射谱图